GRANDEUR ET DÉCADENCE DE LA
FRANCE
DES ORIGINES À NOS JOURS

法兰西的兴衰

从立国到当今

吕一民

著

浙江人民出版社

图书在版编目（CIP）数据

法兰西的兴衰：从立国到当今 / 吕一民著. — 杭州：浙江人民出版社，2024.3
ISBN 978-7-213-11348-2

Ⅰ. ①法… Ⅱ. ①吕… Ⅲ. ①法国–近代史②法国–现代史 Ⅳ. ①K565.4

中国国家版本馆CIP数据核字（2024）第043549号

法兰西的兴衰：从立国到当今

吕一民　著

出版发行：浙江人民出版社（杭州市体育场路347号　邮编　310006）
　　　　　市场部电话：(0571)85061682　85176516

责任编辑：金将将	营销编辑：陈雯怡　陈芊如　张紫懿
责任校对：王欢燕	责任印务：程　琳

封面设计：张庆锋
电脑制版：杭州天一图文制作有限公司
印　　刷：浙江新华数码印务有限公司

开　　本：880毫米×1230毫米　1/32	印　　张：12.125
字　　数：237千字	插　　页：18
版　　次：2024年3月第1版	印　　次：2024年3月第1次印刷

书　　号：ISBN 978-7-213-11348-2
定　　价：88.00元

如发现印装质量问题，影响阅读，请与市场部联系调换。

1 《自由引导人民》

2 路易·菲利普

3 基佐

4 1848年工人起义

5 拿破仑三世

1	4	5
	2	
3	6	7

1　1852年巴黎—斯特拉斯堡铁
　路干线开通仪式时的场景
2　亨利·热尔曼
3　拿破仑三世授命奥斯曼对巴黎
　进行大规模的改造
4　宣扬"帝国就是和平"的招贴画
5　甘必大离开被围困的巴黎
6　梯也尔
7　茹费里

1 3 4
2 5

1　布拉柴
2　1895年沙皇尼古拉斯二世
　　的特使抵达巴黎
3　1913年普恩加莱访问英国
　　时检阅仪仗队
4　法国民众欢送出征的士兵
5　前线的普恩加莱

《凡尔赛条约》签订

1 | 3
2 | 4

1　白里安

2　巴尔都遇刺

3　1936年德军悍然进占莱茵区

4　达拉第

1 | 3
2 | 4

1　吉斯卡尔·德斯坦总统
2　密特朗就任总统时向群众致意
3　希拉克
4　尼古拉·萨科齐

目　录

前　言

法兰西兴衰之路及恒久大国梦

　　法国当代著名政治家与作家阿兰·佩雷菲特在其名著《法兰西病》①当中如是说道："任何一个国家的人民，都有那么一种倾向，把自己当作世界的肚脐眼。"佩雷菲特此言也许说得绝对了一些，但世界上不少国家或人民会抱有自尊自大情结，总把本国视为世界之中心，却是一个不争的事实。在笔者看来，佩雷菲特似乎还应在自己这句话后面再添上一句，即在具有把自己当作世界"肚脐眼"情结的各民族当中，法兰西即便难说无出其右，也依然是须用"最"字来形容的国族之一。因为总体而言，法国人的自尊自大在相当长的历史时期里，的确可谓到了无以复加的地步，以至于有其他国家的人会这样揶揄道：法国人似乎形成了这样一种教条，以为人类中十全十美的唯有法国人，外国人永远达不到他们的水平，只要能接近一点这一水平就不错了。

---

① ［法］阿兰·佩雷菲特：《官僚主义的弊害》，孟鞠如、李直、吕彤邻译，北京：商务印书馆，1981年，第15页。此书法文版书名为 Le Mal français，笔者一直认为，以直译"法兰西病"为书名更为传神、贴切，中文版似乎没有必要予以变动。

那么，法国人的这种情结何以会形成？对此问题，不同的人肯定会作出不同的解释，给出不同的答案。以笔者管见，至少有一点是肯定的，这就是法国人的这种自视甚高，乃至妄自尊大，与法兰西曾长期跻身于大国，或更确切地说，跻强国之列密不可分。

毋须讳言，法国人确有值得让其骄傲的辉煌历史。早在16世纪，法国就已同西班牙、奥地利等国并列为欧洲强国。自此以后，法国几乎始终是欧洲最强大的国家之一。而又由于欧洲长期称雄世界，直至在第二次世界大战中遭遇溃败前，法国作为欧洲强国之一，亦顺理成章跻身世界上最强大国家之列。二战结束后，由于种种原因，特别是随着美苏两国的强势崛起，法国已无缘头等强国的行列。尽管如此，它仍希冀成为"仅次于超级大国的大国"，还经常在国际事务中以二流强国实力去扮演一流强国的角色。即便在冷战结束、两极格局解体后的当今，作为联合国安理会常任理事国和欧盟领头羊之一，以及排名相当靠前的经济体，法国无论在政治上还是经济上都属于不容低估的国家。同时，法国一直是首屈一指的世界文化强国，不仅在近代以来创造出独具魅力、光彩照人的文化，在引领欧洲乃至世界的思想文化与社会政治变革上有过其高光时刻，且时至今日仍具有显而易见的强大文化影响力。极具象征意义的是，巴黎至今依然堪称世界文化之都。由此，人们不禁会好奇发问，这个国家究竟如何得以长期居于强国之列？

法国最初能在欧洲居于强国之列，主要还是凭借其国土广阔、人口众多、资源丰富，且较早就形成民族国家，建立起中央集权制的国家机器。正是上述因素和条件，使法国能够在当年的争霸战争中，依托由这些因素和条件造就的国力优势，屡屡胜出。就此而言，最令法国人倍感自豪的首推有"太阳王"之称的路易十四治下的法国。在这位历史上在位最久，同时也极出色的君主统治下，法国以独家之力打败众多实力不凡的对手，在欧洲的威望显赫不已。自以法文代替拉丁文拟订外交文件始，法文逐渐成为国际上最主要的外交文字，无疑颇富象征意义地折射出了法国当年的超强国际地位。

进入近代，任何国家都越来越无法仅凭上述因素和条件称雄于世界。换句话说，一个国家能否跻身于强国之列，最为关键的还是在于它是否能够站在时代前列，借助思想、制度、技术等方面的创新来引领世界潮流。面积不大、人口不多的蕞尔岛国——英国在近代的崛起以及长期独领风骚的历史，充分证实了这一点。诚然，就总体而言，近代法国在引领世界潮流，尤其是社会经济发展上要稍逊于同期的英国，但是，它在引领同期世界的思想文化与社会政治变革方面，则绝对不遑多让。1789年爆发的法国大革命，与英国工业革命一起被英国史学名家霍布斯鲍姆并称为"双元革命"，就是极能说明问题的例证。

法国于启蒙时代在思想观念方面的创新，是该国在近代强盛的先导，而在法国现代化历程中既承前启后又开天辟地的大革命，更可谓为法国近现代的强盛奠定了坚实的思想与制度基础。例如，1789年大革命作为法国历史上第一次自然权利的革命，把法国千百万人民吸引到了争取人权和公民权利的斗争之中，还为法国近代公民权利的确立和发展提供了以"自由""平等"为核心的理论基础；又如，在大革命中，革命者们依据启蒙思想家提出的政治原则进行了新型政治制度的建设，确立了依法治国的原则，并初步开展了这方面的实践；再比如，大革命还确立了以自由经济为基础的新经济秩序，并在工业领域中践行包括企业自由、生产自由和雇工自由在内的经济自由主义。

拿破仑时代是近代法国继波澜壮阔的大革命后的又一耀眼篇章。毋须讳言，在法国以及其他国家的普通人眼里，罩在拿破仑身上的最耀眼的光环，以及拿破仑时代法国的强盛神话，主要是由这个"科西嘉怪物"在与历次反法联盟较量中取得的一个个富有传奇色彩的胜利，尤其是建立威震欧陆的法兰西大帝国所组成的。但在历史学家们看来，拿破仑·波拿巴的历史功绩，当更多地在于他创设的全新制度，而不是那些战场荣誉，虽然拿破仑的最终落败的确让法国人略感沮丧。为此，人们难免会不由得发问，威震欧陆的拿破仑帝国何以由盛转衰，继而轰然垮台？对于这个不断提出的问题，一些有识之士往往会得出这样的想法和结论——拿破仑帝国是"成也战争，败也战争"。事实确乎如此。虽然拿破仑帝国的强盛与拿破仑·波拿巴在制度创新、稳定国内秩序上多有创获不无关系，但它更多地是由持续不断取得对外战争胜利来获得并维持的，而这种主要靠战争来获取和维持的强盛，实际上又必然是难以稳固和长久的。概言之，一旦战争失利，帝国的衰落乃至倾覆，也就指日可待。法国后来的历史清楚表明了这一点。而且，拿破仑帝国的垮台还昭示了这样一种历史趋向：无论一个国家强盛到何种地步，只要它穷兵黩武，逞强称霸，就难免会由盛转衰，其竭尽全力建立起来的大帝国也注定将土崩瓦解。

法兰西第一帝国的轰然垮台，导致法国在强盛之路上开始进入分别以1815年、1848年为起讫，为时三十来年的退缩阶段。这一阶段主要由波旁复辟王朝、七月王朝组成。其间，在国势兴衰上最引人瞩目之处，是法国不得不拱手交出自大革命爆发以来所征服、兼并的所有土地。不少法国人一直梦寐以求的"自然疆界"得而复失，在"自然疆界"之外获得的领土，更是统统失去。此外，拿破仑垮台后在法国复辟的波旁王朝，全靠反法联盟的胜利才得以实现复辟，因此，它自然须对组成反法联盟的其他欧洲列强卑躬屈膝，对于后者提出的种种苛刻要求，当然也极力满足。及至七月王朝时期，法国虽在国力增强与国际地位提升上均要胜于波旁复辟王朝时期，但距被重新称为强国，显然仍旧相去甚远。不过，需要指出和强调的是，即便是处在这样的"退缩期"中，法国仍然属于其他欧洲国家势必予以足够关注的对象。

30多年的"退缩期"后，法国在19世纪中叶又重新成为称雄欧陆，乃至在世界上也具有举足轻重影响的强国。而法国的再度崛起，无疑与另一个拿破仑，也即拿破仑一世的侄子——路易-拿破仑·波拿巴是分不开的。正是此人，始则作为第二共和国总统，继而又以第二帝国皇帝的名义，执掌法国政坛达20多年之久，且以现代理念、文治武功富有成效地形塑19世纪中后期的法国社会，使之及时实现了现代转型。作为践行圣西门主义的现代君主，他还通过大力推行和实施较为明智的经济政策，为法国带来了"帝制下的繁荣"。正是在这一时期，法国拥有了大革命爆发以来极为罕见的长久稳定的政局，还迎来了前所未有的经济起飞，进而使国家经济实力、社会面貌均得到明显提升或大为改观，适时成为一个世界工业大国。与此同时，拿破仑三世还着力以包括战争在内的各种手段消除1814—1815年维也纳会议带给法国的"耻辱"，让法国重新确立在欧洲大陆的优势地位，并通过打造庞大殖民帝国为本国经济增长扩大廉价原料来源与商品销售市场。不过，与法兰西第一帝国一样的是，战争虽给第二帝国带来了莫大荣耀，有助于法国国际地位一时得到较大提升，但它最终也给法国带来巨大耻辱。

因在普法战争遭受失败，法国被迫向其时正在迅速崛起的邻国和胜利者——德国割地赔款。这一切，导致法国元气大伤，国际地位更是一落千丈。不过，在第二帝国废墟上建立起来的第三共和国，在其前期就通过确立共和制并进行教育改革，以及紧紧抓住经济发展，乃至殖民扩张的良好机遇，较快地使法国摆脱了失败阴影，并让自己重新以"伟大的法兰西"面貌跻身世界强国之列。当然，更让法国人扬眉吐气的是，通过在一战中取得的来之不易的胜利，法国一举实现对德复仇的夙愿。在此还要指出和强调一点，虽然第三共和国成立之初不过是个在战火中诞生的"早产儿"，严重缺失合法性，但这个共和国却在19、20世纪之交的六边形土地上广受拥戴。更有甚者，在此期绝大多数法国人心目中，法兰西已与共和国融为一体、密不可分。从19世纪结束到一战爆发的这段时期，在法国史中往往被称为"美好年代"（la belle époque），而这一"美好年代"得以在此前因巴黎公社等事件而被严重撕裂的法国出现，确实与共和精神令人满意地"起着黏合剂作用"大有关系。

对包括法国在内的众多欧洲国家来说，一战不啻是趟令人深感恐怖的"地狱之行"。法国即便属于战胜方协约国的主要成员，也已遍体鳞伤，付出了惨重代价。幸而作为主要战胜国之一，法国一度在战后，不独成为欧洲大陆霸主，也跻身世界一流强国之列。具体而言，尽管战火消弭之后，两个最主要的盟国英国和美国均不希望看到法国势力过度膨胀，对"高卢雄鸡"图谋独霸欧洲、称雄世界的行径深感不快，为此还不惜联手抑法扶德，但法国还是凭借自身强大的综合国力与军事战略优势，特别是在战后初期远远强于世界上任何其他国家的法国陆军，成功地在欧洲大陆重新建构起新的霸业。也正因如此，此期法国似乎还可在力图发挥全球性影响的过程中，不时傲视另两个世界一流强国——英国与美国。

独霸欧洲、称雄世界，令彼时法兰西的大国形象顿显空前强大和辉煌。然而，诚如一些法国有识之士已敏锐觉察的那样，在这些真实和虚幻交织的辉煌背后，实际上留存着种种阴影。许多将导致法国很快走向衰落的隐患或因素，其实在这一时期就已然存在。而在两次世界大战之间，正是这些隐患和因素，持续不断地侵蚀着法兰西的肌体，使这个向来自命不凡的国家不断地趋于衰落。20世纪30年代初蔓延到法国的那场世界经济危机，更进一步把法国推向了灾难的深渊。很快地，法国历史上又出现让当今许多法国人不愿提及或羞于启齿的一幕：由于二战中遭受"奇异的溃败"，法德之间的再度厮杀以法方被迫乞和、蒙受国耻告一段落。诚然，戴高乐及其领导的抵抗运动可让法国在一定程度上雪耻，但对二战史有所了解者其实都清楚，若无美英盟军赴法参战，法国的光复将会遥遥无期。

二战中的溃败，以及大好河山被纳粹德国或直接占领或间接统治，清晰地意味着法国已不再是独立自主的国家，更谈不上是在欧洲举足轻重，同时在全球具有影响力的大国。这一切，势必极大地刺痛了向来自大，显然比世界上其他民族更习惯于把自己国家视为世界"肚脐眼"的法国人的心。而在为之痛心疾首的人当中，最为突出者莫过于公开宣称"法国如果不伟大，就不成其为法国"，且无论在大战期间还是战后初期始终不懈追求实现法兰西伟大与独立的戴高乐。唯其如此，恢复法国的大国地位，遂成为将以自己为首的民族解放委员会及时改称为临时政府的戴高乐的当务之急，也是他时隔多年东山再起后，着力创建第五共和国时的重要目标。

不过，虽说法国在其漫长兴衰历程中，不乏在短暂收缩、衰落后迅速重新成为世界一流大国的先例，但它在二战之后将不复同样的幸运。究其原因，并非法国已不具备早年可谓足够的东山再起的愿望与能力，而是由于二战及其带来的翻天覆地的变化，使法国的体量实难成为战后世界的一流大国。换言之，虽然戴高乐等人为恢复法国大国地位使出浑身解数，且法国战后在发展社会经济上有过的"辉煌三十年"也使其综合国力较之以往显著增强，但对于战后法国来说，重新成为世界一流大国，始终是个可望而不可及的目标。然而，多少个世纪以来，法国人似乎早已习惯于以一流强国自居。于是，其他国家的人们便常能看到有意思的一幕：直至当下，法国仍会对原先的两大超级大国之一、当今唯一的超级大国美国说不，且依旧不时以二流国家实力竭力在国际事务中扮演一流大国角色。凡此种种清楚地表明，当今法国人似乎还在做着其恒久的"大国梦"。

随着时代的发展和国际格局的演变，法国人近些年来仍在继续做着的"大国梦"也出现些许新的特点，其中之一就是开始越来越能正视自身在"硬国力"上与美国以及统一后的德国等国家的差距，转而更为强调和倚重自己的"软国力"。此外，由于长期"心有余而力不足"，不少曾怀有"大国梦"的法国人，已能够更坦然、平静地接受自己的国家如今只是个中等强国的现实。他们中的一些极端者甚至走得更远。这些人在强烈的危机意识驱使下，已从原先的唯我独尊变为妄自菲薄。

素以傲慢、自负与好斗著称的法国人的"大国梦"，在进入21世纪后究竟还会持续多久？高卢雄鸡在这百年未遇之大变局中又将会如何高声啼鸣？且让我们擦亮眼睛或竖起耳朵，乐观其变，静闻其声吧。不过，在了解和反思当今法国的"大国梦"之前，不妨先让我们打开此书，一边看一边好好回味、思索法国以往的兴衰历程。

第一章

『高卢雄鸡』称雄欧洲

法兰西独立国家产生

对法国有所了解者都知道，高傲倔强、勇敢不屈的"高卢雄鸡"是法国人喜欢的自我象征。而当人们打开法国人自己编著的法国史教材或著作时，更是时常可看到这样或类似于这样的句子："我们的祖先高卢人。"所谓高卢人，其实就是希腊人所称的凯尔特人，更确切地说，高卢人是罗马人对凯尔特人的称谓，"高卢"亦由此成为法国的第一个名称。①

凯尔特人是在语言、物质文化和宗教方面具有共同特点的一些部落群团的总称，发源于中欧的多瑙河流域。属于印欧语人种西欧分支的凯尔特人，还是欧洲最早懂得冶炼铁、制造铁器工具的居民。凭借着铁铸的重剑对青铜匕首的优势，凯尔特人在几个世纪的时间里迅猛扩张。随着在开疆拓土上连连得手，

---

① "我们的祖先高卢人"之说的流行，源于被法国人誉为整个民族的历史教师的史学泰斗欧内斯特·拉维斯（Ernest Lavisse），他在第三共和国时期亲自为小学生编写的法国史教材中首先采用了这一说法。至于法国人何以喜欢把"高卢雄鸡"作为本国或本民族的象征，通行的简单解释是，在拉丁语中，"雄鸡"和"高卢人"这两个词的拼写与发音恰好相近（gallus，若是指高卢人时首个字母需大写），遂使奉高卢人为祖先的法国人逐渐将雄鸡，特别是所谓"高卢雄鸡"当作自身的象征。

越来越多地区开始流行凯尔特语。于是，被希腊人不加区别地统称为凯尔特人的人，也大幅增加。

诚然，凯尔特人并非这一位于欧洲西北部，被大西洋、莱茵河、阿尔卑斯山、地中海和比利牛斯山所限定的"法兰西空间"最早的居民，但自他们在前5世纪末抵达法国南部和比利牛斯山后，今天的法国所大致占据的空间就成了凯尔特人的主要活动场所。他们在征服了自新石器时代便居住在法国南部的伊比利亚人和东南部的利古里亚人之后，迅速将其同化，使之也成为新的凯尔特人。简言之，在前500年至前450年左右，凯尔特人已分布法国各地。古罗马人把曾居住在今天的法国、比利时、瑞士、荷兰、德国南部和意大利北部的凯尔特人统称为高卢人（Gallus），同时把他们居住的地区称为高卢。

在法国史学家笔下，高卢的历史多以恺撒征服高卢前后两分，而恺撒征服前的高卢一般也被称为独立的高卢。独立高卢时期的凯尔特人，生活在以家族、氏族、部落为单位的父系氏族社会中，部落是最高的社会组织。高卢人充满活力，足智多谋而又喜胜好斗。他们之所以会被罗马人击败，主要原因之一是高卢人在政治上有如一盘散沙，数以百计的部落之间悬殊极大，各有特色，并且经常处于相互冲突之中。正是这种深刻的分裂状态，使高卢成了率兵入侵这一地区的罗马"前三头"①之

① 前三头同盟是指公元前60年，罗马共和国三位军政强人恺撒、克拉苏和庞培组成的政治联盟，三人也被称为"前三头"，而屋大维、安东尼和雷必达则被称为"后三头"。

一恺撒唾手可得的猎物，因为他可以通过煽动不和与制造分裂，达到各个击破的目的。尽管高卢人进行了反抗，前52年，在年轻而勇敢的民族英雄维钦托利①的领导下，这种反抗达到了高潮，但终被打败的高卢人最后还是不得不对战胜者臣服，向意大利和地中海的文明敞开了大门。就这样，高卢进入了罗马化时代。

恺撒在完成征服高卢大业后，尚未来得及在此建立一套完整和有条理的政治行政制度，就在前44年因遭共和派的暗杀而一命呜呼。因而，高卢罗马化的进程基本是在恺撒政治上的继承人屋大维手中完成的。值得一提的是，如果说恺撒在征服高卢过程中就较为注重拉拢、收买高卢上层人物，那么屋大维在接手高卢后，在推行这种怀柔政策方面，显然有过之而无不及。屋大维赋予这些人罗马公民权，让他们充当罗马元老，担任募自高卢的辅助部队的司令官或省区和城市行政机关的官员。就此还要强调一点，屋大维及其继任者在政治上对高卢进行卓有成效统治的同时，还竭力通过推行拉丁文化来同化高卢人。由于高卢人并没有创造出自己的文字，这就为拉丁文化的传播洞开了方便之门。在罗马化的高卢，拉丁文是官方文字，罗马人使用的拉丁语是全国的正式语言。当然，拉丁语起先只是被高卢上层人物所接受，到后来才变成一般民众的语言。作为后话，高卢地区的拉丁语经过长期演变成为中世纪的罗曼语，后来又逐渐发展为现代法语。

---

① Vercingétorix，这一人名含有"英雄们的伟大首领"之意。

随着高卢罗马化进程的步步深入，高卢的命运与罗马帝国本身的兴衰已然息息相关，它们之间的联系可谓是一兴俱兴、一衰俱衰。具体来讲，直至2世纪中叶，因罗马帝国依然繁荣昌盛，已成为高卢罗马人的高卢人，一如其他臣服于罗马帝国的族群，也照旧安享"罗马的太平盛世"。然而，大约自250年起，在历经多次恐慌之后，罗马帝国的太平盛世宣告结束：帝国的边界遭到了"蛮族"的攻击——后者是希腊—罗马人对不说也不懂希腊语和拉丁语的人的称谓。

作为欧洲最富庶的地区，高卢从3世纪起就吸引着拥挤在莱茵河对岸的新入侵者。当时，日耳曼人几乎每年都要大举入侵高卢，对这块宝地发动掠夺性的袭击。"蛮族"频繁的入侵使高卢的居民备受蹂躏，苦不堪言。4世纪下半叶，"蛮族"开始徙居高卢。最早在高卢建立蛮族王国的是日耳曼部落中的西哥特人，他们在占据了高卢南部的阿基坦地区后，建立了以图卢兹为首都的西哥特王国。继西哥特人之后，在高卢建立另一个蛮族王国的是勃艮第人。他们在高卢东南部建立了以里昂为首都的勃艮第王国。在此之后，又有一些"蛮族"在高卢安身立国。

"蛮族"徙居高卢，是法兰西民族发展史上一个极为重要的环节。它对法兰西民族的人种构成、文化和政治传统的多样性等，皆产生了深远影响。概言之，随着"蛮族"徙居高卢，高卢境内就有两种不同的居民在一起生活。一种是说拉丁语的被称为"罗马人"的早先的居民，虽然罗马帝国，或者更确切地说，西罗马帝国早就名存实亡，并在476年最终覆灭，但这些居民身上的罗马化特征仍然清晰可见；另一种居民是新来高卢安身立命的"蛮族"，他们保存着其语言、服装、习俗和审判方法。

在诸多"蛮族"建立的国家中，存在时间最长、影响最大的当推克洛维创建的法兰克王国。法兰克人是日耳曼人的一支，原来分布在莱茵河下游的右岸。其中，居住在莱茵河和索姆河一带的称为海滨法兰克人（根据音译又称萨利克法兰克人），居住在莱茵河下游平原一带的称为河滨法兰克人（根据音译又称里普利安法兰克人）。从3世纪中叶到6世纪，法兰克人越过莱茵河向罗马帝国侵袭、移民，逐渐占领了高卢北部的大片地区。在这一过程中，使法兰克人在"蛮族"中脱颖而出的是年轻而勇敢的海滨法兰克人首领克洛维。

克洛维去世前，高卢绝大部分地区已被他征服，在征服的过程中，他也逐渐从法兰克部落的一个酋长成为高卢无可争议的最高统治者——法兰克国家唯一的国王。克洛维能够建立赫赫战功乃至非凡霸业，重要原因之一是他率先皈依了基督教。唯其如此，他得到了急于在新建立的"蛮族"王国中寻找自己政治支柱的罗马基督教教会和罗马贵族的大力支持，以及高卢原来信仰基督教的广大居民对他的拥护。

克洛维创立的法兰克王国，其第一个王朝人称墨洛温王朝，因为这位"法兰克的国王"认为自身属于这个起源于神话的王族——墨洛温家族。毋庸讳言，这个家族的势力在很大程度上得自他们家族传说中的神圣起源和他们好战的特性，而且，就连克洛维的名字（Clovis，相当于法语中的路易），原本也有

"善战"之意。克洛维建立的王国显然与近代的国家相去甚远。在那个一切价值都和占有土地相关联的时代里，王国只是一份靠征服得来的家业，家长死去后，他的子孙就当仁不让地将其分割。511年11月，克洛维在巴黎逝世。在他撒手人寰后，他的4个儿子按法兰克人的继承制度平分了国土。由此，"强大的法兰克王国"的统一立即又成了问题。事实上，在克洛维去世后的200多年中，墨洛温王朝四分五裂的时间远远长于表面统一的时间。由于每代国王死后，都要由其儿子平分国土，故墨洛温王朝在克洛维之后的总共28位国王中，只有5位国王取得过国家的表面统一，而这5位国王中的两位又都是有名无实、在位时间短暂的国王。真正拥有统一的局面，又握有实权、堪称"全法兰克的国王"者仅为3人，即克罗泰尔一世、克罗泰尔二世和达戈贝尔特一世。值得一提的是，在克罗泰尔一世死后，他的4个儿子在561年再度分割了国土。567年，占据巴黎地区的克罗泰尔一世的长子因死后无嗣，其领土被他的3位弟弟平分。从此，法兰克王国渐渐形成了以下格局：东部的奥斯特拉西亚、西部的纽斯特里亚与勃艮第等三个王国，以及处于三国共管下的阿基坦公爵领地。

达戈贝尔特一世于639年去世后，墨洛温王朝走上了彻底衰落的道路。由此开始，宫相日益权倾朝野，一手遮天。所谓宫相，最初不过是管理王室庄园财产和账册的管家而已，但因地位特殊，渐渐执掌机要，进而成为贵族们的代表与头领。而墨洛温王朝的最后12代国王，均因或童稚登基，或愚钝无能而难以亲政，这些国王遂终日嬉戏，不理政事。法国史家把这些尸位素餐、懒散成性的国王称为"懒王"，把"懒王"当政的一个多世纪称为"懒王时代"。在"懒王时代"，纽斯特里亚、奥斯特拉西亚和勃艮第的宫相为了争夺法兰克王国的统治权，彼此之间展开了无休止的战争。687年，奥斯特拉西亚宫相赫斯塔尔·丕平战胜了对手，并由此成为法兰克王国唯一的宫相，亦即实际的统治者。这位宫相的这一胜利，为法兰克王国新的王朝——加洛林王朝的建立初步奠定了基础。

751年，得益于教皇支持，赫斯塔尔·丕平的孙子"矮子丕平"登基称王。于是，法兰克王国开启了一个新王朝——加洛林王朝。有意思的是，加洛林王朝实际上因其后裔查理大帝而得名，在拉丁文中，"查理"的音译即为"加洛林"。作为加洛林王朝的开国君主，"矮子丕平"在临终前，仍依据墨洛温王朝的传统把王国土地平分给自己的两个儿子：长子查理和次子加尔洛曼。从768年至771年，法兰克王国由兄弟两人共同统治。与墨洛温王朝时的情况一样，这对兄弟之间的关系并不融洽，纷争时有发生。但对王国来说堪称幸事的是，由于加尔洛曼于771年早逝，国家再度分裂的一幕才没有重演。加尔洛曼逝世后，查理合并了弟弟的领土，开始独自统治法兰克王国。

无论是文才还是武略，查理都是法兰克王国历代君主中首屈一指的人物。这位君主在位时间也很长，共有46年。可以说，正是在他统治期间，法兰克王国达到了鼎盛。

查理一生大部分时间是在戎马倥偬之中度过的，仅史书有载的征战就达53次之多。经过数十年的南征北战，他在欧洲大陆建立起了一个庞大的帝国。当时，法兰克王国的版图东起易北河和多瑙河，西至大西洋；南起比利牛斯山和意大利，北至北海，其疆域之大，完全可与昔日的罗马帝国相媲美。随着战场上的节节胜利，查理已成为西方世界无可争辩的征服者，国王的称号难以再让他感到满足。于是，他寻求着加冕称帝的有利时机。800年，教皇列奥三世为报答查理亲自带兵保护教廷，于圣诞节那天把一顶古代罗马皇帝的金冠戴在查理头上，还把这个无时无刻不在进行战争的君主称为"上帝加冕的虔诚的奥古斯都，伟大的、爱好和平的罗马人皇帝"。经过这戏剧性的一幕，查理加冕为皇帝。从此，人们将查理称为查理曼。"曼"字的意译是"伟大的"，也可径直译作"大帝"。与此同时，查理所统辖之地域自然也可称为"查理曼帝国"或"查理大帝帝国"。

查理曼在位时帝国的强盛，须主要归结于这位旷世奇才的文韬武略与慑人威名。唯其如此，一旦其撒手人寰，这个庞大帝国的衰败分裂亦大有可能。查理曼于814年逝世后，继承皇位者是他三个儿子中唯一尚存的幼子路易。路易素来信奉上帝，极是笃诚，故而人称"虔诚者路易"。由于"虔诚者路易"的温和软弱与寡断少谋，那些早怀异心却不敢妄动的大贵族，此时不仅揽权自重，还频频制造骚动乃至叛乱。就连路易的几个儿子也欺他软弱，皆觊觎其父皇的大位，还几度为此展开内战。840年，"虔诚者路易"去世，其长子洛泰尔继位。洛泰尔继位后，早将其父的嘱咐——和同父异母的弟弟"秃头查理"共分帝国——抛到了九霄云外，由此引起了"秃头查理"的不满。于是，"秃头查理"很快便和洛泰尔同父同母的弟弟"日耳曼人路易"联手共同反对洛泰尔。

842年，"秃头查理"和"日耳曼人路易"在斯特拉斯堡立誓结盟。"斯特拉斯堡誓言"使用了两种语言。"日耳曼人路易"面对"秃头查理"的部下发誓时，口中所说的是罗曼斯语，即最初的法语；而"秃头查理"向"日耳曼人路易"的部下发誓时则操条顿语，也就是最初的德语。"斯特拉斯堡誓言"的出现，说明这两个国家的本族语言已经形成。也因为这一缘故，"斯特拉斯堡誓言"便成了欧洲史上时常被人提及的著名典故。

在"秃头查理"和"日耳曼人路易"联手进攻下，洛泰尔节节败退，并在843年8月被迫与两位弟弟妥协。三人在凡尔登会晤后，随即订立了《凡尔登条约》。根据这一条约，兄弟三人三分天下，也就是把查理曼帝国划作了三个国家：莱茵河以东归"日耳曼人路易"，称东法兰克王国；莱茵河以西归"秃头查理"，称西法兰克王国；洛泰尔虽继承帝位，但实际上对两个弟弟的王国并无统辖权，真正归他统治的地区仅为北意大利以及东西法兰克王国之间的一块狭长土地，即后来的洛林。近代西欧德国、法国、意大利就是在此次帝国三分的基础上形成的。

"秃头查理"根据《凡尔登条约》建立的西法兰克王国，基本上构成了法兰西国家的疆域，而且，它的国名不久亦被改称为法兰西王国。从这一意义上说，人们大可把《凡尔登条约》的订立和实施视为法兰西开始独立建国的标志。

王权强化和统一开始

查理曼帝国一分为三后，防御力量远不如前，外族势力便趁机掀起了一股入侵的新浪潮。其间，阿拉伯人从非洲和西西里岛侵袭意大利南部和法国的地中海沿岸，多瑙河中游的匈牙利人进犯德意志。不过，最让法兰西惊恐不安的是诺曼人的频繁入侵。"诺曼"的意译是"北方人"，是当时对入侵的北欧人及爱尔兰海盗的总称。在9世纪和10世纪，诺曼人大举入侵法兰西达47次之多，给法国造成了巨大破坏。

作为法兰西开国之君的"秃头查理"，虽在与其兄长争夺天下时给人留下智勇双全的印象，但面对诺曼人的进攻，每每显得应变乏力、怯懦无能，以致当诺曼人兵临巴黎城下时，"秃头查理"因御敌无计，不惜捧出真金白银高价换其退兵。"秃头查理"去世后先后继承王位的三位国王，即"结巴路易"（877—879）、路易三世（879—882）和卡洛曼（882—884），也无一例外的平庸而短命，他们登基称王的唯一"政绩"，不过是使王室的权威持续跌落。

884年，"天真汉查理"在卡洛曼去世后继位。此时，法国仍面临诺曼人的严重威胁，鉴于"天真汉查理"年幼无能，无法担负起领导国人抵御外敌的重任，一时无计可施的法国贵族遂推选东法兰克王国的国王"胖子查理"监国摄政。孰料，"胖子查理"也是无能之辈。在诺曼人重兵围攻巴黎11个月之久后，他也在886年夏天重施"秃头查理"之故技，以向诺曼人缴纳重金求解巴黎之围。更有甚者，他还允许诺曼人越过塞纳河进入勃艮第。"胖子查理"的丧权辱国行为，使法国贵族和东法兰克王国贵族均大感失望乃至愤怒。于是，两国贵族在887年共同废黜了"胖子查理"。随后，法国贵族将在保卫巴黎之战中声威大震的巴黎伯爵厄德推选为法国国王。

厄德出身名门，其父是因秉性刚毅、不畏艰险而被人誉为"坚强者"的法兰西公爵罗贝尔。厄德继位后，出色地担当起护国守土的职责，接连大败诺曼人，使局势转危为安。然而，就在诺曼人刚刚败退，厄德还未来得及品尝胜利之果时，以勃艮第公爵查理、奥弗涅公爵威廉、韦芒杜瓦伯爵赫伯特和兰斯主教法尔科为首的大封建主却公然兴兵作乱。他们因担心精明能干的厄德会威胁到他们的世袭领地的安全，很快打出正统旗号，强行要重立年幼无能的"天真汉查理"为国王。于是，不甘忍让的厄德起兵迎战。这场内战一打就是6年。898年，厄德在胜负未分的情况下含恨辞世。其弟罗贝尔因厌倦战事，宣告甘愿臣服于"天真汉查理"，只接受"法兰西公爵"的称号，领有巴黎、奥尔良、图尔、夏尔特尔等地。随后，双方罢战息兵。从这一年开始直到987年，法国的王位被"秃头查理"的后人与厄德的后人轮流占据。987年，王国的显贵们拥立厄德的侄孙于格·卡佩为国王。由此，法国进入了卡佩王朝统治时期。

卡佩王朝初期，整个法兰西由于诸侯割据而四分五裂。国王的实际统治区域仅限于王室领地，亦即国王作为领主，而非国君所拥有的土地。这一领地是处于塞纳河与卢瓦尔河中游南北狭长地带里的数处不相连接的地方，时称"法兰西岛"（Ile-de-France）。当时，法国的领土共有45万平方千米，而"法兰西岛"的面积竟然还不到3万平方千米。而且，即使是在这块面积不大的王畿内，国王仍然无法全面做到令行禁止。一些桀骜不驯、不听王命的封建主往往凭借其实力建筑城堡，甚至在交通要道上拦路抢劫。王室领地内的"小"贵族尚且如此，遑论在王室领地外拥有公国、伯国的公爵和伯爵。后者虽然在形式上承认卡佩王朝的国王为其宗主，但实际上在自己的领地内保持着完全独立的统治。他们在领地内有颁布法律、作战媾和、铸造钱币、征收赋税、审理案件等大权，其实际权力之大，丝毫不逊于国王。更甚者，有些公爵、伯爵所拥有的财富远远超过国王。不难想见，这些人绝不会把国王真正放在眼里。事实上，卡佩王朝初期的国王虽在国外已被公认为"法兰西人的君主"，但实际上颇为寒碜。由于国王无权在王室领地之外课税敛财，其财政来源仅为王室领地和所辖教会之收益，以至于为了扩大财源，堂堂国王有时竟也会去干些拦路抢劫过路客商的勾当。

不过，法兰西岛的小国王们还掌握着一张王牌。由于举行了加冕仪式，国王成为唯一拥有精神权威的人。卡佩王朝建立之后，国王得在兰斯"行涂油礼"，用掺了一种上等香油的香膏涂身。据说这种"圣油"来自上帝，是当年克洛维受洗时由一只鸽子带给主持洗礼的雷米主教的。在加冕仪式中使用此等

"圣油"，不仅能"证明"卡佩王朝的国王乃克洛维等法兰克君主的继承者，更表明他们与所罗门王和《旧约圣经》中的诸王一脉相承。概言之，由于国王本人的威严，再加上加冕当天对国王身体施行的涂油礼，国王在很大程度上处于宗教和尘世的交汇点上，从而使他同时具备宗教权力和军事权威。

卡佩王朝的头四位国王，无一不属平庸之辈。他们既无力制服在其周围雄踞一方的各路诸侯和王室领地内桀骜不驯的封建主，也没能在"国际事务"方面发挥任何作用——没有任何一位国王参加过第一次十字军东征。也许，"法兰西岛的小国王"的角色已让他们感到满足。不过，自1108年起，随着路易六世的登基，卡佩王朝的王权逐渐增强，法国的统一进程亦开始起步。这一局面的出现，其根本原因当然得归结于生产力的发展、城市的兴起与各地区经济联系的加强，但一些杰出君主的个人作用亦不容忽视。其中最值得关注的是菲利普二世、路易九世和菲利普四世这三位君主。他们或以在对内对外的战争中所取得的辉煌胜利，或以大刀阔斧的改革，推动了王权的发展，从而也促进了原先显得四分五裂的法国的统一。

例如，1214年，菲利普二世率领法军和数万名手持武器的市民，在著名的布汶决战中打败了由"失地约翰"纠集神圣罗马帝国皇帝奥托一世、佛兰德尔伯爵和布洛涅伯爵等人发起的声势浩大的进攻。一些法国史学家认为，此役堪称决定法国王权、法兰西民族存亡的生死之战。而且，正是这次战役，首次真正激起了法兰西民族情感的高涨。

路易九世时，为提高国王的权威，进行了两大改革。首先是司法改革。为将司法权牢牢地控制在国王手里，他多次颁布敕令，在王室领地内禁止司法决斗，并将叛逆、伪造王室法令、非法携带武器等案件均收归王室法庭审理。在王室领地内严禁私战的同时，他还在王室领地之外实行"国王四十日"——法国任何诸侯受到侵害后，在40日内不得进行事实报复，可以向王室法庭上诉，请求仲裁。血亲复仇也在被禁止之列。其次是币制改革。王室开铸新的标准化金、银货币，流通全国。路易九世甚至还专门颁布敕令，规定王室领地内只准使用王室铸币。当然，在王室领地之外，贵族（须是有铸币权者）的铸币仍可与王室铸币并用。

至于菲利普四世，他为使自己的政策能够得到国内各个阶级的支持，于1302年在法国首开了召开三级会议的先河。三级会议的召开，昭示着法国封建君主制度的形式发展到一个新的阶段，也即等级君主制。所谓等级君主制，一言以蔽之，就是王权借助等级代表会议实施统治的一种政权形式。如果说在英国历史上，一般以1265年召开的英国议会作为其等级君主制初步形成的标志，那么在法国历史中则是以1302年在巴黎圣母院举行的三级会议作为法国等级君主制初步形成的标志。所谓三级会议，简单地说，就是法国在中世纪开始出现的等级代表会议，参加者有属于第一等级的教士，属于第二等级的贵族，以及属于第三等级的市民这三个等级的代表。在这之后，国王常常借等级代表会议来提高自己的权威，扩大王权的社会基础。

百年战争与民族国家

法兰西能较早称雄欧洲，除了其地大物博、人口众多，有一点至关重要，就是它较早就开始成为政治统一的民族国家。一般认为，法兰西民族国家的初造与法英百年战争密切相关。那么，这场战争为何会爆发，又是如何促进了法兰西民族国家形成的呢？

简言之，百年战争的起因直接缘于卡佩王朝后继无人。1328年，查理四世去世，因卡佩家族嫡系无男嗣，王位的继承遂成问题。当时，觊觎王位者主要有二：其一是查理四世的旁系堂弟、瓦洛亚伯爵的儿子菲利普·德·瓦洛亚，其二是前国王菲利普四世的外孙、英王爱德华三世。在是年举行的三级会议上，与会者根据从古老的《萨利克法典》有关条文中引申出来的原则，即"女性及母系后裔没有王位继承权"，拒绝了爱德华三世对法国王位的要求，同时推举菲利普·德·瓦洛亚继承王位，是为菲利普六世。于是，法国开始进入瓦洛亚王朝统治时期（1328—1589）。

纵观瓦洛亚王朝统治时期，几乎与英法之间的"百年战争"相伴始终。从1337年至1453年，两国时断时续进行了116年的战争，史称"百年战争"。引发这场战争的导火索是菲利普六世继位后，英王爱德华三世仍一再提出对法国王位的要求，但其深层原因显然要复杂得多。首先，两国统治王朝为争夺领地而展开的斗争由来已久；其次，佛兰德尔问题亦使双方关系更加恶化。[①]

1337年，早已势如冰炭的英法两国终于开战。从表面上看，力量对比似对英国不利，但在战争初期，英国使法国连连受到重创。例如，1340年6月，英国海军在埃克吕兹港一举击溃了准备入侵英国的法国和卡斯蒂利亚联合舰队，由此把英吉利海峡控制在了本方手里。又如在1346年8月，在著名的克雷西战役中，主要由英国自由农民组成的弓箭手竟然大败了素称"法兰西之骄傲和花朵"的法国骑士团。而在1355年的普瓦提埃（Poitiers，一译普瓦捷）决战中，由英王长子"黑太子"统率的7000英军，更是把法王约翰二世亲率的1.5万法军打得落花流水，并使法王和其幼子菲利普，以及17位伯爵和一大批骑士与扈从皆成阶下之囚。普瓦提埃溃败，顿使法国全境陷入混乱状态。时年未满20岁的王太子查理受命监国摄政。由于暂时无力与英国相争，这位查理太子被迫于1360年与英方缔结丧权辱国的《布雷蒂尼和约》，割地赔款，并出重金赎回被囚在英国的法王约翰二世。这一切，标志着百年战争第一阶段以法方失败告终。

---

① 佛兰德尔是当时欧洲大陆经济最富庶的地区之一，尤以毛织业著称，因其毛织业的主要原料羊毛大多来自英国，故与英国的经济联系极为密切。然而，佛兰德尔伯爵又是法国国王的附庸，法国国王对这块风水宝地垂涎已久，为此，法英双方为争夺此地展开了激烈的斗争。

1364年，约翰二世驾崩后，太子查理得以由监国践位，称查理五世。查理五世在位期间，利用《布雷蒂尼和约》提供的喘息时间，励精图治，在国内实行了一系列改革，法国国力由此得到较快的恢复。随着国力迅速发展，法国军事力量也明显增强，1369年，力图收复失地、报仇雪耻的查理五世与英国重新开战并连连取胜。及至1380年，法军收复了《布雷蒂尼和约》签订时被割去的绝大多数失地，英国在法国只剩下了加莱、布列斯特、瑟堡等一些沿海据点及其附属区域。随后，战事一度暂告平息。

就在战局变得日益有利于法方时，1380年，查理五世驾崩，其年仅12岁的儿子查理继位，是为查理六世。查理六世年满20岁才开始亲政，因亲政头四年政绩不俗，还一度获得"受爱戴者"的美誉。孰料好景不长。自1392年起，查理六世成了个间歇发作的精神病患者，病情发作时，非但会把王后视为陌生人，还会拔出佩剑向周围的随从刺去。不可思议的是，法国的王冠竟由这样一位"疯子"戴了30年之久。其间，法国的封建贵族趁机结党营私，争权夺利，还形成了公开对垒的两大封建贵族派别，即以勃艮第公爵为首的勃艮第派和以奥尔良公爵为首的阿曼雅克派[1]。而此时此刻，曾在前一阶段战事中受挫的英国正由一位年轻气盛的新国王——亨利五世所统治，即位后的新国王，时刻都在准备着重燃战火。

---

[1] 奥尔良公爵的岳父为阿曼雅克公爵，故称。

1415 年 8 月，亨利五世乘法王查理六世已经发疯，以及法国两大封建贵族派别内讧之际重新向法国开启了战端。英军继在克雷西城附近的阿赞库尔重创法军之后，很快占领了法国北部许多地区，而巴黎则由与英国结盟的勃艮第公爵所控制。在这一背景下，法英双方在 1420 年缔结了《特鲁瓦条约》，约定法王查理六世的女儿嫁给英王亨利五世，查理六世死后，由亨利五世及其后裔继承法国王位。两年后，查理六世与亨利五世相继去世，于是，英国宣布将亨利五世与查理六世之女所生不满周岁的婴儿立为英国和法国的国王，是为亨利六世，并由亨利五世的兄弟贝特福德公爵任摄政。这一切意味着，西欧两大王国大有跨越英吉利海峡合为一体之势。

然而，逃亡到南法的查理六世之子根本不愿承认亨利六世，并自立为查理七世。于是，法国便出现了一国两君的反常现象。亨利六世统治着法国北部的大部分地区，查理七世则以南方布尔日城为据点，试图与英军对抗。不过，因缺钱少兵，查理七世对胜利并没有足够的信心。1428 年 10 月，英军着手围攻奥尔良。此城作为通往南方的门户，一旦失守，法国南方就有沦陷的危险。因而，保卫奥尔良之战，顿时成为关乎法国生死存亡的关键。就在该城即将被攻破的危急关头，一位名叫贞德的民族女英雄奇迹般登上了历史舞台。她以自身壮举激起了同胞的爱国热情和斗志，不仅使奥尔良转危为安，还逆转了整个战局。

贞德于 1412 年出生在法国东部香槟与洛林交界处一个叫栋

雷米的村庄。由于自小目睹英军的烧杀抢掠，贞德很早就萌发了强烈的救国之志。同时，在当地笃信上帝的村民中，这位父母均为天主教徒的牧羊女又素以虔诚闻名。贞德自称在13岁时"听到"圣徒的呼唤，要她拯救国家。听闻奥尔良被围后，时年17岁的她再也无法按捺住救国豪情。1429年初，她从家乡赶到沃库列尔小城，告知该城守军头目波特利库尔，自己是奉上帝之命来拯救法兰西，并引导已自称查理七世的王太子去兰斯加冕。沃库列尔城的居民有感于贞德的爱国豪情，集资替她购买了盔甲和战马。随后，贞德在波特利库尔亲自护送下，日夜兼程11天前往什农去进谒王太子。

其时，受困多日的奥尔良已危在旦夕。在贞德主动请缨之后，实已绝望的王太子便命贞德率人前去解围。贞德以及所率领的数千法军的到来，使城中的军民士气大振。经过几天奋战，英军对奥尔良长达209天的包围终于在5月8日得到解除。此后，法军乘胜追击，连克数城，还在7月攻下了被法国人视为圣地的兰斯。7月17日，王太子在兰斯大教堂正式加冕为查理七世。加冕典礼上，贞德手持旗标，英姿飒爽地站在法王旁边。

此时，贞德的声望如日中天，也正因如此，查理七世周围的贵族、大臣们既害怕又妒忌。于是，他们便准备暗算和出卖贞德。1430年春，贞德在一次偷袭中失利撤退回城时，守城法军竟把她关在城门之外，致使她被已和英军联手的勃艮第军俘虏。半年后，勃艮第公爵以高价将贞德卖给英国人。面对英国人的威逼利诱乃至严刑拷打，贞德始终大义凛然，宁死不屈。1431年5月30日，她被当作"穿戴男装""妖术惑众"的女巫，在鲁昂的广场中被绑在火刑柱上活活烧死。

贞德虽然惨死于火刑，但其壮举所唤起的民族意识在国人中继续高涨。在为贞德复仇口号激励下，法国民众的抗英斗志愈来愈盛，在光复国土的战争中连连取胜。1435年，勃艮第公爵这位英军的盟友见英军形势不利，加之自身早已厌战，宣布退出冲突并与法王单独媾和。查理七世在摆脱勃艮第派的羁绊后，立即全力与英军作战。1436年，巴黎发生的民众起义使查理七世得以重返沦陷17年之久的首都巴黎。1447—1449年，鲁昂和诺曼底相继被收复。1453年7月，法军在卡斯蒂永战役中大败英军，至此，除加来港外，法方所有失地均相继被收复。同年10月19日，英法两国签订和约，结束了百年战争。

作为百年战争的最后胜利者，查理七世得以收回被英王室占领的所有法国领地（加来港仍被英国人所占领），由此，法国领土统一的最大障碍终被排除。不过，需要指出的是，法国国内仍有一些贵族保持着相对独立，统一大业远未完成。由于查理七世还未来得及看到法国领土基本统一就离世了，这一任务的完成有待其子、被人称为"国土聚合者"的路易十一继续努力。在路易十一于1483年去世时，今日法国版图的轮廓已基本勾勒出来。随着法国领土基本实现统一，法国人的民族意识进一步加强，共同的法兰西民族文化也开始出现，如在巴黎方言的基础上，法兰西共同语言——法语正在逐渐形成。至此，法国开始成为政治统一的民族国家。

黎塞留使法兰西荣耀

从路易十一起，法国由等级君主制向绝对君主制迅速演变。这种转变的标志是，由于王权的巩固和加强，路易十一已敢于不再因征税而召开三级会议。路易十一的独子继位而称查理八世后，更是干脆解散了三级会议。此后，在依次登基的路易十二与弗朗索瓦一世在位时期，法国也未再召开过三级会议。这一切表明，绝对君主制在法国已然确立。

绝对君主制在法国的确立，根本原因在于法国政治统一后社会经济的变革。政治统一的完成，极大推动了法国工商业的发展和生产进步，有益于资本主义的幼芽在封建社会的母体中发育成长。此期的"地理大发现"和新航路的开辟，也在很大程度上对法国工商业的迅速繁荣起着刺激作用。如果说工商业的迅速繁荣与农村封建领土制向封建地主制的演变，导致新兴资产阶级和封建贵族的社会地位与力量对比均发生了一些变化，那么15世纪末开始的"价格革命"更是直接导致了"穿袍贵族"的崛起和"佩剑贵族"的没落。面对新兴资产阶级的挑战，已无法独立逞雄、且日趋没落的封建贵族希望有强大的王权来保护他们手中尚存的经济和政治特权，他们把宫廷当作追逐名利、获取高官厚禄的最主要的场所。无独有偶，新兴资产阶级为了抑制封建贵族，打压人民对资本原始积累残酷掠夺的反抗，保持国内的统一市场，也希冀强化君主的权力。由此，国王正好左右逢源，顺理成章凌驾于两者之上。当然，这一时期的绝对君主制充其量只是绝对君主制的早期形态，与绝对君主制的极盛时期——路易十四时代根本不可同日而语。

在路易十一之后70余年的时间里，还有件不容忽视的事情，这就是当西班牙人即将"发现"远方的美洲时，法国人却"发现"了近在旁边的意大利。由于早期阶段的绝对君主制尚有诸多不稳定因素，如一些大贵族对于丧失传统特权心有不甘，而新兴资产阶级敛财的胃口也越来越大，促使在路易十一之后相继登基的几位国王，力图通过对外扩张，把不安于现状的贵族的目光引向国外，同时使新兴资产阶级在国际上的商业地位得到提升。当时的意大利，经济富庶又在政治上四分五裂，恰好成为西欧列强角逐的场所。于是，这几位国王相继把意大利作为对外扩张的首选目标。

持续65年之久的意大利战争，是法国争霸欧洲的第一次尝试。战争的需要，使得君主多有理由加强对御前会议和巴黎高等法院的控制。由此，始自弗朗索瓦一世，国王诏书开始以"此乃朕意"结尾。这昭示着国王已凌驾于咨询、司法机构之上，国王的旨意俨然成为必须遵守的法律。意大利战争期间，法国还形成了欧洲各国中最庞大和最有效的行政机构，地方贵族势力进一步受到钳制、削弱，君主制度下的中央集权则得到强化。此外，尽管这场旷日持久的战争对法国王权的影响绝非完全正面，法国实际上在意大利境内亦收益无多，但它在战争中表现出来的实力却充分证明，法国已成为名副其实的欧洲大陆一大强国。

然而，在意大利战争于1559年终告结束后才没几年，一场打打停停、持续了30多年的胡格诺战争，又于1562年在法国爆发。这场在新教、旧教之间展开的国内宗教战争，惨烈程度不时到了令人发指的地步，著名的圣巴托洛缪大屠杀，就是最明显不过的例证。[①]诚然，胡格诺战争就本质而言，是一场封建贵族争权夺利的宗教战争，但由于卷入战事并在其中发挥作用的有社会各阶层人士，加之参战双方又各自求助于不同外国势力——天主教派得到了西班牙的支持，胡格诺派得到了英国和德意志新教诸侯的支持——使得这场战争具有非同寻常的复杂性。此外，这场战争的刀光剑影先后遍及全国，其所造成的破坏与创伤也远超英法之间的百年战争。毕竟，百年战争只是局限在几个省份而已。胡格诺战争期间，国王的权威无疑受到严重损害。而且，因为这场战争的发生和长期持续，致使当西班牙、葡萄牙、荷兰和英国纷纷在海外大肆殖民扩张时，法国的远洋船只反而一度近乎绝迹。

1589年8月，法王亨利三世遇杀身亡。由于他体弱无子，唯一的王弟又先他而亡，瓦洛亚王朝因家族绝嗣而宣告终结。

---

① 圣巴托洛缪大屠杀发生于1572年8月24日凌晨。当时，巴黎数以万计的天主教徒对城内的胡格诺教徒大开杀戒。他们根据事先画在胡格诺教徒居所门前的白十字记号闯进屋去，对多数还浓睡未醒的人进行杀戮，然后将尸体抛进塞纳河中。继巴黎大屠杀之后，许多其他法国城镇也发生了屠杀胡格诺教徒的暴行。

依据惯例，在他死后，最有资格继承法国王位的是纳瓦尔国王亨利。亨利登基后，称亨利四世。由于亨利四世属波旁家族，因此，亨利四世同时又是波旁王朝的开基君主。

胡格诺战争造成的破坏和损失较之百年战争要严重得多，因而亨利四世在即位后不久曾这样说道："交到我手中的法兰西已近乎毁灭，对法国人而言，法兰西可以说已不复存在。"鉴于国家统一与王权威望在宗教战争中受损严重，亨利四世甚为重视恢复和强化中央集权的绝对君主制。为此，他削弱了各地总督权力，抑制权贵，并限制高等法院的谏诤权。同时，他还停止召开全国性的三级会议，并要求各省的三级会议对他绝对服从。这一过程中，亨利四世充分显示了开基君主的胆魄和气势。例如，他在得知波尔多即将发生叛乱时，立马以强硬的语气正告波尔多人："我是你们的合法国王，你们的首脑。我的王国是身躯，你们的荣誉就是充当四肢，服从身躯……"

为使因战火而哀鸿遍野、满目疮痍的法兰西尽快得到复兴，亨利四世对恢复与发展经济颇为重视。亨利四世深知国以农为本，对复兴农业尤其关注。为此，当局一方面减轻农民的税收负担，一方面招抚流散农民，让他们有地可种，有农活可干。为改善农业生产条件，政府在组织人力排干沼泽、疏通河渠、兴建堤坝、开辟荒田的同时，大力引进新的作物和耕种技术。当时，亨利四世甚至宣称："如果上帝假我以天年，我将使王国里每一个农夫的锅里都有一只鸡。"他的这番话，使自己在农村大得人心。此外，亨利四世也非常重视扶掖工商业，保护关税以及海外殖民活动。这些举措和努力，使法国很快恢复了元气，重新成为欧洲一流的经济强国。随着国力恢复乃至增强，法国在欧洲的国际地位也显著提高。

亨利四世虽在宗教战争后率先把绝对王权大大向前推进，但他本人不久就遇刺身亡。于是，王位传到了波旁王朝第二代君主路易十三手里。路易十三统治时期，法国绝对王权一度面临不进反退的局面，及至后来才又有所发展。而这一发展局面的取得，很大程度上得记在路易十三亲政后倚重的首席大臣黎塞留的功劳簿上，后者人称"法国历史上最伟大、最具谋略、也最无情的政治家"。

黎塞留早在1619年初就得到路易十三的赏识。从1624年至1642年，这位红衣主教出身的政治家执掌首相的权柄达18年之久。黎塞留虽体弱多病，但性情刚烈，且具有铁腕，在任首相期间操纵着性格相对软弱的路易十三，近乎大权独揽。虽然如此，黎塞留对重用他的路易十三，却始终称得上忠心耿耿。他在总结自己一生政治活动的回忆录《政治遗嘱》中明确宣称："我的第一个目的是使国王崇高。"为了"使国王崇高"，黎塞留不得不与那些骄横跋扈、肆意叛乱的王公显贵们进行长期不懈的斗争。由于在执政期间几乎一直处在不肯服膺王权的王公显贵的阴谋与叛乱之中，黎塞留往往对这些图谋不轨者痛下杀手。他不仅曾把多名公爵打入牢狱，把夏莱公爵斩于斧钺之下，甚至还把国王的弟弟加斯东削职为民。黎塞留在打击图谋不轨的王公显贵的同时，还面临着与日益蔓延的新教徒叛乱作斗争的艰巨任务。当时，胡格诺派显贵利用"南特敕令"①实行封建割据，还在王室未及时满足自己要求时频频发动武装叛乱。为此，黎塞留在1627年率军亲征，在经过长时间的包围之后，于翌年最终占领了在英国人支持下进行叛乱的胡格诺派军事据点拉罗舍尔。在取得对胡格诺派战争胜利的基础上，黎塞留又建议路易十三钦赐了"阿莱斯恩典敕令"。该敕令虽在名义上承认"南特敕令"，但规定拆除胡格诺教徒的一切要塞，解散其军队和组织。由此，胡格诺派在法国建立的"国中之国"被清除，法国国王的权威受到了充分尊重，法国的统一得到了进一步发展。

黎塞留担任首相后，还极为重视加强国家政权建设，强化中央集权。为此，他在中央设立各部大臣，后者在首相直接领导下掌握实权，决断日常行政大事。此举使得贵族权力机构"国务会议"形同虚设。黎塞留虽没有废除经常为地方显贵所把持的省长，但他把自16世纪以来向地方临时性派遣的钦差大臣变为定制，称为督办官。督办官由国王任免，其官职不得买卖、转让或世袭。各省的司法、行政、财政大权统统在督办官的监督之下，又完全听命于中央。借助这种体制，中央对地方的约束力明显强化。为便于对地方的控制，黎塞留还在全国各地设立驿站。在思想文化方面，他首开建立严格的出版审查制度之先河，在1630

---

① "南特敕令"（Édit de Nantes）是法国国王亨利四世大致在1598年4月13日签署颁布的一条敕令。它承认了法国国内胡格诺派（法国基督新教的一支教派）的信仰自由，以及在法律上享有和其他公民同等的权利。这条敕令也是世界近代史上首个有关宗教宽容的敕令。然而，1685年，亨利四世之孙路易十四却颁布"枫丹白露敕令"，宣布基督新教为非法，"南特敕令"随之被废除。

年创办了法国历史上最早的反映政府意志的官方报刊《法兰西报》，将其作为绝对王权的舆论工具。黎塞留控制思想文化的另一重要行动是建立法兰西研究院。该研究院是法国有史以来首个试图对文化领域的活动进行规范的官方文化机构，其主旨是规范法语的使用，保证法语的纯洁，培养统一的审美情趣。

为让国库尽快充盈，进一步夯实绝对君主制经济基础，黎塞留还大力推行扶持工商业、海外贸易和殖民活动的政策。例如，他以发放补助金、授予特权、减免租税等手段鼓励资本主义工场手工业的发展，支持海外贸易公司，扩大加拿大殖民地，还通过外交途径扩大法国商人在土耳其、伊朗和俄国的市场。在他执掌大权期间，法国国库趋于充实。这固然与黎塞留采取的上述措施密不可分，但在很大程度上也得归结于当局对民众的横征暴敛。黎塞留对城乡人民的压榨，确实可谓漫无止境，以至于在他去世时，国税竟然已预征3年。对此，他曾在《政治遗嘱》中振振有词地自我辩解道："所有政治思想家都一致认为，如果民众活得太舒适安逸，那就无法让他们安分守己……应当把他们当作骡子，加以重负，安逸会把他们宠坏。"

同样是在《政治遗嘱》中，黎塞留还宣称其"第二个目的是使王国荣耀"，即提高法国在欧洲各国中的地位。综观其执政经历，他确实也为之付出了很多心血，取得了不俗业绩。当时，若要实现这一目的，首先就要突破哈布斯堡家族通过"婚姻外交"形成的对法包围圈，向哈布斯堡王朝在欧洲的霸权发起挑战。就此而言，早在1618年，即黎塞留上台前就已爆发的著名的三十年战争，为法国提供了契机。黎塞留上台之初，鉴于不得不首先平叛内乱，无力派兵直接参战，于是就在外交上积极努力，力促丹麦、荷兰和英国结成反哈布斯堡同盟，使三十年战争由德意志的内战变成了一场国际战争。1635年，随着国内的叛乱被平息，黎塞留由在幕后策划鼓动转向公开地走向三十年战争的战场，而法国的直接参战，更是使战场上的形势迅速改观。三十年战争虽然到1648年才结束，但实际上在1642年黎塞留去世时，法国一方已然胜券在握。从1648年10月签署的《威斯特伐利亚和约》的内容来看，法国显然是三十年战争的最大赢家。一言以蔽之，正是借助这场战争，法国终于完成了推翻哈布斯堡王朝在欧洲的霸权、提高自身国际地位的历史任务。而这一切的取得，黎塞留显然功不可没。

"太阳王"称霸欧洲

法国人在缅怀法兰西昔日的强盛与荣耀时，十有八九会首先无比自豪地提及被尊为"路易大王""太阳王"的路易十四。[①]的确，正是在这位发现并热衷于"国王的职业"的法国历

[①] 路易十四向来崇尚太阳神阿波罗并自诩为"太阳王"（le Roi du Soleil）。他喜欢在凡尔赛宫举办的舞会中将自己打扮成阿波罗，身着光芒四射的金黄色服装出场。此外，他还将凡尔赛宫内的主要大厅均以环绕太阳的行星命名，并把其中最为奢华气派的大厅，也即他用于日常接见的御座厅命名为阿波罗厅（或称太阳神厅）。同时，他还以"阿波罗喷泉"命名凡尔赛宫中最引人瞩目的喷泉，该喷泉中央是阿波罗英姿勃发驾驭太阳马车的形象。

史上最著名的国王治下，法国一度空前强盛并得以首次称霸欧洲。此期的法国，不仅是当时欧洲最为强大、统一的民族国家，还提供了近代中央集权制国家机器的一个典型，成了普鲁士、奥地利和俄罗斯等欧洲国家君主争相仿效的榜样。

1643年5月，黎塞留死后不到半年，路易十三驾崩，其子路易十四继位。因路易十四继位时尚不足5岁，故由太后"奥地利的安娜"摄政，但掌握实权者是黎塞留的忠实接班人，同样担任过红衣主教的意大利人马扎然。马扎然接手朝政之时，恰值法军在三十年战争中已临近决胜关头。为筹措确保战争胜利的款项，马扎然明知民间早已怨声载道，仍硬着头皮横征暴敛，结果很快使自己成为众矢之的，甚至引发了一场动摇法兰西王权的严重政治危机——"福隆德运动"。[①]

1661年3月马扎然去世，路易十四开始亲政，时年23岁。由于当年王室在"福隆德运动"中被迫外逃的狼狈给他留下了刻骨铭心的印象，因而这位年轻君主早就有意凭借君权神授观念强化绝对君主制。马扎然甫一去世，他就向大臣们宣布："此后，我就是我自己的首相。"在亲政的54年中，路易十四确实从未委任过首相。亲政前期，路易十四的确算得上是日理万机，朝中诸事不分大小，概由他亲自处理。对此，他曾一再宣称，亲自理政乃是"国王的职业"。而他的那句"朕即国家"的名

---

① 福隆德是法文"fronde"的音译，一译"投石党运动"。"fronde"原为一种儿童游戏的投石器，曾为当局明令禁止。故此，它在这里带有破坏秩序、反对当局之意。

言，时至今日仍在世人中广为流传。"朕即国家"意味着其意志就是法律，而从中央到地方的庞大的官僚机构，充其量不过是使国王旨意付诸实施的工具而已。无疑，正是路易十四使法国绝对君主制达到了极盛。其间，为充分体现"太阳王"之威严，使宫廷真正成为国家的政治中心，路易十四斥巨资在巴黎西南郊兴建了富丽堂皇、至今仍让世人惊叹不已的凡尔赛宫。

虽精力过人，但路易十四在治理国家时仍少不了得力助手的大力辅佐。在几位能臣中，最为"太阳王"信任和倚重者，是法国重商主义突出代表柯尔伯。柯尔伯出身于兰斯一个生意兴隆的呢绒商人家庭，原为马扎然的家产总管，并由马扎然在去世前举荐给了路易十四。在受到路易十四赏识后，柯尔伯先是担任财政总监，继而又因为功绩卓著被任命为王室国务秘书和海军国务秘书。可以说，他实际上被赋予了事实上的首相权力。

在柯尔伯看来，一个国家所拥有的货币数量的多少，决定着一个国家的经济、政治、军事力量。法国的富强，在于从其他国家获得货币，而外贸的顺差是把别国的货币吸引到法国来的唯一办法，要做到这一点，只有减少输入，增加输出。为此，他在任内积极进行财政改革，大力改进交通、修筑道路，积极兴办王家手工工场，发展外贸。在重商主义推动下，法国经济一度再次呈现繁荣景象。值得一提的是，为了发展外贸，柯尔伯还竭力鼓动路易十四建立海军。故此，在路易十四时代相当长的一段时间里，法国的海军颇为强大，甚至可与英国或荷兰海军比肩。不过，由于路易十四统治末期的重重困难，法国海军也随即开始走下坡路。

由上可见，路易十四国内政策的要旨可归结为极度强化王权，那么，他的对外政策的目标又是什么呢？答案就是：让他和"他的"法国在国际上广受尊重。

为了扩大法兰西的疆域，确立法国在欧洲的霸权，路易十四利用统治前期日益雄厚的财力物力，很快在法国建立起一支自罗马帝国以来欧洲人数最多、最强大的常备军，并在亲政的54年中，让法国在30余年的时间里处于战争状态。

路易十四亲政后发动的首场大规模战争，就是针对西班牙的"王后权利战争"（又称"遗产争夺战"）。1665年，路易十四乘其岳父西班牙国王菲利普去世之际，对西班牙提出领土要求。他的理由是当年西班牙公主玛丽·泰蕾兹嫁给他时，西班牙国王曾允诺过一笔可观的嫁资，但由于西班牙后来长年战乱，民生凋敝，这一承诺从未兑现。因而，他现在要以其王后的名义继承在西属尼德兰的遗产。在这一要求遭到西班牙拒绝后，路易十四在1667年御驾亲征，连克里尔等城市。翌年又攻占弗朗什-孔泰。在英国、瑞典、荷兰三国缔结了反法同盟，公开干预此事的情况下，路易十四才同意言和。1668年，双方签订了《亚琛条约》，法国归还了弗朗什-孔泰，但仍保留了新占领的12处要塞。初试身手便获大胜，使路易十四更为好战。由于渴望得到荷兰的领土与财富，更为了报复荷兰在"王后权利战争"中与自己为敌，路易十四在1672年亲率大军攻入荷兰。刚刚上台的荷兰执政官奥兰治亲王见本国军队无力阻挡法军的进攻，被迫下令掘开阿姆斯特丹海堤，放海水阻遏法军。其后不久，德意志皇帝、西班牙国王、丹麦国王以及包括勃兰登堡在内的数位德意志诸侯亦派兵与法军交战。最终，法国竟在这场持续了7年的战争中以一己之力大败众多对手。根据在战后签订的《尼姆维根条约》，法国不仅重新获得了富饶的弗朗什-孔泰，还把南尼德兰的一些城市也并入了自己版图。特别值得一提的是，这一条约还首开了用法文代替拉丁文拟订外交文件之先河。从此，法文逐渐成为主要的外交文字。

法国大败众多对手后，"太阳王"威名远播，法国在欧洲的威望显赫一时。此时的路易十四，变得更加恃强蛮霸。例如，他下令设立"属地收复裁决院"，专门调查落实历次条约中割让给法国的领土，还以武力强行兑现。除此之外，路易十四还在1681年9月无端出兵，将神圣罗马帝国的"自由市"①斯特拉斯堡据为己有。他这种过于咄咄逼人的扩展势头，势必使得其他欧洲列强惶惶不安。而他在1685年断然废除"南特敕令"，则更使新教国家惊恐万分。1686年7月，神圣罗马帝国、西班牙、荷兰和瑞典结成针对法国的奥格斯堡联盟。1688年，荷兰执政官奥兰治亲王在"光荣革命"中登上英国王位，于是，英国也加入了这一联盟。同年，联盟开始与法国交战。在进行了近10年战争之后，路易十四自感取胜无望，更何况法国确实已难以与几乎整个欧洲继续对抗，被迫罢战求和。根据1697年9月、

① 神圣罗马帝国中的一种特殊行政区划，自由市不被任何一个帝国贵族管辖，而是直辖于神圣罗马帝国皇帝。

10月在荷兰里斯维克签订的条约，法国退出在《尼姆维根条约》以后占据的所有土地，不过，斯特拉斯堡仍由法国保留。奥格斯堡联盟战争的结局，使路易十四首次在国际舞台大失颜面，同时也是路易十四时代盛极而衰的征兆。然而，路易十四依旧以执欧洲牛耳之霸王自居，并在18世纪初又挑起了"西班牙王位继承战"。这场战争于1701年3月爆发，共持续了13年之久。在这期间，英国为争夺殖民地而在北美发动了史称"安妮女王之战"的对法战争。如果说法国通过"西班牙王位继承战"在欧陆尚稍有所得，那么它在北美的海外殖民地的大部分却为英国所夺。

纵观路易十四的统治，虽然在其前期，法国经济确实出现较为繁荣的局面，国库也一度大为充实，但这位"太阳王"的好大喜功，尤其是为争夺欧洲霸主地位而不惜穷兵黩武，很快造成国库再度空虚，还给广大民众带来深重灾难。路易十四统治后期，法国的工业发展开始落后于英国，贸易和航运远不及荷兰，且不少法国人完全可说是生活在水深火热之中。也正因为如此，农民的暴动与城市贫民的起义在这一时期此起彼伏。其中，影响最大的是塞汶山区1702年爆发的"卡米扎尔起义"。①

值得特别指出和强调的一点是，路易十四在内政方面的一大败笔——废除"南特敕令"，对法国经济、政治、宗教以及民

---

① 卡米扎尔（Camisard）源于朗格多克方言Camiso，意指穿长衫的人。由于在这次起义中，起义者为在夜袭时便于相互识别而多穿长衫，起义因此得名。

族心态产生的消极影响，是极其深刻而持久的。相反，当时或后来与法国角逐、争霸的一些欧洲国家，却因大量接纳因废除"南特敕令"而从法国逃离的一批又一批既有技术、又有资金的信仰新教的工商业者，明显受益良多。例如，定居英伦三岛的法国新教徒巨富，为英国的资本原始积累添加了可观的资金；大批法国胡格诺工匠和商人涌向勃兰登堡开设纺织工场以及生产铁、丝和纸的作坊，则大大促进了资本主义工商业在半农奴制大庄园经济占统治地位的德意志北部的诞生。

第二章

大革命与近代法国强盛

"旧制度"深陷危机

　　法国此前能在欧洲占据优势地位，主要靠的是人口众多、地大物博——相对于其他欧洲国家而言——以及较早实现政治统一和形成民族国家。进入19世纪后，其优势地位则在更大程度上与法国曾在新历史条件下适时进行一系列思想创新和制度创新密不可分。而说到这一点，人们往往首先想到18世纪的启蒙运动，尤其是1789年爆发的那场大革命。确实，在"旧制度"日益出现危机背景下爆发的这场波澜壮阔、跌宕起伏的革命，令整个法国的社会面貌发生了难以置信却又无可置疑的变化。与此同时，它更为法国后来的持续强盛奠定了坚实的思想与制度基础。

　　人们势必会问，这场革命究竟是在何种历史背景下爆发的？对此的回答，众说纷纭。其中，法国著名大革命史专家阿尔贝·马迪厄充满洞见的下述说法，无疑甚为引人瞩目："这次革命并非爆发在一个贫穷的国家里，反而是在一个正在极度繁荣的国家里。贫困有时可以引起骚乱，但不能造成伟大的社会激变。"事实确乎如此。在"旧制度"的最后阶段，亦即在18世纪的后半期，法国社会经济就总体而言即便难说繁荣，至少也是处在发展和转型的阶段。

据中外学者的研究，18世纪后半期，法国的现代工业实已开始起步，其标志是手工工场的集中化与新技术的采用。当时的法国，手工工场集中化在纺织业中表现得最为突出，不仅大多已形成了相当规模，从业人员也有了大幅增加，仅里昂一地的丝织业就有6.5万名工人，位列欧洲同业之首。新技术的采用主要出现在纺织业和采矿、冶金业。例如，奥尔良的纺织业中已出现了因轻便而易于携带的珍妮纺纱机。几家大的棉纺工场还引进了水力纺纱机。得益于王国政府的支持和英国技师的帮助，于1782年建立的勒克勒佐冶金工厂以设备先进、管理有方闻名遐迩。阿尔萨斯的炼铁工厂也拥有了英式熔炉。此处须强调一点，法国此期工业尤其是纺织业的发展，确实也从学习英国先进技术中受益匪浅。其间，法国先是派遣一些学者、工程专家、企业家悄悄到英国去获取技术，继而在英国对机器生产不再保守秘密后连续派出正式考察团赴英考察。随着1786年法英两国签订自由化的通商条约，法国政府还在其后两年里，在亚眠和鲁昂设立专门机构负责订购和发送英国机器。与此同时，一些英国工程技术人员因宗教等方面的原因，相继选择来法定居，自然也起了一定推动作用。例如，来自以棉纺织业著称的兰开夏的英国人约翰·霍尔格，就为革新法国纺织工业贡献不菲。此人于1745年在法国定居，1751年在鲁昂办了一家棉绒厂，不久又潜回英国并将一些新的机器设计图纸，以及数十名技术工人设法带到英吉利海峡或曰拉芒什海峡彼岸。

在工业发展有目共睹之际，法国的对外贸易也有了长足进展，仅次于英国而居世界第二位。这一发展促使马赛、鲁昂、勒阿弗尔、波尔多等沿海港口城市日趋繁荣。此外，工商业的发展还带来了金融信贷的勃兴，银行数量急剧增加。甚至在农业生产方面，在普遍的封建所有制和广泛的落后农耕方式之中，也突兀地冒出了一些新式农业胚芽。一些农民通过租地或买地扩大经营，雇佣日工、短工进行农业商品生产，从而成为具有资本主义性质的富裕农民。在巴黎附近、法国西北部以及阿尔萨斯–洛林等地区，甚至还出现了若干产量不低、市场化程度高的资本主义式农场。

然而，国家经济的发展并不意味着宫廷或王国政府就不会发生财政危机。曾宣称"我死后哪怕洪水滔天"的路易十五，在位期间过着穷奢极欲的腐朽生活，还多次把法国拖入对外战争，且在海外战场连吃败仗，造成王国财政亏空、元气大伤。而在有"首次世界大战"（la première guerre mondiale）之称的"七年战争"（1756—1763）中的败北，更是迫使法国把绝大部分海外殖民地拱手交给获胜的英国，连在欧洲大陆的国际地位也大幅下滑。凡此种种，令路易十五的孙子、1774年继位的路易十六登基时就深陷困境，举步维艰。其中最让他头痛不已的，自然是持续有年的国家财政危机及赋税征收问题。其时，由于在国外进行的几场战争，向王公显贵支付名目繁多的赏赐金和恩给金，以及政府部门的日常开销等，王室政府的财政早已陷入捉襟见肘的境地。毋庸置疑，要想解决愈益严重的财政危机，那么令第三等级怨恨不已，而特权阶层却死守不放的赋税征收制度，就非得彻底进行改革不可。

有"锁匠国王"①之称的路易十六，实际上也一直在尝试进行改革，为此还先后起用了杜尔哥和内克。前者是著名重农学派经济学家，具有丰富的地方行政管理经验；后者是位来自日内瓦的银行家。杜尔哥强烈主张，包括特权阶级在内的一切等级均须纳税；至于内克，他曾取消了宫廷中一些高俸而清闲的职位，压缩了王室开支，还制定出了一整套利于节支的制度。由于这些改革明显触犯了特权阶级的既得利益，两人相继被免职。

内克的继任者是王后力荐的卡隆。上台之初，他为了取悦王后和笼络王公显贵，一度采取了与内克截然相反的举措，大肆倡导奢侈与挥霍。其间，卡隆还为宫廷人员偿还赌债，增加他们的年金，着力以阔绰假象抬高王室的威望。同时，他也寄希望于通过挖运河、建港口、修道路等手段，有力刺激经济，增加财政收入。但到了1786年，迫于财政危机日益严重，卡隆也只能步杜尔哥、内克后尘，力图改革财政制度，其中难免包括对特权阶级征税。

为使改革方案得以付诸实施，卡隆竭力召开了"显贵会议"。不过，"显贵"们既然均属特权阶层，对改革的态度也就可想而知。果不其然，在1787年初召开的"显贵会议"上，与

_____

① 路易十六在登基前就热衷于拆装铁锁，登基后依然迷恋于此，且与巴黎著名锁匠之一阿曼过从甚密，由此，他很快被人称为"锁匠国王"。

会者对卡隆的改革方案纷纷表示强烈的公开反对。而且，他们还同样迫使国王解除了卡隆的职务。卡隆的继任者是图卢兹大主教布里埃纳，他在得到这一职位的同时也"继承"了前任留下的烂摊子。面对严峻局面，布里埃纳别无他法，也只能执意增加新税，并要求"显贵会议"同意特权等级也得纳税。由于"显贵会议"再次拒绝相关方案，国王遂批准了布里埃纳的奏请，解散了"显贵会议"。

为此，布里埃纳在1787年5月决定将相关方案提交至巴黎高等法院登记。孰料，高等法院法官们拒绝予以登记，还提议召开三级会议，以决定臣民该如何自由地向国王纳税。路易十六为迫使高等法院接受登记，曾两度亲临法院施压，但巴黎高等法院对此并不买账，甚至在1788年5月3日庄严发表了《民族权利和君主制根本法》。这份历史性文件明言相告，国民应通过定期举行的三级会议"自由地"向国王纳税，同时要求通过一项法国人的人身保护法，以期规定未经正当审判不得逮捕任何人。

显然，巴黎高等法院正试图对王权加以制约。路易十六对此当然深为恼怒，遂将两名法官关押起来，并准备继续镇压。但巴黎高等法院法官的斗争在公众中得到了支持，一些地方相继发生了反抗事件。如在格勒诺布尔就发生了所谓"瓦片日"事件。事发时，王家士兵遭到从房顶上扔下来的各种抛掷物的袭击。各地教士、贵族在闻悉朝廷欲向自己征税后也乘机作乱，一方面声言决不纳税，另一方面支持法院召开三级会议的要求。

始自 1787 年的这场斗争，在法国历史上被称为"贵族的反叛"，甚至还被人称为"贵族革命"。面对这股声势浩大的反对浪潮，国王和布里埃纳均不得不作出让步，前者宣布同意在 1789 年 5 月召开三级会议，后者则干脆在声明国家财政破产后灰溜溜地挂冠而去。

诚如马迪厄还指出的那样："社会激变往往是起于阶级间的不平衡。"虽然"旧制度"末期法国的国家经济仍在发展，但社会阶级间的不平等，以及广大下层群众的贫困，不仅依然如故，还愈演愈烈。这一切，注定将导致革命爆发无从避免。换言之，如果说"贵族的反叛"昭示着绝对君主制的危机加深，那么来自第三等级的不满与反抗，注定对绝对君主制形成了更大的冲击。

所谓第三等级，包括教士和贵族之外的所有居民，人数占法国总人口的 98% 以上。一般来说，第三等级大致划分为资产阶级（其中既包括食利者阶层，也包括经营工、商、农、矿等业的实业阶层和自由职业阶层）、城市平民和农民三类。诚然，他们的职业构成五花八门，经济地位相差悬殊，但都具有一个共同特点：没有特权，处于被统治地位，几乎承担国家税收的全部重负。

当然，在探究大革命爆发的原因时，无疑还要强调一点，诚如英国史学家劳伦斯·斯通所言，"一场真正的革命必须要有思想来充实它，没有思想，那只是一场叛乱或一场政变"[①]。斯

----

① ［法］罗杰·夏蒂埃：《法国大革命的文化起源》，洪庆明译，南京：译林出版社，2015 年，第 157 页。

通的这番话，很大程度上不啻揭示了1789年爆发的革命之所以得以成为一场须以"大"（grande）来形容的真正革命，与法国在"旧制度"末期出现的启蒙运动，特别是启蒙思想家们的思想贡献是分不开的。

所谓"旧制度"，实为与这场大革命"合为一体"的概念。它所要表达的，不过是大革命的反面，也即糟糕的方面和否定的方面。也正因有这一对立面存在，大革命才有可能把自身定义为抛弃、决裂和新的开端。有鉴于此，有学者明确指出，旧制度与法国人的革命观念一起缔造了一对不可分割的组合概念，并使得革命一词的含义与盎格鲁–撒克逊语境中的理解区分开来。①至于启蒙运动，通常指18世纪欧洲以及北美的国际性思想文化运动。就整个世界近代史来看，这场运动固然最早出现于17世纪末期的英国，但在进入18世纪后，在法国延续了一个世纪之久的启蒙运动，的确可谓声势最大，影响最为深远，足以奉为西欧各国启蒙运动之典范。

法文里的"启蒙"一词写作la lumière，这是个内涵丰富的多义词，它的单数既可译作"光明"，也可译为"阐明""认识"等，而复数形式则含有"智慧、知识"之意。"启蒙运动"的冠名，无疑昭示着这一事实：这场运动的领袖们深感自己身处一个启蒙时代。在他们看来，过去基本上都是迷信和无知的时代，只是到了他们所处的这一时期，人类才终于从黑暗进入光明。

---

① ［法］弗朗索瓦·孚雷、［法］莫纳·奥祖夫主编：《法国大革命批判辞典》（观念卷），黄艳红译，刘北成校，北京：商务印书馆，2022年，第1页。

作为知识阶层的精英，法国当时积极投身启蒙运动的"哲人们"，无一不具有强烈的社会责任感和使命感，希冀以人类智慧的结晶——科学和理性为武器，去揭露宗教蒙昧主义，抨击封建专制主义的特权和统治。同时，他们也对自身力量满怀自信。无须讳言，这些杰出的"哲人"们并未结成一个政党，但他们的思想观念通过脍炙人口的作品汇成了一股强大洪流。事实上，正是这股洪流，既为行将到来的大革命做了充分的思想和舆论准备，又为新制度的建立接连扫清了多方面的障碍。更不容低估的是，启蒙运动所确立的许多原则，为一代代人广为接受，延续至今仍不失其生命力。

"旧制度"末期，由于启蒙思想深具潜在颠覆性，大臣和天主教会最初试图将其扑灭。当局对思想和舆论实行的管制严苛至极，封禁和收缴了不少启蒙作品。例如，1789年之前，巴黎仅有4种政治性报刊存在；1758—1764年，传统审查机关作出了阻止人们公开讨论国事的最后努力，禁止讨论宗教、行政或财政问题。《百科全书》、卢梭的著作以及其他理论书籍，也皆受到压制。同样的还有1764年的王室法令，任何与国家行政或财政事务相关的书籍皆因此法令而不得公开出售。

这一时期法国的书报检查制度，不仅极为严格，同时还十分复杂。当时，高等法院、索邦神学院、国王政府任命的王家书报检查官和印刷业行会，似乎都有审查书籍的权力。也正因为彼时巴黎高等法院行使着监控出版业、进行书报检查的职能，相关法官在很大程度上充当了启蒙运动的敌人。不少启蒙哲人的著作，都先后遭到法官们的查禁乃至公开焚毁，少有伟大的启蒙作品能逃过高等法院的谴责。例如，1734年6月，高等法院法官谴责伏尔泰的《哲学通信》；1759年2月，高等法院判处爱尔维修的《论精神》为禁书，并将之公开焚毁，同时受到谴责的还有《百科全书》以及其他6本哲学著作①；1762年6月，高等法院查禁了卢梭的《爱弥尔》，下令公开焚毁此书，扬言要缉捕作者，《社会契约论》也遭到收缴。1765年3月，伏尔泰的《哲学辞典》和卢梭的《山中来信》又成了法官们的攻击对象；1770年，霍尔巴赫的《自然体系》也被付之一炬。②

鉴此，也就不难理解，较之其他社会人士，包括启蒙哲人在内的知识界人士特别关注思想与言论自由，进而提出这方面的诉求。例如，当时，马尔泽尔布就曾写过《出版自由陈情书》③；狄德罗也应巴黎出版商—书商们的请求，写过《论出版自由信札》。当然，不妨顺便指出的是，《论出版自由信札》写成之后，这些巴黎出版商—书商们不仅对内容进行删改，还将标题改成了《以陈情书形式就书页的历史与现状尤其是特许状

---

① 这些著作被描绘为"支持唯物主义，毁坏宗教，鼓动独立，促使道德堕落"。关于《百科全书》等书相关情况，可参看 Pierre-Yves Beaurepaire, *La France des Lumières*（1715—1789）, Paris: Belin, 2009, pp. 388-405.

② 庞冠群：《司法与王权：法国绝对君主制下的高等法院》，北京：人民出版社，2020年，第121页。

③ ［法］罗杰·夏蒂埃：《法国大革命的文化起源》，洪庆明译，南京：译林出版社，2015年，第37页。

所有权的描述和观察》。①

更有意思和更具讽刺意味的是，因多种复杂原因所致，"旧制度"末期的法国后来竟还存在此等吊诡现象——"启蒙思想的焚毁者恰恰又是它们的收藏者"。具体而言，与人们通常的想象不同，启蒙读物对于贵族、法官和神职人员等传统精英，其实也不乏吸引力。以这方面研究著称的史学家罗伯特·达恩顿在《启蒙运动的生意》一书中对《百科全书》订购者作了梳理和分析，相关研究似可证明，这些启蒙书籍的收藏者也包括那些收藏启蒙书籍的法官们，他们也多在潜移默化地吸收启蒙思想。

由上可见，启蒙思想在当时产生的影响之大。由于启蒙思想广泛传播和深入人心，第三等级各个阶层的人士，无论是在家中的窃窃私语，还是在一些公共场合，如沙龙、咖啡馆、俱乐部的高谈阔论中，已毫不掩饰地道出个体对现实社会的愤懑。其中，启蒙时代著名剧作家博马舍在其许多名剧中，对"旧制度"作了淋漓尽致的揭露与抨击，他的《费加罗三部曲》中的第二部《费加罗的婚礼》，更是成为反对封建贵族的不朽之作。是时，每当剧中主人公费加罗在独白中挖苦专横、邪恶与愚昧的贵族，说他们只不过是些"除去从娘胎中出来时用过一些力气，没有什么了不起"的庸碌之辈时，座无虚席的剧场中，总

---

① 夏蒂埃还就此补充道："这些书商—出版商们的目标与狄德罗的显然不同，狄德罗想要为'出版自由'呐喊，而他们考虑更多的是他们自己的利益，因为他们宣称一旦政府停止下发特许证，他们的利益就会受到威胁。"［法］罗杰·夏蒂埃：《法国大革命的文化起源》，洪庆明译，南京：译林出版社，2015年，第37、48页。

会爆发出雷鸣般的掌声。法国社会在此期的人心向背抑或舆情，由此已昭然若揭。

1789年革命爆发

启蒙思想的核心是理性至上，即"一切都必须在理性的法庭面前为自己的存在作辩护或者放弃存在的权利"①。在关于启蒙运动的诸多定义中，德国思想家康德的相关定义，当有必要格外关注。依康德之见，启蒙运动的关键，其实正在于人们敢于并能够公开地运用自己的理性。这意思再浅显明白不过了：当人们开始敢于用自己的大脑思考，而政治和社会的权威也不再（或无法）限制人们言论出版的自由的时候，启蒙运动也就发生了，启蒙时代也就到来了。②

诉诸人的理性，势必就会索求人的权利，而启蒙运动最大的功绩之一恰恰就在于揭去了蒙在权利上面的神秘面纱。于是，在"旧制度"末期法国社会中广为使用和流行的术语，如"秩序""等级""团体"之类，纷纷被"公民""民族""社会契约""公意"等所取代。更有甚者，在启蒙思想家影响下，公众舆论开始日益作为一种新的裁决力量出现。概言之，这种新的裁决

---

① ［德］恩格斯：《反杜林论》，载［德］卡尔·马克思、［德］弗里德里希·恩格斯：《马克思恩格斯选集》（第3卷），中共中央马克思、恩格斯、列宁、斯大林著作编译局编译，北京：人民出版社，1974年，第56页。

② 李宏图主编：《欧洲近代政治思想史论》，天津：天津人民出版社，2012年，第63页。

力量往往同法国社会两大传统的权威支柱——教会与王权是相对的，它还常被人视为某种法庭的存在。在孔多塞等当时极为著名的人物的描述中，公众舆论甚至被奉为"国民的法庭"。

在此种背景下，1789年春天的法国，城乡各地流传着数以百计反封建的小册子，其中流传最广、影响最大者，当推西耶斯在同年1月发表的《什么是第三等级？》。这位"背叛"了自己等级的教士，在这本很快被第三等级人士奉为"圣经"的小册子中，言简意赅地道出了第三等级对自身被束缚和被压迫状态的愤懑，充满自信地表达了第三等级的参政要求："什么是第三等级？一切。在此之前它是什么？什么也不是。它要求什么？有所作为。"一时间，人们在当时法国各地的街谈巷议中，经常能听到上述"格言"。

先前一系列改革企图的未遂，表明法国实已极难通过渐进改革来摆脱困境。面对整个社会日益出现严重动荡的情势，路易十六被迫同意召开三级会议，重启一个自1614年以来"沉睡"了175年之久的古老机制。三级会议的召开，确实将给法国社会内部存在的严重的等级对立提供一个表达的出口。而且，法国于1789年爆发的这场堪与英国工业革命并称为"双元革命"的大革命，其实也正是随着同年5月5日三级会议在凡尔赛"游艺厅"的召开而拉开序幕的。

新的三级会议是按人头投票，抑或继续按等级表决？这是一个至关重要、容不得半点含糊的问题。按人头投票，将意味着特权的终结和新时代的开始。反之，则意味着第三等级代表人数的加倍失去了任何意义，旧的制度将一仍其旧。因为在许多涉及特权的问题上，第三等级都可能遭到前两个等级的联合反对。于是，特权等级与第三等级围绕这个问题所产生的冲突，注定无法避免。

会议一开始，第三等级首先借代表资格审查问题发起攻势，提议3个等级一起开会，共同进行代表资格审查。此举无异于取消等级划分，以个人表决代替等级表决。对于第三等级代表的提议，前两个等级，尤其是贵族等级人士自然是竭力反对，因为他们心知肚明，若守不住分厅议事这道防线，今后就将不得不顺从第三等级的意志。由于王室和特权等级采取顽固立场，第三等级代表决定组成国民议会。6月20日，第三等级代表来到了距会场不远的老凡尔赛街的网球场大厅，在议长巴伊的带领下宣誓：

> 国民议会鉴于被召集来制定王国宪法，从事更新公共秩序，维护真正的君主制原则，没有任何东西能够阻止它在被迫聚集的任何地方继续议事，而且它的成员在哪里集会，哪里就是国民议会所在；现决定这个议会的所有成员应立即庄严宣誓：绝不与国民议会分离，在王国宪法制定和巩固于坚实基础之上之前，势必集会于环境所要求的任何地方。在这样的宣誓之后，全体成员应分别地在这不可动摇的决议上签名以示确认。

这就是历史上著名的"网球场宣誓"。这一原先没有任何桌椅，从而更显得空荡荡的网球场大厅，本无任何威严雄伟之处，然而，此时此刻的宣誓之举，却立刻使之蓬荜生辉。

第三等级的强硬态度，很快削弱了教士等级的反抗，使之首先做出让步。6月24日，大部分教士的代表加入了国民议会。次日，在素有自由主义声望的奥尔良公爵的率领下，数十名贵族代表也加入进来。7月9日，国民议会正式改名为制宪议会，决心制定一部王国宪法。

对此，王室决定予以抵制。路易十六一边暗中下令调动军队向巴黎和凡尔赛集结，一边将已被复职的内克重新解职。由于内克在老百姓心目中是主张改革的能臣，其被解职消息传出后，不仅激怒了早已充满不平情绪的巴黎人民，也让此前流传的"贵族阴谋"顿时在人们心中变得更为具化，从而马上激起了强烈反应。在刚被奥尔良公爵开放为公共娱乐中心的罗亚尔宫花园里，卡米耶·德穆兰，一位不到而立之年的律师爬上了一张桌子，用极具鼓动性的演说向民众指出内克被免职意味着什么：巴黎面临的是对爱国者的大屠杀。

粮食极缺、物价飞涨，早已令巴黎市民的愤懑情绪达到极点，而德穆兰口中冒出的这番话，无异于一根扔向火药桶的火柴，只听当场就有人高声喊道："拿起武器来吧！"巴黎市区的大街上很快就垒起了路障，每个人都各尽其能地武装了起来。7月14日，成千上万示威者一早冲进了荣军院，从地下室夺走了3万多支步枪和12门大炮。不过，这些枪炮倘若没有弹药又有何用？好在巴黎人此时已经知晓哪里可找到弹药——巴士底狱。

当时，巴黎大部分地区都已处在巴黎市民的控制之下，因而，仍由国王军队守卫着的巴士底狱，这座象征着封建统治的堡垒，显得触目之极，而巴士底狱塔楼上的大炮正对着圣安托万街区，无疑更激怒了巴黎市民，特别是居住在该街区及其附近的居民。7月14日上午9时起，手执武器的巴黎市民团团围住了巴士底狱。尽管此处守军不过只有82名老弱残兵，以及34名闻讯赶来增援的瑞士雇佣兵，但由于监狱既有高达30米的围墙，又有宽25米的护城河防护，攻下它也殊非易事。为避免过多流血，一些巴黎市民原打算先礼后兵，也为此作过些努力。但是，守军头目德洛内侯爵的顽固态度使人们意识到，除用武力攻占这座堡垒外别无选择。很快地，双方展开了激战，98名起义者在战斗中牺牲。由于久攻不下，民团拉来了刚从荣军院夺来的几门大炮，对准巴士底狱一阵猛轰。见此情景，德洛内胆战心惊，不得不宣布投降。在他下令放下吊桥后，愤怒的起义者一拥而入，冲进监狱。德洛内本人被俘获后，立即遭到了起义者的辱骂、痛斥和殴打。作为造成近百人丧生的"罪人"，他在遭到一阵刺刀和利剑乱戳后，最后还是被人用手枪打死。即便如此，一些起义者仍觉得不够解气，干脆将他枭首示众。

攻占巴士底狱，最初不过是为了到那里夺取弹药。然而，起义者很快就清楚地意识到，巴士底狱还是一座关押着御批密札钦犯的监牢，而这种御批密札，显然是国王滥施权威、独断专行最为突出的标志之一。由于这种固有的象征意义，攻占巴士底狱（尽管当时被关在牢房里的犯人仅有7名，且有1人是地地道道的刑事犯）与释放里面的囚徒，遂成了反抗专制统治最伟大的行动之一。也正因为这一具有象征意义的行动充分反映出了大革命的本质特征，"攻占巴士底狱"，自然就在日后成了这场轰轰烈烈的大革命的起始标志。

攻克巴士底狱后，市政厅常务委员会根据群众要求，决定将这座"封建堡垒"夷为平地。7月16日，受命负责此事的革命党人帕卢瓦率领上千名工人忙活了起来，他们拆除一块又一块的石头，逐渐削平这个庞然大物。作为颇懂生意经者，帕卢瓦在积极"革命"的同时也没忘了经营，不仅回收了监狱砖石，还让人在每块砖石上刻下一幅巴士底狱浮雕图，继而用这些被称为"自由卫士"的"纪念品"，很快就做了一笔数额不菲的买卖。此外，帕卢瓦还利用监狱的"铁料"，也就是犯人戴过的镣铐等，制作了各种小玩意儿，如纪念章、镇纸、鼻烟盒等，拿去出售后获利颇丰。

从臣民到公民

1789年爆发的这场革命，既蕴含着丰富内容，同时也充满戏剧性的变化。至于它对法国日后所产生的深远影响则是多方面的。其中，就社会政治、思想文化维度而言，至少有以下几方面积极影响尤值得多加关注。

首先，这场革命是法国历史上第一次自然权利的革命，它把法国千百万人民吸引到争取人权和公民权利的斗争中来，为法国近代公民权利的确立和发展奠定了以"自由""平等"为核心的理论基础。

将法国人由"臣民"变为"公民"，是革命者在大革命中的共识和追求目标。鉴此，如何在推翻绝对君主制之后，使比以往更多的人意识到自身公民身份，以及和此种身份联结在一起的权利和义务，就成了革命者的当务之急。在这点上，1789年法国《人权与公民权宣言》（《人权宣言》）显然最具里程碑意义。[①]被誉为"新制度出生证书"的这一人权宣言，本着"简明、扼要、准确"的原则，由前言和相互独立的17项条款组成。前言明确宣布："对人权的无知、遗忘和忽视是造成公众灾难和政治腐败的唯一原因。"因而，应当宣布人们各项"自然的、不可剥夺和神圣的权利"，以便他们牢记自己的"权利和义务"，对照权力机构的行为，在"维护宪法及所有人幸福"的原则下提出公民要求。需要指出的是，宣言把权利分为人权和公民权两类。其涉及人权的条款规定："在权利方面，人们生来是而且始终是自由平等的"（第1条）；"这些权利就是自由、财产、安全和反抗压迫"（第2条）；不准非法控告、逮捕和拘留，

① 之所以要在此标明年份，是因为法国大革命中值得充分重视和研究并产生重大影响的人权宣言有4个，即1789年《人权与公民权宣言》、1791年《妇女与女公民权利宣言》、1793年《人权与公民权宣言》和1795年《人与公民的权利和义务宣言》。

任何人在定罪之前应被推定为无罪（第6、7、9条）；公民有思想、言论、出版和宗教自由，但必须受法律约束（第11条）；"财产是神圣不可侵犯的权利"（第17条）。而涉及公民权的条款则规定："国民是整个主权的本源"（第3条）；"法律是公共意志的表现，在法律面前人人平等"（第6条）；实行纳税平等（第13、14条）；建立分权制（第16条）。上述内容无疑构成了新秩序的"基本教义"。

在18世纪启蒙思想家的启发和引导下，宣言的起草者提出的一整套以自然权利学说为基础，并涉及社会和政治哲学的各项原则，多被称之为"1789年原则"。"1789年原则"，简言之可归结为以下两个方面。第一，"人生来是和始终是自由的，并应享有平等的权利"。换言之，人是自身的主人，在尊重他人自由的条件下，人应该不受任何阻拦地从事其体力活动和脑力活动。人可以说话、写作、劳动、创造以及取得和拥有财产。法律对所有人都有效。不论出身如何，所有人都可担任公职。第二，国家本身不是目的，国家的存在是因为它负有保障公民享受其公民权的使命。主权属于全体公民，国民把他们的权力委托给一个负责的政府，如果国家不履行自己的义务，公民将反抗国家的压迫。

由上可见，在1789年《人权宣言》中，其实已把人权与公民权的理论和思想提高到一个相当系统、成熟的水平。它宣布的具有广泛和普遍意义的人权与公民权，明显超越了17世纪英国各项权利法案的经验主义，以及18世纪美国《独立宣言》中的"实用性"的狭隘眼界。人们就此不妨断言,《人权宣言》所宣布的是超越时空限制的全人类的人权。它不仅充当了作为首次人权革命的1789年大革命的纲领,为近现代法国政治生活奠定了人民主权、代议制、法制和分权制的重大原则,对其他国家人权与公民权从理论变成实践的进程亦起到巨大的启蒙和推动作用。例如,受它影响,1789年9月,美国国会在宪法中增加了人权条款,而在制定宪法和人权法案时将《人权宣言》作为直接参照物的国家,更是不胜枚举。唯其如此,人们大可毫不夸张地说,在树立法国国际威望上,《人权宣言》所起的作用,要远远胜过法军所打的一切胜仗。

其次,依据启蒙思想家提出的政治原则进行政治制度建设,确立了依法治国原则,并就此初步进行实践。

法国近现代政治制度直接起源于大革命。在大革命拉开序幕后,怀着除旧布新坚定信念的革命者们,立即展开了建立全新政治制度的活动。在这一过程中,他们以启蒙思想家政治学说为依据,在对旧的政治制度进行无情批判的同时,对新的政治制度进行了周密考虑和设计。例如,作为法国历史上首部成文宪法的《1791年宪法》,开创和奠定了法国资产阶级的现代国家管理制度。它在宣布国家主权属于国民的同时,在国家机构设计上明显体现了孟德斯鸠的三权分立思想,明确了立法权、行政权和司法权各自的地位和职能:立法权属于选举产生的立法议会,行政权归国王,司法权由选举产生的法官执掌,司法独立。更值得指出和重视的是,大革命还毫不含糊地确立了依法治国原则。《1791年宪法》特别规定，没有比法律更高的权力，国王只有根据法律，才能治理国家和要求人们服从。同时，制宪议会在废除旧国家体制、旧等级制度、旧区域划分、旧行会制度和工业法规等方面，无不诉诸一系列立法，在建立经济自由、公民平等、宪政体制上也同样如此。正如有学者指出的那样：在法国大革命中，法是新政权全面改造封建制度的有力工具，法律和法令成为国家中的最高权威。诚然，在大革命中，特别是在恐怖年代里，也发生过许多背离法治、无法无天的暴虐事件，但是在主流上法律的尊严是不可动摇的。[1]

再次，创造了一个井然有序的地方行政区划，并以一系列相关举措，极大地促进了民族统一的完成。

法国在"旧制度"时期，虽然其中央集权程度居于欧洲国家前列，地方行政却仍然处于政区重叠、官制杂乱的极为混乱的状态。例如，当时的省往往是传统的封建组合，同时交错着司法区、教区、军区和税区等，并未构成严格的行政区域。在同一个省内，总督、省长、主教、卫戍司令等往往各行其是。面对这一局面，1789年12月与1790年1月，制宪议会相继通过一系列法令，取消了"旧制度"下的所有区划，统一制定行政区划。在新确立的地方行政体制当中，旧有的行省（provinces）和财政区（généralités）不复存在，整个法国被划分为83个省（départements），其下再依次细分为区（districts）、县（canton）和市镇（communes）。

---

[1] 刘宗绪：《人的理性和法的精神》，载刘宗绪主编：《法国大革命二百周年纪念论文集》，北京：生活·读书·新知三联书店，1990年，第280—281页。

在省和县之间设立的区，并非行政单位，而是为地方选举设立的选举单位，市镇则属于基层行政单位。划分原则大致如下：各省辖区一般以当时的常规交通工具——马车能在一天内从其最远边界抵达省府为限，县的辖区则以马车能在一天内从其最远边界到县府所在地打个来回为限。地方行政区划的重组，堪称大革命时期最富有建设意义的成果之一。正如大革命时期的温和派政治家米拉波伯爵所认为的那样，新的地方行政区划，体现了对长久以来由道德、风俗、习惯、生产和语言所建立的密切联系的尊重。总之，新的统一的省、区、县、市镇四级地方制度，取代了旧有重叠杂乱的地方制度，激发了全国团结的精神，消除了那些妨碍建立现代国家大厦的障碍。更为重要的是，它的影响在法国至今仍然清晰可见。

大革命的破旧立新，还从多方面完善了法兰西民族的统一。虽然法兰西民族统一过程在革命爆发前就早已开始，但由于地方行政区划重叠杂乱，各地封建特权盛行，国内关卡重重，方言俚语大量存在，致使统一大业远未达成。而大革命作为一场席卷全国的运动，使得在法律面前一律平等的全体居民都要服从国家和统一的行政机构。除了引发人们的政治热情之外，大革命也通过号召全体法国人关心国家和民族命运，鼓动起爱国主义的激情，使得法国人的民族意识进一步加强。而且，革命者往往将民族与国家相等同，更是把民族统一作为与民族再生等量齐观的重要任务。就此而言，革命者所采取的许多措施无不加深了全民族的认同感。例如，在统一制定行政区划之外，他们还实行了统一司法，统一度量衡，取消关税等措施。此外，当时流行的共同的革命节日①、革命文化、革命的价值观，亦使法兰西民族的文化心理特征渐趋统一。

在促进法兰西民族语言统一上，大革命也是功莫大焉。大革命前，全法 2600 万人口中有 1200 万人不懂或无法正确使用法语，各自不同的方言达 30 余种。大革命之初，由于受 18 世纪的世界主义以及所谓民族当以自愿结合为原则的观点影响，革命者并不怎么关心语言问题，而地方自治的自由主义倾向，也促使他们对推广法语兴趣寥寥。在这一背景下，制宪议会还于 1790 年 1 月 14 日下令，把各项法令翻译成在王国中使用的各种方言。然而，不久之后，革命者们在此问题上的态度发生了改变。他们中的一些人甚至认为，主要为教会所坚持的方言俚语势必会助长反革命势力。例如，贝特朗·巴雷尔以救国委员会名义向国民公会提出的关于法语教育的报告即这样声称："下布列塔尼语说的是迷信和宗教狂热崇拜，德语说的是逃亡和对共

---

① 在这一点上，1790 年 7 月 14 日为纪念攻占巴士底狱一周年举行的全国联盟节是个突出例子。是日，巴黎群众和来自全国各地的代表共约 40 万人云集马尔斯校场。在隆重的仪式中，拉法耶特登上祭坛，以各省所有联盟成员名义宣誓："永远忠于国民，忠于法律，忠于国王。"在制宪议会议员作了同样的宣誓后，国王也宣誓忠于国民和法律。顿时，民众的欢呼声响彻云霄，人们都沉浸在极大的喜悦之中，因为，全体法兰西人广泛地团结了起来。对于这一激动人心的场面，法国著名学者于连·邦达曾有过如下精辟描述："7 月 14 日这一天，法兰西人战胜了分裂，排除了分歧，坚定了他们组成一个民族的决心。他们不再是世袭君主统治下苟且偷生的臣民，而是自愿成为同属一个民族的公民。如果说这是一个神话的话，那么这就是我们的神话。"

和国的憎恨，意大利语说的是反革命，而巴斯克语说的是宗教的狂热崇拜……我们得消灭这些谬误的工具。"正是出于这种考虑，国民公会责成公共教育委员会编纂一部法语语法书和一部词汇汇编。1794年1月27日，国民公会还做出决定，凡政府文件和公证文书，今后须一律使用法语起草；至于私人文书，也需用法语起草才可归档。国民公会同时还作出决定，使用方言的外省，应在十天内向辖区每个市镇派遣一名法语教师，负责在当地普及法兰西民族语言。就此还需指出的是，大革命期间报纸的大量发行、革命歌曲的流行、识字课本的传播、公民誓词的盛行，等等，对法兰西民族语言的统一也都助益良多。

最后，实行了教育和宗教改革，使法国社会及其教育摆脱宗教影响和封建主义束缚，向世俗化和国民化方向发展。

早在11世纪，法国就已逐渐成为欧洲的文化中心。故此，中世纪后期的西欧甚至还流传着这一说法——"意大利的教皇、日耳曼的帝国、法兰西的学艺"。及至大革命前夕，法国更是基本形成一个较完整的教育体系，包含各类型学校、学院和大学。然而，除了军事院校、特种科技学校和法兰西学院外，全国各地教育实际上多由封建势力的代表——教会所控制。从18世纪中期开始，许多有识之士就对法国教育状况进行猛烈抨击，并提出了诸多新的设想，教育的世俗化就是其中之一。无疑，大革命对教育的积极作用，首先体现在思想上。就此而言，1789年《人权宣言》尽管没有直接涉及教育，但是它确立的各项原则，特别是自由和平等原则，已指明了法国教育摆脱封建主义束缚，走向世俗化和国民化的方向。具体来讲，大革命期间，法国资产阶级在力图于经济上、政治上战胜封建势力，进而上升为统治阶级的过程中，自然而然地提出了享受平等受教育权的要求，而在教育方面，他们非但力争得到平等的受教育权利，同时还要求取缔教会在教育领域的主导地位。

在教育领域，革命者们用以对付封建势力及教会的理论武器主要是教育世俗化、民主化的主张。1791年9月，制宪议会在宪法第一编中，增加了体现受教育是全体公民应当享有权利的原则之一的条款，并以法令形式责成宪法委员会就如何具体实施该条款予以研究。在这点上，受宪法委员会委托进行具体相关研究的塔列朗提出的理论主张尤其值得关注。塔列朗根据百科全书派观点，从自然属性角度来阐述为何教育面前人人平等。他提出，教育是所有活动的自然产物，因此它属于所有的人，不分年龄，无关性别。教育与社会和个人有着内在的联系。国民教育是国家的一种社会责任，所有人无一例外地享有受教育的权利。同样值得关注的还有孔多塞在总结和发展前人观点基础上提出的国民教育三原则：平等、世俗、自由。大革命期间的历届政府都曾提出或讨论过建立国民教育体系的重大原则和方案。它们的具体内容、措施虽不尽相同，但目的是一致的：建立资产阶级教育体系，培养共和国公民。这里要指出和强调的一点是，大革命期间，革命者们在以法律形式确定了人的受教育权的同时，在教育方面的要求基本上与培养适应人们意欲建立的"再生国家"的"新人"理念联系在一起。从1792年起，温和派革命者拉博·圣埃蒂安提出的如下口号，即"应当使法国人成为一个新的民族"，成了不少著名人士提出的国民教育重大计划中重复出现的固定词句。一言以蔽之，在他们的理念中，其衷心呼唤的"新人"没有任何私心，全身心致力于公共意志，将自身存在完全地与集体福祉等同起来。而教育的目标就是修正人性，以便使人性与这种愿望相一致。凡此种种，对法国后来的国民教育均影响甚大。

在近代国家确立进程中，国家的世俗化几乎具有与国家政治改造不相上下的重要性。从这一维度来看，大革命时期的宗教改革也多有值得圈点之处。法国素有"天主教会长女"之称，天主教会在这块六边形土地上势力异常强大，并已成为"旧制度"的坚强支柱。为扭转这一局面，制宪议会在大革命爆发后不久的1789年8月12日，选出了旨在加速推进宗教改革的教会委员会。8月26日，制宪议会又在最终通过的《人权宣言》当中宣布，"宗教的意见不受干扰"，承认信仰自由、宗教宽容，天主教长期以来在法国的国教或准国教地位由此被打破。在1789年11月2日、12月29日以及1790年3月17日，制宪议会还先后颁布法令，涉及没收一切教会财产、以教会财产为抵押发行财政票据，以及将教会财产作为"国有财产"出售的法令。上述法令的出台，令天主教势力在物质财富上也遭受沉重打击。此外，对于教士也采取了强有力的措施。例如在1790年2月，制宪议会下令取消各种修会或教派，修道者可还俗或集中于指定的暂时保留的几个修道院里；本堂神甫应宣读和讲解议会法令。

制宪议会在完成了从干涉教会事务到控制教会事务的转变之后，继而在体制乃至观念上对教会实行全面改革。1790年7月12日通过的《教士公民组织法》，就是这种改革的标志与成果。该法规定，废除旧的教区，按83省行政区划设立新的主教区，主教由公民选举产生，不再由教皇任命。高级神职人员的薪俸由国家支付，教会由此趋于世俗化。此外，同年11月27日颁布的《教士宣誓法令》还规定，凡大主教、主教和本堂神甫都要宣誓效忠于民族、法律、国王和制宪议会颁布的宪法，违者将撤销其职务与积极公民权，其职务由已宣誓的教士取代。诚然，大革命的疾风骤雨并没有将基督教传统连根铲除，但它显然大大削弱了这一传统，并使相当一部分法国人与这种传统相脱离。与此同时，法国天主教势力因在此次宗教改革中遭到的沉重打击，近乎出现一蹶不振之势。总之，大革命时期的宗教改革，作为革命者创制活动的重要组成部分，其所产生的社会影响既是积极的，同时也是极为深远的。

除了上述几点，大革命给法国社会政治、思想文化带来的积极影响，其实还有许多，因篇幅所限，恕不细述。不过，人们务必也要看到，这场大革命的的确确给法国后来的社会政治、思想文化发展带来了若干负面影响，尤其是导致近代法国政治出现了长期动荡的局面。这些负面影响至少可归结为以下几个方面：

其一是在法国形成了内战式的政治文化。纵观法国近现代史，伴随着1789年革命的爆发，六边形土地上似乎建立起了两个彼此对立的法国。诚如雷蒙·阿隆指出：

这两个法国，一个不甘消失，另一个则毫不留情地攻击过去。两者均认为自己体现了一种几乎是永恒的人类社会的类型。它们一个让人想起家庭、权威和宗教，另一个则让人想到平等、理性和自由。在前一个法国中，人们尊重历经数个世纪缓慢形成的秩序；而在后一个法国，人们却公开声明，他们相信人类有能力根据科学知识来重建社会。右派是尊重传统、维护特权的一派，而左派则是崇尚进步、尊重智力的一派。①

　　由此，法国社会内部似乎开启了一场永无休止的内战，以左右两翼形式出现的"两个法国"之间的对抗，不时伴随着大革命时代那种强烈情绪化的异常尖锐的方式，呈现出势不两立的极端形态。②虽然从长远以及从根本上来看，大革命或许还是更多地有利于整个法兰西国族的认同和统一，但在特定历史情境下，特别是在几乎整个19世纪当中，大革命作为最富争议的重大事件，在导致法国社会产生分歧乃至分裂上又确实无出其右，以至于孚雷如是指出和强调：

---

① ［法］雷蒙·阿隆：《知识分子的鸦片》，吕一民、顾杭译，南京：译林出版社，2012年，第5页。
② 高毅：《法兰西风格：大革命的政治文化》，杭州：浙江人民出版社，1991年，第319页。

19世纪的法国人依然深受从旧制度到大革命的剧烈过渡的困扰，这一过渡决定了他们在政治上的集体特性。他们组成了一个极度分裂的民族，以致他们不能热爱自己的整个历史，尽管这种历史总是萦绕在他们心头：谁要是热爱大革命，谁就会憎恶旧制度；谁要是为旧制度惋惜，谁就会仇恨大革命，甚至那些设法缝合历史造成的撕裂的人，也禁不住产生这种对无法弥合的撕裂的意识。①

唯其如此，难怪会有人不无尖锐地质问，大革命究竟是让国家统一，还是使之更为分裂？

其二是非理性的群众运动。群众运动本身固然是一种值得肯定的大众政治参与方式，但它在合理的范围内，也的确会对政治民主化进程产生实难低估的推进作用。但是，一旦群众运动超出了合理范围，尤其是表现出托克维尔所指出的那种"不是由原则指导，而是任感情摆布"的严重的"非理性的"特征时，其负面作用确实同样无法小看，甚至还会引发和映现一系列非理性的灾难。由于一系列复杂因素所致，异常活跃的"非理性的"群众运动不仅在大革命期间就已司空见惯，且在整个19世纪，甚至直至今日，依然会在法国社会政治舞台上引人瞩目地显现出来，从而让其他国家的人们觉得，法国民众似乎动辄喜欢以街头政治、冲击会议场所等较为极端、激烈的干预手

---

① ［法］弗朗索瓦·孚雷、［法］莫纳·奥祖夫主编：《法国大革命批判辞典》（观念卷）黄艳红译，刘北成校，北京：商务印书馆，2022年，第2页。

段，去影响合法权力机构的正常议事和决策进程。毋庸讳言，自大革命以来，这样一种传统在近现代的法国一直不同程度地在得到延续，而这种现象的长期存在，势必也会有损法国的政治民主化事业。

其三是自觉不自觉地诉诸专制主义强制手段。由于专制主义在"旧制度"的法国一直有着深厚的传统，因而大革命中的革命者们虽然一方面执着而不切实际地追求"自由"与"平等"，但另一方面又无法摆脱专制主义的传统思想方式和行为方式，一旦有合适的机会或借口，一些人在革命进程中难免会自觉不自觉地诉诸专制主义的强制手段。这一点，在雅各宾专政时期的恐怖统治（la Terreur）上淋漓尽致地表现了出来。所谓恐怖统治，是一种通过非正常的暴力恐怖手段来加以维系的统治形式。诚如有学者指出的那样，它既是革命斗争的逻辑及其激发的仇恨、恐惧、狂暴等心理氛围的产物，也是将革命斗争常态化的机制。①而就雅各宾专政时期那种扩大化的恐怖统治来看，它大致表现在三个方面。首先是经济恐怖，主要内容是在经济上实行全面限制生活必需品价格、无偿征发军用物资、限制贸易和商人的利润率，建立全国统一供应机构和征粮及打击投机活动的武装力量。其次是宗教恐怖，为此，非基督教化运动中的活跃分子拉卡纳尔罗姆等人不仅发明了一种用来取代此

---

① 崇明：《创造自由：托克维尔的民主思考》，上海：上海三联书店，2014年，第154页。

前通行的格里高利历的"共和历"①，同时还设立了若干全国性的新节日，提倡新信仰，推出了"理性女神"之类的新神，而且还掀起了一个声势浩大的反教会运动，鼓动人们去摧毁和抢劫教堂，逮捕和处决主教，追捕拒绝宣誓的教士。最后，是给人留下最深印象的政治恐怖。其间，1793 年 9 月 17 日颁布的《惩治嫌疑犯条例》授权救国委员会将与政府为敌者，不论是联邦党、朱安党②还是教士一股脑儿都加以逮捕。始自同年 10 月，雅各宾派将与自己为敌者不加区别地一律处死。纵观法国历史，自从圣巴托罗缪大屠杀以来，还不曾有过这种规模的政治屠杀。③就此尤需指出和强调的是，如果说恐怖统治曾在雅各宾专

---

① 所谓共和历，是从共和国的第一天——1792 年 9 月 22 日——开始建立的共和纪年，每年分 12 个月，每月 30 天，分三旬，时间按十进制计算，每天分为10 个时段或 10 小时，每小时为 100 分钟，每分钟为 100 秒，年末在果月之后所剩的 5 天称"无套裤汉日"；闰年的第 6 天称"法兰西日"，以纪念大革命。闰年 4 年轮转一次，表明大革命经过 4 年努力把法国引向共和国。共和历的发明者为每个月都发明了一个富有诗意的名称，依次为葡月、雾月、霜月（秋季）；雪月、雨月、风月（冬季）；芽月、花月、牧月（春季）；获月、热月、果月（夏季）。共和历施行到 1805 年底，1806 年 1 月 1 日起被拿破仑废除。
② 法国大革命期间，在法国西部 12 省由保皇派发动的反法兰西第一共和国的起义，"朱安"得自起义领导人朱安兄弟的名字。
③ 当时在巴黎，作为处决犯人场所的革命广场，每天血流成河。在这些人头落地者中，包括王后玛丽·安托瓦内特、奥尔良公爵、原巴黎市长巴伊，以及在吉伦特派掌权时代出尽风头的罗兰夫人。政治屠杀不仅限于巴黎，国民公会的特派员们在外省也同样痛下杀手。不过，在外省，恐怖的规模一般说来取决于叛乱的严重程度和国民公会特派员本人的气质。其中，巴拉斯和弗雷隆曾在土伦实行过大规模集体处决。而在南特，国民公会特派员卡利耶甚至别出心裁地让人设计、制造了一些舱底可活动的船只，用这种船先后将数千名南特人淹死在冬日的卢瓦尔河中。

政时期达到了登峰造极的地步，那么这种做法在法国，其实并未随着雅各宾专政倒台而终结，而是依旧不时地、不同程度地表现出来，这注定会给法国社会后来的发展带来难以低估的负面影响。

革命对经济的影响

作为旧制度的埋葬者与新制度的催生者，大革命对法国当时以及后来的经济发展产生了至关重要的影响。至于这种影响究竟是积极还是消极，却是一个需从短期和长远角度分别予以解答的问题。

就短期来讲，大革命对法国经济，特别是法国工业化进程来说，显然绝非福音。

首先，由于接二连三的内外战争，以及持续不断的社会动荡，法国从18世纪开始的经济增长进程被强行打断，还使在18世纪这一法国"工业兴起的世纪"中得到明显发展的纺织、冶金和采煤业，一度出现明显倒退。

其次，伴随着大革命而来的内外战争与社会动荡，不仅使得法国正常的经济秩序和经济活动难以为继，还使法国不得不为之付出沉重的经济代价。法国著名大革命史专家乔治·勒费弗尔甚至这样概括道：

> 革命使法国变穷了。公共设施破败不堪，即使是巴黎

的建筑物和道路也年久失修。死亡率上升了，据说，仅在军队中就有60万人死亡或失踪。共和国虽然把疆土扩展到了"自然疆界"，但它失去了殖民地，海上封锁使法国出口额比1789年减少了一半。此外，为了保住新占领的土地，法国必须继续打仗。①

　　具体来讲，如果说法国的经济状况在大革命最初几年，亦即1789年至1791年尚可，那么在这之后，经济就持续陷入了极度困难的境地：战费和军队给养开支过于巨大，作为货币流通的"指券"②被迫不断扩大发行量，从而造成严重的通货膨胀；以英国为首的反法联盟对法国实行的封锁与禁运，造成法国的对外贸易急剧萎缩，并由此导致某些原料的短缺和若干日用消费品的匮乏，而一些投机商人的囤积居奇行为，非但使得面包价格昂贵，且还时常难以买到，普通民众的生计因此受到严重威胁。虽然法国经济从此后的督政府统治时期起一度出现转机，但控制通货膨胀的失败，使得许多人将资金转向投机买卖和购买土地以保值。这一倾向的出现和加剧，明显导致了经济不稳定局面的继续存在，进而对法国工业化进程继续产生显著负面影响。据一些学者的研究，法国工业产量在1800年只达到大革

① ［法］乔治·勒费弗尔：《法国革命史》，顾良等译，北京：商务印书馆，1989年，第536页。
② "指券"（assignat）：原为以教会财产（称国有财产）作抵押的国库债券，后变成与硬币同时流通的纸币。它在发行之初效益显著，但后来出于多种原因，贬值异常严重。

命前的60%，只有棉纺织工业勉强和大革命前持平。进而言之，倘若法国工业在大革命前和英国工业大致上还旗鼓相当，那么经过大革命，两国之间在这方面的差距已十分清晰。

但是，若从长远来看，大革命中涌现的许多创举或措施，对后来法国经济发展的积极作用无疑是值得肯定的。

第一，大革命确立了以自由经济为基础的新经济秩序，尤其是在工业领域中实行了包括企业自由、生产自由和雇工自由在内的经济自由主义。在此，我们仍首先要肯定《人权宣言》的重要意义。诚然，《人权宣言》中并没有任何直接涉及经济自由的条款，但它在第4款中对"自由"作出的下述界定，即"自由是指可以做一切无损于别人的事"，无疑为经济自由确立了原则。此后，这一原则在大革命时期许多立法中均得到具体规定，并在实践中得到体现。例如，议会在1791年3月2日予以通过并于同年4月1日起生效的《达拉尔德法》，全面取消了严重束缚资本主义经济发展，并作为一种封建特权的行会和师傅制度，以及享有特权的手工工场。从此，人人皆可成为雇主，而所有的工场主也都有可能放开手脚，自由经营。

为防止行会制度以"会议"等形式死灰复燃，1791年6月14日，勒·夏普利埃代表宪法委员会提出法令草案，宣称：撤销相同身份和行业的公民的各种行会是法兰西宪法的主要基础之一，鉴此，"禁止以某种借口和以任何一种方式在实际上重建这类行会"。它同时还规定，相同身份和行业的公民作出的决议或订立的契约，均应被认为违反宪法、侵害自由和《人权宣言》，相关人员将分别按其违法行为的轻重处以罚款、暂时剥夺积极公民权利或入狱三个月；承包工和工人的个人自由，如果因为来自这些组织的威胁或暴力行为而遭到破坏，这种暴力行为的责任人将被当作扰乱公共安宁者予以追究。这一法令草案在被提出后，很快就在制宪议会获得通过。在此需要明确的是，虽然这一著名的《勒·夏普利埃法》后来在相当长时间里被资产阶级政府当局用来作为镇压工人罢工和结社斗争的工具，但它的初衷应该说还是进步的，且对促进法国工业的自由发展也确实起过较大的积极作用。

制宪议会在废除行会和取缔工人组合的同时，还取消了一系列当时妨碍近代工业发展的陈规旧制，例如，它在1791年9月至10月间取消了行业业务督察委员会和产品制造管理人，并废除了采矿禁令。此外，为促进工业自由的发展，制宪议会还曾参照布列塔尼地区制定和实施的相关法律，推行一种自由的发明专利特许证制度。由于这一制度，发明成了一项可以转让、可以出卖的私有财产，这势必有利于进一步激活工业的竞争活动。

第二，大革命推动了统一的国内市场的形成。在大革命当中，法国在打破国内的关税壁垒，实现国内贸易商品的自由流通方面采取了许多措施，取得了明显的进展。例如，制宪议会在1789年8月29日承袭杜尔哥、布里埃纳等人的主张，宣布恢复布里埃纳实行过的国内粮食贸易完全自由政策（不过，粮食仍旧不准出口）；1789年11月5日，议会又通过决议，取消省际关卡；1790年3月21日，取消了盐税；1791年2月19日，又两度颁布法令，规定在1791年5月1日以前，所有国内关卡包括征收入市税的市设关卡在内一律废除，而通行税则像某些封建权利义务一样需要赎买。从此，税卡被推到了国界线上，法国国内的商品流通摆脱了通行税，免除了有关盐税和助税的重重检查（盐税和助税的税率曾因地区而不同），而且，在这一过程中，原来因可以同外国自由贸易而被称作"事实上的外国"的阿尔萨斯、洛林两省，也被纳入国界线之内。

同时，议会还废除了一系列制约集市和商场进一步自由发展的旧规章制度，又为活跃市场而赋予若干影响较大的集市种种优惠权。为方便国内贸易商品的流通，议会还统一了全国的度量衡，建立十进位制。

由于国内市场的统一和健康发展还须有赖于国家对国内市场的保护，消除国外产品大量涌入而对民族工商业造成的冲击，大革命期间的不少当权者出于法国工业落后于英国，自由贸易会对法国不利，加之其他欧洲国家也都高筑关税壁垒以保护本国经济的考虑，往往在国内贸易中坚定奉行自由主义政策的同时，在对外贸易领域采取了与之不同的政策。例如，为了维护本国经济利益，法国在1791年2月12日由议会通过，同年3月15日颁布实施的《古达尔法》规定，所有进口商品在入境时须准确申报其价值，进口商品分为两类——征税商品与免税商品，包括船舶、烟草制品、丝绸等在内的22种商品不得进口，煤炭、矿石、建筑用的木材等原材料则严禁出口。

第三，建立了有利于工商业发展的税收制度。鉴于财政危机是直接引爆法国大革命的导火索，因此革命者们把建立一种公平分配的新税收制度作为己任。从新税收制度的内容与结果来看，它对工商业的发展无疑是极为有利的。新税制主要由地产税、动产税、营业税三种直接税和若干间接税构成。作为当时最主要的税目，新地产税在1790年11月23日制定完毕，根据土地收益征税。动产税法于1791年1月13日在制宪议会通过，它分为财产税、仆从税、骡马税、居住税和所得税5种，其中财产税的征收对象是所有拥有不动产的人。营业税由制宪议会在1791年3月2日宣布设立，其按照工商业利润以及商店、工场、杂货铺的租金分为若干等级征收。例如，根据规定，面包铺减半征收，酒店、饭馆、烟草厂店等加倍征收，而无店铺的集市商人和小贩则缴纳一种特别营业税。

这些直接税当中，最重的是地产税，而征自工商业收入的营业税相对要轻得多。虽然由于多种原因，1791年开始的这一税制改革并未取得预期的成功，但这种税收制度的取向及其实施成效，显然有利于促进法国工商业的发展。

第四，解除了农民封建义务，解放了农村劳动力，并把他们引向了商品市场。大革命在涉及"三农"，即农民、农村和农业方面进行的重大改革主要由以下三方面任务组成：废除封建权利、重新分配公有土地和确定新的土地所有制。这些任务的完成，基本上是通过1789年8月5—11日的法令，尤其是1793年6月3日到7月17日颁布的3个土地法令来实现的。由于农民起义在大革命爆发后愈演愈烈，起初并不急于讨论这方面问题的制宪议会不得不先把农民问题提上议事日程。是年8月3日，调查委员会向议会报告时指出，农村中的暴力行为已达到无以复加的程度，提议实行镇压。但是，议会中大多数人认为，镇压只会使局势进一步恶化，适当地满足农民的要求才是合理的解决方式。在8月4日晚上举行的会议中，一些代表表示应该废除各种不合理的特权和赋税。8月5—11日，制宪议会最终完成了制定一系列废除封建特权法令的工作，史称"八月法令"。"八月法令"宣布"将封建制度完全予以废除"，但同时还规定源于土地的封建义务要以赎买方式来废除。虽然这意味着农民的人身得到了解放，而其土地并没有被解放，但该法令毕竟从根本原则上废除了封建制度，拆毁了旧法国的框架。

不过，切实宣告法国封建义务终结，使广大农民群众有望获得一块真正属于自己土地的，是国民公会于1793年6月3日到7月17日颁布的3个土地法令。6月3日的法令规定，把逃亡者的土地分成小块出售，并允许贫民在10年内分期偿付地价；6月10日的法令规定，按人口平均分配农村公社的公有土地；7月17日的法令规定，无偿废除一切封建权利和义务，销毁一切封建契约，隐匿文契者将被判处监禁。这一切不仅把广大农民从封建权利的牢笼中解放出来，使他们得以通过国有土地的拍卖和分割公有土地的方式获得了部分土地，对以前的土地取得了完全的所有权，而且还在很大程度上解放了农村的劳动力，由此在法国构成了自由劳动力的一种原始储备。同时，地租的废除亦使农民相对地有了经济上的独立能力，并被引向商品市场，更多地与城市商人、有产者、在农村置有土地的资产者接触并产生关系，而不再与、或不再仅仅与地主保持从属性的经济联系。诸如此类的举措，都对法国后来的农业经济，乃至整个国民经济产生过可观的积极影响。

第三章

拿破仑帝国威震欧陆

"科西嘉怪物"崛起

　　一如绝不会忘记"太阳王"的辉煌，几乎所有法国人在缅怀法兰西昔日的强盛时，都会不由自主地带着自豪的口吻提到拿破仑·波拿巴①及其创建的拿破仑帝国。确实，在从1799年11月雾月政变之后开始的大约15年时间里，出生于科西嘉岛的拿破仑，非但是法国无可争议的实际主宰，同时还通过史称的"拿破仑战争"创建了一个威震欧陆的法兰西大帝国。如同这一时期的法国历史往往被称为"拿破仑时代"，人们不妨认为，此期法兰西的兴衰史在很大程度上就是一部拿破仑的"个人传记"。不过需要指出的是，被其对手们惊恐地称为"科西嘉怪物"的拿破仑，他的崛起与法国在大革命时期进行的内外战争有着极为密切的关系，而且在大多数普通人眼里，拿破仑身上耀眼的光环，或曰拿破仑时代法国的强盛神话，也似乎主要是由拿破仑在与历次反法联盟较量中取得的一连串富有传奇色彩的胜利，尤其是建立了威震欧陆的法兰西大帝国所带来的。然而，在历史

---

①　在法国，严格说来，只有在拿破仑·波拿巴成为君主之后才能以他的名字"拿破仑"作为其正式称谓，而在此之前只能按姓氏称"波拿巴"。考虑到中国读者的阅读习惯，本书将皆统称拿破仑。

学家看来，拿破仑的历史功绩显然主要在于他是"革命遗嘱的执行人（l'exécuteur testamentaire de la révolution）"①，即通过制度创新与建立秩序，充当了法国大革命重大成果的实际继承者和巩固者。唯其如此，拿破仑时常被人誉为"马背上的罗伯斯庇尔"。②

法国大革命显然与外来武装干涉威胁、革命战争几乎相始终。大革命爆发后，法国国王的遭遇触动了欧洲其他封建君主的敏感神经，他们虎视眈眈地关注着法国局势的发展，伺机干涉。1791年8月27日，奥地利、普鲁士联合发表了庇尔尼茨宣言，要求法国恢复国王权力，解散议会，否则各国都将出来保障法国的君主体制。翌年7月25日，已率军开往法国边境的普奥联军统帅布伦瑞克，在科布伦茨发表宣言声称：必须恢复国王路易十六的自由与合法权利，保证王室安全；若国王一家受到"丝毫侵害"，就要"血洗巴黎城并将它夷为平地，且这将是

---

① 需要强调的是，"革命遗嘱的执行人"，也是拿破仑·波拿巴的侄子路易-拿破仑·波拿巴，亦即后来的拿破仑三世在《拿破仑的观念》一书中使用过的说法。他在这本书里对这位始终让他引以为傲的伯父的角色定位如下："倘若没有执政府与帝国，革命就不过只是一场仅留下重大记忆，但没留下多少痕迹的伟大的戏剧。"Charles - Louis Napoléon Bonaparte, *Des idées napoléoniennes*, Tome Premier, Ouvres de Napoléon III, Paris: Plon, 1869, p.28, p.31.

② 关于罗伯斯庇尔，最值得参考的权威传记当推法国史学家热拉尔·瓦尔特（Gérard Walter）撰写的《罗伯斯庇尔传》，此书已由商务印书馆在2017年推出中译本：[法] 热拉尔·瓦尔特：《罗伯斯庇尔传》，吕一民、张弛、应远马、汤晓燕译，北京：商务印书馆，2017年。相关情况还可参见剑桥大学荣休教授罗伯特·汤姆斯（Robert Tombs）在《1814—1914年的法国》一书中的描述和剖析(Robert Tombs, *France 1814—1914*, London and New York: Routledge, 2015)。

足以为训、永世难忘的报应"。在被誉为"第二次革命"的8月10日起义后，前线持续告急。9月2日，普奥联军攻占凡尔登，打开了进攻巴黎的通道。在这危急时刻，1792年9月20日，由无套裤汉①组成的法军在凡尔登以南的瓦尔密取得了对入侵敌军的首次胜利。瓦尔密战役虽非一次战略性胜利，但却是一次精神上的胜利：欧洲最著名正规军的进攻竟然被刚拿起枪的无套裤汉击退了。这一胜利震慑了敌军，同时也大大鼓舞了法国人民的斗志。当时，德国大文豪歌德恰好目睹了这场战役，并立即洞察出它的意义。耸立至今的瓦尔密战役纪念碑上，仍刻有歌德就此所说的那句名言："此时此地，开始了世界历史的新纪元。"

瓦尔密大捷之前，法国的革命者们进行的战争皆以捍卫取得的革命成果、重在防守为主要特征，而在此之后，革命者们进行的战争将更多呈现出扩张性和征讨性的特征。大革命时期的法军，力图通过征服欧洲来传播大革命放之四海而皆准的"不朽原则"，借助恐怖和刺刀对欧洲进行革命的教化，建立一连串实际上依附于法国，并以法国为楷模的"姐妹共和国"。正是此类革命战争，为拿破仑的崛起提供了机遇。

早在1793年12月，就读于巴黎军校并任炮兵团青年军官的

---

① 又译长裤汉，原是穿华贵套裤的贵族和富人对穿粗布长裤汉平民的蔑称，大革命时，尤其是在雅各宾专政时期，这一称呼成为褒义词。当时，无套裤汉在政治上指称爱国者、革命者，其社会成分包括学徒、帮工、作坊主、小商人、独立手工业者、流浪汉等。巴黎无套裤汉在整个革命时期都具有举足轻重的作用。

拿破仑，就因在他第一次参与指挥的重要战役——土伦之战中功绩卓著而一举成名。罗伯斯庇尔之弟奥古斯特·罗伯斯庇尔正好也参加了此次土伦之战，他迫不及待地向兄长推荐了这位胆识过人的青年炮兵军官，推荐信中写道："如果你需要一个进行巷战的具有钢铁意志之人，一个年轻人，一个新人，那么，此人非拿破仑莫属。"翌年1月，拿破仑被救国委员会破格提拔为炮兵准将。不过，他很快就因罗伯斯庇尔的倒台，以及被人视为罗伯斯庇尔的同党而遭到逮捕和革除军职。

然而，1795年10月的"葡月暴动"为拿破仑的飞黄腾达提供了良机。为对付保王党组织的迫在眉睫的武装暴动，受命主持镇压的热月党人巴拉斯，情急之中想到了起用"土伦战役的获胜者"拿破仑。作为一名出色的炮兵专家，拿破仑奉召后首先想到了起用大炮。在用大炮很快平定了"葡月暴动"后，他威名大震，"葡月将军"之称也不胫而走。从此，在"葡月暴动"后成立的督政府大权在握者们，尤其是权力最大的巴拉斯，开始重用这位具有指挥天才、果敢精神和坚强毅力之人，屡屡借助这位年轻将领涉险过关。

由热月党人建立的督政府，在内政方面所奉行的是双重排斥立场，也就是既排斥保王主义又排斥民主。这种双重排斥，通常情况下难免也会招来双重的反对。而一个在国内政坛上被左右夹击的政府，国内政策也就往往不可避免地左右摇摆了，由此，他们的国内政策也往往被人们称为"秋千政策"。不过，在对外政策上，督政府却可以说是一以贯之，始终奉行以战争为依托的对外政策。与之相应，此期法国在欧洲国际舞台上的基本形象，说到底就是个四方出击、到处干预，一心想靠战争取得成就的军事共和国。不过，需指出和强调的是，也正是督政府这种热衷于战争的政策，才给了拿破仑登上权力巅峰的机会。

1796年3月，拿破仑被督政府任命为意大利方面军总司令。在长达一年多的意大利战争中，拿破仑统帅的军队一路挺进，捷报频传。他在意大利战场上取得的辉煌战果至少有三：一是迫使欧陆各国纷纷退出与法国的战争，随着1797年10月17日拿破仑代表法国同奥地利签订了《康波福米奥和约》，第一次反法联盟彻底以失败告终，继续与法国作战的仅剩英国一家；二是在意大利出现了一连串按照法国共和政体模式构建的共和国，它们名为法兰西的"姐妹共和国"，实为法国的附庸国；三是为自上台以来始终因国库空虚而忧心忡忡的督政府带来了巨额财富。

拿破仑在对外战争中取得的接二连三的辉煌胜利，使他在法国军队中真正树立起了个人威望，也使他开始名震全欧。当时，俄国著名统帅苏沃洛夫曾惊呼道："这位干将跑得太远了，现在是让他停下来的时候了！"不过，拿破仑的一位友人早就预言："他是不会停止前进的，当会一直走下去，要么登上皇帝宝座，要么被送上断头台。"事实的确如此。随着拿破仑在国人中的声望与日俱增，这位驰骋在外国战场上的骁将，开始密切关注起法国的政局。在这一过程中，拿破仑和督政府之间形成了一种既冲突又妥协的微妙关系。督政府虽然惧怕拿破仑功高盖主，但一时又少不了他，故不得不容忍拿破仑的威望继续增长，而对拿破仑来说，之所以未在远征埃及前与督政府决裂，是因为他深知，从意大利征服者一跃而为法兰西统治者的时机尚未成熟。

1799年夏，法国国内外形势急剧恶化：1798年12月着手组织的第二次反法联盟成员国军队的进攻，已让法军在欧洲战场上无力抵抗，节节败退；法国西部和南部的内战重起；国内经济混乱和财政拮据的局面未能得到扭转……凡此种种，使得因奉行"秋千政策"而声名狼藉的督政府的统治摇摇欲坠。同年8月，以埃及远征军总司令身份，正在东方追求自身不朽功名的拿破仑从报刊得知了这一切，尤其是获悉法国几乎丢失了他费尽心血征服的整个意大利后再也难以容忍，即刻作出了回国的决定。当时，他对身边亲信马尔蒙说道：

> 我决定返回法国。你同我一起走。欧洲事态的发展令我采取这重大步骤。我们在欧洲的军队被击败。只有上帝知晓我们的敌人正准备向何处进攻。意大利已经丢失，我们作出了如此多努力，流了这么多的血，结果却纯属徒劳。说实在的，将这些无能之辈放在国家事务的首脑位置究竟有何好处？他们中间除了不学无术、愚蠢自负和贪污腐化，什么也没有。我单人承受重担并用经常不断的胜利去支持这个政府，它却无法维持自己的生存。我走了以后，

一切事情就变得如此糟糕。法国同时会听到关于本人返回祖国和土耳其军队在阿布基尔被歼灭的消息。我的出现，将鼓舞他们的斗志，重振军队的信心，激发公民对光明未来的希望。①

10月9日黎明，拿破仑和他率领的500精兵在法国南部滨海小镇弗雷居斯登陆。拿破仑回国的消息传开后，法国举国欢腾。在他前往巴黎途中，隆重的欢迎仪式、庆祝游行此起彼伏，前来求见的代表团络绎不绝。在巴黎，市民闻讯后在酒店开怀畅饮，唱歌庆祝。更有甚者，首都卫戍部队还高奏军乐走遍全城。10月16日，抵达巴黎的拿破仑受到了万人空巷的欢迎。巴黎的报纸如是写道："我们每个人都向他欢呼，因为他带给我们新的希望。""伴随拿破仑而来的是光荣、和平与幸福。"

就在此时，1789年革命的元老、当选督政官不久的西耶斯正在物色听话的将领来巩固自己的政治地位，他需要一把"战刀"，而拿破仑这把战刀正待启用。于是，在善于见风使舵、以"政坛不倒翁"著称的塔列朗的穿针引线下，一文一武的两人走到了一起。很快，一个以西耶斯、拿破仑这两人为核心的政变集团形成了。在一番精心策划之后，11月9日（雾月18日），政变按预定计划着手进行。经过两天惊心动魄的较量，督政府被推翻，取而代之的是临时执政府，它由拿破仑与西耶斯、罗

① 李元明：《拿破仑评传》，北京：中国社会科学出版社，1984年，第108页，译文略有改动。

歇·迪科分别担任共和国临时执政。起初，拿破仑与另两位临时执政在名义上是平等的，但事实远非如此。时隔不久，拿破仑就为自己获得了"第一执政"的称号，名正言顺地成为法国头号统治者。1802年，拿破仑成了法兰西共和国终身执政。两年后，这位终身执政更是戴上了皇冠。

拿破仑能在雾月政变中轻松取得法国最高权力，并进而维持这种权力达15年之久，充分说明雾月政变具有深刻的社会因素，绝非纯粹政治阴谋的产物。关于拿破仑登上法国权力巅峰的原因，多少年来，已有不少有识之士提出自己的看法。这些仁智互见的解释当中，著名大革命史专家乔治·勒费弗尔的相关分析最为到位和富有见地。在剖析拿破仑成为统治者和大革命及革命战争之间的有机联系时，勒费弗尔令人印象至深地写道：

当拿破仑·波拿巴取得法国政权的时候，法国大革命和欧洲已交战七年有余；除了短暂的间歇外，战争要一直延续到1815年。在这场战争中，雾月18日本身并不具有划时代的意义……但若论及法国国内历史时，则雾月政变无疑地使个人专权得以恢复，而就这一点来说，拿破仑时期和法国革命时期是迥然不同的。但是，这种不同并不能掩盖联系这两个时期的深刻的一致性。正是法国大革命使波拿巴能有如此非凡的命运。他之所以能把自己强加于共和制的法国，是因为只要旧制度的党徒还在勾结外国力图复辟，就有一种内在的需要注定这个国家要实行专政统治；

波拿巴和救国委员会在统治方法上存在有许多共同的特征，这些共同点比人们通常所愿意承认的要多得多。他之所以能保持法国人领袖的地位，正是因为他尊重了制宪议会的社会立法成果；他的军事胜利保证了这些成果能保持下去，并且使这些成果能够在法国永远根深蒂固……在他同时代的人看来，他依然是法国大革命的战士，而他也正是作为这样一个人物而载入欧洲文明史册的。①

"马背上的罗伯斯庇尔"

在登上法国权力巅峰时，拿破仑年仅30岁。尽管行伍出身，且在担任临时执政之前并无治国经验，但早就怀有远大政治抱负的拿破仑深深懂得：要巩固自己手中的权力，使法国社会政治生活稳定有序，确保法国在欧陆的优势地位，就必须在因连年社会动荡而犹如一盘散沙的"法国土地上投入一些大块花岗石"，以期夯实地基。

简言之，这些"花岗石"就是包括政治机构重组、社会经济重建以及文化教育重振在内的一系列内政建设。此外，虽然年轻的拿破仑在缺少治国经验的同时亦缺乏很多必要的专门知识，但他能做到知人善任，特别是器重那些在大革命期间有过行政经验之人。例如，拿破仑亲自挑选了有丰富行政经验的各

---

① ［法］乔治·勒费弗尔：《拿破仑时代》（上卷），河北师大外语系《拿破仑时代》翻译组译，北京：商务印书馆，1978年，第3—4页。

种专家、名人共29人，组成了具有最高行政裁决权并为自己充当重要决策咨询机构的参政院。更难能可贵的是，他还极有容人之量。任何具有真才实学、能力非凡者，只要愿意为其政权效劳，即便此人之前反对过他也能被予以任用，他重用富歇为警务大臣之举就充分说明这一点。关于他的知人善任，歌德不吝溢美之词：

> 只有本身具有伟大才能的君主，才能识别和重视他的臣民中具有伟大才能的人。"替才能开路！"这是拿破仑的名言。拿破仑自己确实别具识人的慧眼，他所选用的人都是用得其才，所以在他毕生全部伟大事业中都得到妥当的人替他服役，这是其他君主难以办到的。

不容否认，拿破仑在以制度创新、秩序和稳定为政策基点的内政方面所取得的成就是令人钦佩的。这些成就实际上切实保留和巩固了大革命中取得的诸多成果，加之拿破仑早年的不少思想同罗伯斯庇尔一样，深受卢梭的影响，故尔他也被称为"马背上的罗伯斯庇尔"。对此，曾为拿破仑立传的英国史学家约翰·霍兰·罗斯认为，拿破仑"在内政方面的建设才能，丝毫不亚于他在军事方面的雄才大略"[1]。

拿破仑上台后，首先尽力加强中央集权制。当时在中央机

---

[1] ［英］约翰·霍兰·罗斯：《拿破仑一世传》（上卷），北京外国语学院英语系《拿破仑一世传》翻译小组译，北京：商务印书馆，1977年，第274页。

构中，立法权和行政权在形式上是分离的。立法权分属四个院：参政院、保民院、立法院、元老院。参政院负责起草法案；保民院负责讨论法案，但无表决权；立法院负责对法案进行表决，但无讨论权；元老院的主要职责是护卫宪法并负责保民院和立法院的人员调整工作。行政权属于三位执政，其中第二、第三执政辅佐第一执政处理相关事务。这一切看上去各有分工，职责明确，但由于参政院的参政均由第一执政任命，会议也由第一执政主持，故立法权和行政权的最终源头其实都集中到了身为第一执政的拿破仑身上。大权独揽的拿破仑在改革中央机关的同时，也对地方管理体制进行改革。大革命中确立的地方自治与选举制度，被他借助法令予以取消。全国划分为88个省，省长一律由拿破仑直接任命，专区区长和市长一般也由他来任命，唯有5000居民以下的市镇长官由省长任命。地方务必绝对服从中央，各级议会徒有虚名。对此，拿破仑的内政大臣夏普塔尔曾说道："行政制度的力量完全在于能够确保不折不扣地贯彻政府的法律和法令……执行法令要一竿子插到底，从大臣直到被治理的百姓，不容中断；它要把政府的法律和法令以电流般的速度传达到社会组织的基层去。"①在紧抓军权的同时，拿破仑还设置了警务部以及直接对他负责的巴黎警察总署。同时，拿破仑还进行了司法改革，建立金字塔式的司法等级制度。各县设民事审判官，专区设民事和轻罪法庭，省设刑事法庭，全

---

① ［法］乔治·勒费弗尔：《拿破仑时代》（上卷），河北师大外语系《拿破仑时代》翻译组译，北京：商务印书馆，1978年，第91页。

国设29个上诉法庭，最高法院设在巴黎。法官名义上是不可罢免的终身职位，实际上均受制于当局。

显然，确保国内统一和社会稳定是当时人心所向。为此，拿破仑左右开弓，倾力对付雅各宾派和王党分子。雾月政变后，以路易十八自居的普罗旺斯伯爵两度致信拿破仑，建议两人联手恢复波旁王朝，他还许诺说，拿破仑这样做即可"获得任何奖赏"，其后代也能"得到幸福"。对此，拿破仑严辞拒绝道："您不应再抱回到法国的希望，您如果回来，必须踩过十万具尸骸。请为法国的幸福和安宁着想而牺牲自己的私利。历史会给您记上这一笔账。"

拿破仑还多次派兵清剿叛党和土匪，无情镇压以发动叛乱反对新政权的王党分子。不过，他同时也下令说，凡叛乱者只要放下武器，宣誓效忠新制度，即可得到赦免。此外，他还允许逃亡者回国，只要他们"改邪归正"，便可既往不咎。拿破仑这种镇压与安抚相结合的方针，在打击王党势力方面的确颇见成效。不过拿破仑也不允许人民要求什么"自由""民主"，并把在这方面鼓吹最力的雅各宾派视作心腹之患。为此，他不放过任何机会，多次掀起迫害雅各宾派分子的风潮。1800年12月24日晚，试图暗杀拿破仑的王党分子乘拿破仑驱车去歌剧院之际，在路上制造爆炸事件，拿破仑本人虽因偶然原因安然无恙，但有8位行人被当场炸死，超过60人受伤，其中20人也先后不治身亡。翌日，拿破仑一口咬定此系雅各宾派所为，下令逮捕了上百名著名雅各宾派分子，并将他们流放到中美洲。当事后查明此事与雅各宾派毫不相干时，拿破仑非但拒绝予以平反，反倒凶巴巴地扬言："算啦！现在我总算摆脱他们了！"

尽管拿破仑本人基本上是个无神论者，但他深知宗教对于稳定统治秩序有着至关重要的作用，认为"没有宗教的社会就像一艘没有指南针的船"。他还曾在给其胞弟吕西安的信中写道："没有宗教，就没有政府。精明的征服者是从来不同神甫争吵的。可以既迫使他们就范，又利用他们。"出于照顾大多数国人的宗教感情、争取不宣誓的教士及罗马教廷支持的考虑，拿破仑顶住种种压力，派政府代表与教皇庇护七世的代表谈判。经过一年多艰难曲折的谈判，双方在1801年7月签订了《教务专约》。《教务专约》主要内容是：政府承认天主教是大多数法国人信仰的宗教；废除革命时期限制举行宗教仪式的法令；主教由第一执政任命，经教皇授职，本堂神甫则由主教任命；教士的薪俸由国家支付，作为交换条件，教会必须永久放弃在法国革命时期被没收的土地和其他财产，承认这些教产的买主是合法所有者。同时，为了安抚新教徒和犹太教徒，体现各宗教平等的原则，拿破仑还及时地颁布了有关法令，正式承认新教的地位，宣布犹太教受政府的保护，这一法令的出台，明显加速了法籍犹太人与法兰西民族的融合。可以说，由于拿破仑制定和推行了正确的宗教政策，法国在他统治时期实现了难能可贵的宗教和平。

拿破仑对教育事业也极为重视。他明确宣称："在我们的一切制度中，公共教育是最重要的。现在和未来，一切都得依靠它。"从1800年开始，尤其在其称帝之后，拿破仑有计划有步骤地对教育体制进行了全面改革，以期国民教育从内容到形式都与既定的社会秩序和专制政权协调一致，更好地用帝国的标准来铸造年轻一代，确保帝国长治久安。在拿破仑时代，教育严格地分成初等、中等、高等三个等级。起初，拿破仑虽然把初等教育权交给市镇管理和监督，但仍十分关注对儿童的培养和教育。1801年6月，他在致内政部长的信中对小学的男童学校提出了改革意见，主张把小学教育分成两大部分：12岁以下进行基础教育，强调读、算、写的基础训练，同时注意爱国和道德理想教育；12岁以上组成高级小学，分设两个班级，一个为准备从事文职而设，一个为准备从事军职而设，课程亦有所不同。1806年5月，拿破仑下令成立帝国教育团（或称法兰西大学院）来垄断教育。帝国教育团设有一名总监，又辅之以30人组成的评议会和督学团。该机构实际上是全国各级学校的行政领导组织。在它下面，全国分设29个教育区，各区均设一名教育长。在帝国的教育体制当中，初等教育相对地被忽视；中等教育由国立中学负责，教师必须经过国家师资考试，学生一律穿制服，须遵守军事纪律，一犯大过即被开除；高等教育则由大学，尤其是大革命时期建立的专门学院负责，如高等师范学院、综合理工学院、矿业学院、医学院与法学院等，其任务是培养帝国所需要的工程师、军官、教师、科学家。拿破仑创立的这种大一统教育体制，在集中财力、物力培养国家急需人才等方面起了很大作用，为现代法国的教育体制奠定了基础。

在财政经济领域，拿破仑采取的政策措施同样多有可圈可点之处。在他开始执掌政权之际，法国国库极度空虚，经济持续萧条。为了收拾督政府留下的这副烂摊子，拿破仑大刀阔斧地进行财政改革。他首先做的便是致力于加强财政的集中管理。出于这一考虑，他颁布法令，取消地方政府确定每年税额分配和征收部分直接税的权力，并设立直接税管理局，由管理局指派代理人负责征收，中央政府还专门派出官员，对地方财政活动进行监督，保证国库收入。在财政改革过程中，拿破仑还重视健全会计制度，严厉打击贪污和盗窃国家财富者。

拿破仑深知，强大的国家须得拥有强大的工业和发达的商业。由此，他采取了多种措施来刺激资本主义工商业发展，如给工业以巨额津贴，建立新企业，成立"奖励民族工业协会"，举办工业展览会，鼓励机器生产。为活跃信贷与商业，拿破仑先是重建了期票证券制度，继而又在1800年创建了法兰西银行，这家银行后来还获得了独家发行纸币的特权，在法国经济生活当中起着至关重要的作用。拿破仑还进行了币制改革，规定金银比价为15.5∶1，以银为主要货币本位。为保护民族工业的发展，他坚决实行保护关税政策。在重视发展工商业的同时，他也极为重视交通运输事业发展。为推动农业生产，拿破仑采取了扩大耕地面积、提高谷物售价、保护森林、推广良种、培植新作物等主要措施。经过上述整顿，法国财政状况明显改善，经济开始复苏。

最后尤其要强调一点，为稳定社会秩序，拿破仑始终极为重视法制建设，力图使集权与严密的法制结合起来。为此，他经过多年准备陆续颁布了五部法典：《法国民法典》（1804）、《民事诉讼法》（1806）、《商法典》（1807）、《刑事诉讼法典》（1808）和《刑法典》（1810）。其中最令人称道的是他亲自主持并在其不断催逼下制定完成的《民法典》。为制定这部《民法典》，拿破仑在1800年8月任命了由4位著名法学家组成的起草委员会。相关草案拟出后，参政院进行开会讨论，次数多达100多次，其中半数以上由他本人亲自主持。拿破仑对此项工作之重视，可见一斑。由于事先阅读过大量法学书籍，还深入研究过古罗马法，因此拿破仑在这些会上经常十分内行地随口引证罗马法典，令与会者叹服不已。经过长达3年半的修改、讨论，该法典终由立法院通过。1804年3月21日，随着拿破仑签署法令，《民法典》正式颁布实施。《民法典》共2281条，内容极为丰富，几乎涉及社会生活的各个领域。它的颁布实施，让法国终于有了统一的、反映法国资产阶级革命成果的《民法典》，而且作为资产阶级国家最早的一部民法典，它还在瓦解欧洲封建制度、促进欧洲资本主义发展上，均起过不容低估的示范作用。

此处值得注意的是，关于财产所有权神圣不可侵犯的观念，虽然不时遭到个别激进思想家及广大下层贫苦群众的批评与反对，却仍在大革命期间的法国一直占据主导地位。而拿破仑《民法典》的制定，更是为这一观念的付诸实施提供了切实法律保证。《民法典》以规定财产权和有产者的相互关系为主旨，基本特点之一就是确认资产阶级财产所有权原则，并以数目可观的条文，从不同角度宣示了资本主义私有制的不可侵犯。例如，其第537条规定："私人得自由处分属于其所有的财产"；第544条规定："所有权是对于物有绝对无限制的使用、收益及处分的权利"。《民法典》编纂人之一的卢韦公开宣称："《民法典》把解决财产所有权及原则作为其主要目标。"另一起草者波塔利斯也在序言中指出："我们始终把个人财产是神圣不可侵犯的财产、是应当得到国王本人尊重的财产视为准则。"[1]在此要指出的是，拿破仑在对行政法院发表的讲话中，曾对财产所有权定义本身作了这种解释："什么是财产所有权？它不仅是使用权，而且也是挥霍权。人们应当把财产所有权始终铭记在心。财产所有者权利的最有力的辩护者，就是个人的利益。"他甚至还下结论道，"法律应当始终为财产所有者的利益服务"[2]。对于类似条款与言论，人们固然可从不同角度提出各种各样的批评，但它们对促进资本主义发展所起的作用是不可否认的。

此后，世界各国资产阶级在制定相关法典时往往以这部《民法典》为范本。这部法典后被输出到欧洲诸多地区，成为欧洲近现代史上最重要的一部法律文献。鉴此，在梳理拿破仑治国理政中的立法成就时，将1804年的《民法典》在1806年更名为《拿破仑法典》，也即将它归在拿破仑个人名下的确不无道

---

① ［法］雷吉娜·佩尔努：《法国资产阶级史》（下册），康新文、刘惠杰译，上海：上海译文出版社，1991年，第310—311页。

② ［法］雷吉娜·佩尔努：《法国资产阶级史》（下册），康新文、刘惠杰译，上海：上海译文出版社，1991年，第311页。

理。拿破仑不仅亲自主持了起草委员会大部分会议，同时也给最终文本打上了清晰的个人印记。拿破仑本人对曾为之付出大量心血的这部法典也珍视之极，他在生命的最后岁月里还回忆道："我真正的光荣并非打了40次胜仗；滑铁卢之战抹去了关于这一切的记忆。但是有一样东西是不会被人忘却的，它将永垂不朽——那就是我的《民法典》"。

不过，在其统治时期尤其是称帝之后，拿破仑在内政方面也存在不少败笔，例如，力图和旧贵族妥协，建立"帝国贵族"制度，在重视法制建设的同时却又让立法机构日益形同虚设，等等。诚然，他在国内建立起来的具有高度行政效能、上下畅通的中央集权国家机器完全以其个人专权为特征，虽就特殊的历史条件观之，似具有一定历史合理性，但这种不受约束的权力，最终难免会导致极其可怕的后果。事实也是如此。正是这位大权独揽者，在给法国带来巨大荣耀后也给国家带来了惨重灾难。而这一切，其实都是拿破仑的权力无限扩大所造成的。对此，身为政治家、历史学家和记者的阿道夫·梯也尔曾精辟地指出："这位伟大人物的一生，对于军人、统治者和政治活动家都是极有教益的，也包含着对于公民们的教训。它教导他们决不应该让他们的国家听任一个人的权力去摆布，不管他是谁，不管在什么情况下！"①

---

① 王养冲、陈崇武选编：《拿破仑书信文件集》，上海：上海人民出版社，1986年，第601页。

威震欧陆的帝国

从史学家的眼光来看，拿破仑的历史功绩主要在于他作为"马背上的罗伯斯庇尔"创设的新制度，而不在于其军事荣誉，因为后者的最终结果实际上让法国人颇感沮丧：1815年的法国失去了1792年起征服的一切领土，几乎重新回到了大革命前的疆界。尽管如此，至少在法国人以及其他国家普通人眼里，罩在拿破仑身上耀眼的光环，以及拿破仑时代法国的强盛神话，却主要还是由他在与历次反法联盟较量中取得的一个又一个富有传奇色彩的胜利，尤其是建立威震欧陆的法兰西大帝国组成的。

拿破仑等人是在督政府陷入第二次反法联盟大军压境的严重困境下，发动雾月政变上台的。政变成功后，第二次反法联盟的威胁依旧存在。当时，刚刚执掌权柄的拿破仑十分清楚，已经历7年多战争的法国亟待和平，哪怕是一个短暂和平抑或一个喘息机会也弥足珍贵。为此，他曾向组成第二次反法联盟的三国君主分别提出停战建议，却无一例外遭到拒绝。英王乔治三世甚至不屑与这位行伍出身的"暴发户"直接对话，只让首相回复了一封故意奚落拿破仑的信："如果法国真诚渴望和平，那么，和平的最现实、最持久、最好与最自然的保障就是让法国原来的王室复位。"受此奚落的拿破仑明白，除了战胜外敌，已无其他选择。

经过深思熟虑，拿破仑意识到，若要粉碎第二次反法联盟，需首先挫败承担主攻任务、对法国威胁最大的奥地利，而主战场势必要放在被奥地利占领的北意大利。1800 年 5 月，拿破仑亲率 3 万多人马，迎着暴风雨的侵袭，沿着脚下就是万丈深渊的羊肠小道，翻越阿尔卑斯山进入意大利北部，出其不意地从背后对奥军发起了猛烈进攻。6 月 14 日，双方主力在马伦哥相遇，经过一天的激战，法军取得了胜利。由此，意大利北部重新被法军所占领。不久，奥军在莱茵战线又受莫罗率领的法军重创。在连续遭到重创之后，哈布斯堡王朝不得不在 1801 年 2 月同法国签订了《吕内维尔和约》，再次确认法国对比利时和意大利部分领土的占领，承认法国以莱茵河为界，接受法国建立的"姐妹共和国"。此外，拿破仑在取得马伦哥战役胜利后，竭力利用反法联盟内部矛盾，尤其是俄英矛盾，拉拢俄国，孤立英国。这一招很快就收到了奇效。法俄两国不仅握手言和，沙皇保罗一世还出面组织了有瑞典、丹麦和普鲁士参加的针对英国的保护中立国贸易联盟。奥地利的失败和俄国的退出，使得英国处于孤立境地，再加上英国国内反战情绪日益高涨，导致英国也被迫接受和谈。1802 年 3 月 25 日，双方正式签订了《亚眠和约》。根据《亚眠和约》，英国承认法兰西共和国，将之前从法国手中夺取的海外殖民地基本上全部归还给法国，同时允诺放弃战略要地马耳他岛。可以说，《亚眠和约》的签订标志着第二次反法联盟的终结，确立了法国在西欧的优势地位。

　　虽然《亚眠和约》结束了欧洲的十年烽火，但它带来的和平即使不是虚幻的，也至少是极为短暂的。这项和约未能真正解决英法两国在经济、政治、势力范围上的长期矛盾，双方也无意切实履行和约中不利于本方的条款。如果说出于进一步安定国内的考量，拿破仑尚不希望立马同英国开战，那么自认为吃了亏的英国却似乎有点迫不及待。英国拒不履行撤出战略要地马耳他岛的义务，法国也以拒绝从荷兰撤出作为回应。1803年春，法英之间的关系更趋紧张，不久便再度兵戎相见。英国以大量英镑开路，逐步组织起第三次反法联盟，对此，拿破仑决心横渡英吉利海峡，直捣英国本土，在泰晤士河边迫使这一法国的劲敌俯首称臣。于是，当时法国所有的造船厂都响起了为渡海作战制造战船而挥锤舞斧的叮当声；在法国西部海岸的滨海布洛涅，一个庞大的军营迅速地建了起来。拿破仑本人在多次巡视沿海主要港口与船坞后，竟然踌躇满志地宣称："只要3天大雾，我就可以成为伦敦、英国议会和英格兰银行的主人！"在他的授意下，法国甚至还铸造好了纪念"袭击英国成功"的纪念章，上面镌有"1804年造于伦敦"字样。这一切，难免令海峡对岸的英伦三岛有如惊弓之鸟。最初，拿破仑把出征英伦的时间安排在1805年8月，但由于海军上将维尔涅率领的土伦舰队未能在预定时间从地中海赶过来汇合，致使攻英最佳战机贻误。

就在这时，以英国为首的第三次反法联盟最终形成：1805年4月，英俄签订《圣彼得堡条约》，共同反法。同年8月，奥地利也加入进来，随之加入的还有瑞典和那不勒斯。在得悉奥军准备趁法国大军集中在滨海布洛涅之际偷袭巴伐利亚与法国东部，拿破仑断然决定放弃准备了两年的渡海攻英计划，亲率大军挥戈东向。是年12月2日，亦即拿破仑加冕为皇一周年纪念日，法军同俄奥联军在奥斯特里茨附近展开了史上著名的三皇会战。拿破仑自始至终亲自指挥了整个战斗。结果，法军取得辉煌胜利，俄奥联军溃败，亚历山大一世与弗兰茨两位皇帝狼狈逃跑。

奥斯特里茨战役堪称最能体现拿破仑军事天才的范例，而他本人也把这次战役视为一生中获得的40次胜仗里最辉煌的一次。通过奥斯特里茨战役的胜利，拿破仑一举摧毁了第三次反法同盟。富有戏剧性的是，由于俄奥惨败，原本受命以普鲁士的名义给拿破仑下最后通牒的普鲁士使者豪格维茨，竟然摇身一变，成了率先向拿破仑祝贺胜利的外国使臣。拿破仑对此自然心知肚明，故在接受豪格维茨的祝贺时讽刺道："这是命运改变了你们祝贺的对象。"不过，对俄奥惨败最感失望的，莫过于极力组织第三次反法联盟的英国首相皮特。他不仅在闻讯后就一病不起，还在临死前命人取下挂在墙上的欧洲地图："卷起来吧！今后10年不需要它了。"

皮特临终前的悲伤预言很快就成了现实。在取得奥斯特里茨大捷后，拿破仑毫不留情，开始用自己的战剑随心所欲地重新绘制欧洲地图。在这一过程中，作为法国革命扩张主义神话的继承者，已戴上皇冠的拿破仑，或是将督政府时期建立的"姐妹共和国"径直并入法兰西帝国版图，或是建立了一些附庸王国取而代之，并将这些附庸王国赐予自家亲属。例如，拿破仑之兄约瑟夫被他封为那不勒斯国王；拿破仑的二弟路易被封为荷兰国王；在德意志，拿破仑以莱茵河畔的杜塞尔多夫为中心组成伯格大公国，由其妹夫缪拉将军出任大公；与此同时，巴伐利亚等德意志西部和南部的16个小邦，根据拿破仑的旨意组成了莱茵邦联，还"选举"拿破仑为该邦联的"保护人"和武装部队总司令。

拿破仑及其统率的法国军队何以能在此期欧洲大陆战场上连连取胜呢？对这一问题，学界一般认为主要有如下原因：首先，法国通过18世纪末的大革命，已经成为当时欧洲大陆上唯一的新兴资本主义国家。在这一新兴国家里，束缚生产力发展的封建枷锁已被打碎，工农业及军事工业和科学技术等都获得了较大的发展，这无疑为军事上的胜利提供了良好的物质条件；其次，拿破仑建立起来的能"把政府的法律和法令以电流般的速度传达到社会组织的基层去"的中央集权的官僚军事国家机器，既具有高度的行政效率，也为军事行动提供了很大的方便；再次，拿破仑的军队主要是由在法国大革命中获得了部分土地，或者取得了以前的土地完全所有权的农民组成的，由于《拿破仑法典》以法律的形式巩固了在大革命期间形成的农民小土地所有制，遂使法国农民感到自己的命运与拿破仑政权紧密相连。换言之，由于构成拿破仑军队主体的穿军装的法国农民感到自己是为保卫自身物质利益而战，因而往往能够在战斗中奋勇杀敌，在战场上充分表现出了那些君主制国家军队的士兵缺乏的主动性和勇敢；最后，拿破仑拥有独特的军事战略思想和出色的军事指挥才能。在拿破仑看来，作战行动的目标就是歼灭敌军兵力。他十分善于组织军队进行运动战，行动敏捷而机动，急速而坚决，且还擅长集中优势兵力发动大规模攻势，歼灭敌方有生力量。更值得一提的是，拿破仑治军赏罚分明，特别是能做到打破门第等级观念，大胆地从优秀士兵中提拔军官，使他们中的佼佼者有机会成为将军甚至元帅。此举无疑也有助于大大激发广大士兵的拼搏精神。

法兰西帝国的日益扩大，自然让其他欧洲列强无法善罢甘休。1806年秋，由英国提供经费，以俄普为中心的第四次反法联盟形成。因莱茵邦联建立而自感受到严重威胁，对拿破仑恨之入骨的普鲁士，在长期中立之后充当了此次反法联盟的急先锋。同年10月14日，从未与拿破仑军队交过手，向以欧洲最具战斗力军队自居的普军，在著名的耶拿会战中被拿破仑亲自指挥的军队打得落花流水。10月27日，法军直捣柏林，普王威廉三世犹如丧家之犬带着王室成员逃往东部边境。对此，德国大诗人海涅形象地描绘道："拿破仑一口气，就吹掉了普鲁士。"

出于多种考虑，拿破仑在打败欧洲四强之一的普鲁士后，竭力争取与沙俄妥协。不久，在俄军遭到拿破仑军队重创的情况下，沙皇亚历山大一世请求与拿破仑言和。6月25日，两位皇帝在涅曼河上特别搭建的华丽船筏上举行了第一次会晤。经过两个星期的会谈，7月7日和9日，拿破仑分别与俄、普签订了《提尔西特和约》。这一和约对普鲁士极其苛刻。普鲁士丧失了近一半的领土和人口，还要偿付法国一亿法郎的赔款，在赔款未付清前，法军将一直驻扎在普鲁士境内。普鲁士还须得参加拿破仑组织的大陆封锁体系。与此形成鲜明对照的是，和约对俄却十分宽容，丝毫不像是个针对战败者的和约。由于俄国答应结束与英国的合作，承认莱茵邦联和拿破仑在意大利、荷兰、德意志的一切安排，同时，俄国还与拿破仑达成了瓜分欧洲的默契。因此，俄国不仅寸土未失，反而得到原本为普鲁士所占领的一部分波兰领土。1807年11月7日，俄国对英宣战并加入大陆封锁体系。就这样，第四次反法联盟以拿破仑获得军事和外交胜利而瓦解。

随着第四次反法联盟灰飞烟灭，一个威震欧陆的法兰西大帝国已然呈现在世人面前：拿破仑本人除了是法兰西帝国皇帝外，还兼任意大利国王、莱茵联邦的"保护者"、瑞士联邦的仲裁者。他的3位兄弟约瑟夫、路易、热罗姆，分别担任了那不勒斯、荷兰与威斯特伐利亚的国王。他的军队占领了欧洲北部沿海地区的汉堡、不莱梅、卢卑克、但泽、科尼希斯贝格等重要港口。统率波兰军队的是他手下的达武元帅，担任波兰大公的是对他服服帖帖的萨克森国王。奥地利是在他面前忍气吞声的战败国，普鲁士正在遭受法军铁蹄的踩踏，原先不可一世的沙俄已成为其不平等的盟国。至于英国，似乎大可通过大陆封锁体系断绝它与欧洲大陆各国的来往。试问，法兰西何时有过如此广阔的疆域？欧洲有史以来又有几个君主拥有如此之大的权力？

帝国走向覆灭

法兰西帝国疆域不断扩大，拿破仑在国人中的声望与日俱增，人们甚至给这位未届不惑之年的伟大征服者冠上了"大帝"的称号。彼时的拿破仑，可谓是炎威逼人，目空一切。在他看来，似乎天下已无自己无法做到之事。因而，他没有理由不君临一切，控制一切。很快，拿破仑政权就凸显出了君主专制的固有特点：立法机构形同虚设，君主个人意志就是法律。

特别要指出的是，拿破仑在刚披上皇袍时，对帝王的高贵出身和皇帝的称号还不怎么介意，但随着法兰西大帝国建立与自身地位巩固，这位"马背上的罗伯斯庇尔"，亦开始疏远和背离大革命原则，并在表现出越来越强烈的帝王思想的同时，逐渐地显示出屈服于正统主义原则的倾向。由于希冀所创始的王朝后继有人，让自己更像一个正统皇朝的皇帝，拿破仑不惜休掉未曾给他生下一男半女，已无生育能力的皇后约瑟芬，迎娶奥地利公主玛丽·路易丝。在迎娶奥地利公主之前，他还大张旗鼓地建立了"帝国贵族"制度。为能与欧洲其他宫廷相媲美，拿破仑还恢复了波旁王朝繁琐的朝仪，不时举行穷极奢华的各种典礼与舞会。

此外，在把欧洲闹得天翻地覆的过程中，拿破仑也逐渐由旧制度的破坏者与各国人民的解放者，蜕变为拥有无限征服野心的侵略者。毋庸置疑，此时的拿破仑帝国是强盛的，但这种主要靠战争来维持的强盛，其实又必然是不稳固的、暂时的，一旦战争失利，帝国的衰落乃至倾覆，也就指日可待。后来的事实清楚不过地证明了这一点。而说到拿破仑帝国由盛而衰，就不能不提到他推行的大陆封锁政策及其招致的转折。

拿破仑在欧洲大陆固然几乎无往不胜，但面对海峡对岸的英国还是束手无策。法国在1805年10月特拉法加海战中的惨败清楚表明，法国在海上远非英国的对手。无奈之下，拿破仑在1806年11月、1807年12月先后签署了著名的"柏林敕令"和"米兰敕令"，禁止欧陆各国同英国有任何通商来往。显然，拿破仑企图用暴力迫使经济上远比法国强大的英国在这场经济封锁战中屈膝投降，并迫使欧洲大陆各国为之承担巨大的代价。英国虽然在初期受到了沉重打击，但很快就恢复了元气，而且，其经济力量在封锁期间甚至还得到了加强。与之相反，由于大陆封锁导致的原料不足和市场缩小，使法国原本就相对薄弱的工业生产雪上加霜，直至酿成经济危机。与此同时，不少欧陆国家因本国经济损失惨重，也对大陆封锁极度不满。

问题的严重性还不仅于此。若想使大陆封锁令不致成为一纸空文，拿破仑就必须控制住欧洲的所有海岸线，但这实际上是他力所不逮的。让他深为恼火的是，在大陆封锁期间，英国通过大规模走私活动，仍源源不断地将货物运往欧洲大陆，使大陆封锁体系形同虚设。而葡萄牙和西班牙所处的伊比利亚半岛漫长的海岸线，正是英国向欧陆走私的主要途径之一。于是，拿破仑遂决定发兵征服伊比利亚半岛。

1807 年 10 月，拿破仑借口葡萄牙拒绝对英宣战，与西班牙签订《枫丹白露条约》，瓜分葡萄牙。翌年 2 月，他又乘西班牙统治集团内讧之机，派缪拉元帅率兵进驻西班牙，迫使西班牙波旁王室把王位让给拿破仑的长兄约瑟夫。拿破仑的这些蛮横行径，激起了西班牙人民的极大愤慨。不久，首都马德里与各省相继爆发了武装起义。起初，拿破仑并没有把这些身着破衣烂衫、手持砍刀、铁棍或生锈枪支的西班牙农民、牧人、工匠放在眼里，认为他们只不过是不堪一击的乌合之众。未曾想到，正是这些为夺回自己家园而奋不顾身的"乌合之众"，竟打得法军将领杜邦在距马德里 160 英里的拜兰率近 2 万名法军官兵乖乖投降，导致拿破仑军队战无不胜的神话宣告破灭。在 6 年的时间里，西班牙人民通过广泛开展游击战争，拖住了几十万法军精锐部队，并在最后取得了胜利。西班牙人民在抗法斗争中表现出来的顽强精神与取得的成就，更是大大鼓舞了欧洲其他民族的人民，激励他们勇敢起来反抗拿破仑的统治。

拿破仑在伊比利亚半岛不断失利，也使奥地利等战败国鼓起了复仇的勇气，使它们开始认识到，拿破仑军队并非不可战胜。1809 年 1 月，奥地利与英国组成了第五次反法联盟。同年 4 月，奥军不宣而战，向法军发起进攻。5 月下旬，在著名的阿斯佩恩–埃斯林大会战中，法军败北。一般认为，这次失败比法军在拜兰的投降具有更为深刻的影响，因为它是在拿破仑亲自指挥下失败的，而拜兰之败似仍可归因于拿破仑的部下指挥不当。很快，整个德意志都因拿破仑在埃斯林的失败而骚动起来，拿破仑在这一地区的统治岌岌可危。不过他在同年7月的瓦格拉姆战役中，以伤亡2.7万人的惨重代价取得了决定性胜利，借此挽回了自己的声誉，迫使奥地利再次以失败者的身份乞和。

再次打败奥地利并战胜第五次反法联盟，促使拿破仑狂妄无际的征服野心重新受到鼓舞。随后不久，他不仅兼并了罗马教皇国，软禁了罗马教皇，还兼并了荷兰、汉萨同盟与奥耳登堡。至此，拿破仑大帝国在全欧洲拥有130个省以及共4300万"法国人"。

从表面上看，帝国的强盛在此时已达到顶点。然而，在"强盛"的外表之下，导致帝国大厦将倾的因素正越积越多：大陆封锁引发了法国的经济危机，本国的经济增长远远赶不上拿破仑政治和军事扩张的需要；被年复一年的对外战争弄得疲惫不堪的国人，已普遍开始厌倦战争。就连一些拿破仑的老近卫军也开始提出这样的疑问："为什么我们越来越远地往前开拔？战争究竟是为了什么？"强迫欧洲大陆严格执行大陆封锁体系的各个条款，禁止与英国通商的举措，使北海和波罗的海沿岸各国的贸易遭受灭顶之灾，导致这些国家对拿破仑极度痛恨；毫无希望的西班牙战争，正大量消耗着法国的人力、物力；而莱茵河彼岸的德意志民族，则正在酝酿一场反对拿破仑的大规模起义……

不过，其中最为严重的还是正在日趋激化的法俄矛盾。此期法俄矛盾的激化，首先也是由大陆封锁政策引起的。大陆封锁严重影响了俄国经济，这迫使沙皇下决心摆脱该体系对本国的束缚。1810年12月，沙皇下令，准许中立国的船只驶入俄国港口。此举的出台实际上无异于恢复了对英贸易。翌年，他又大大提高了对法国工业品的进口税。1812年4月，沙皇更是宣布全面开放俄国港口。由此，大量的英国货物由波罗的海涌入俄国，再由俄国广泛地流入德意志、奥地利、波兰和欧洲大陆各地，使大陆封锁体系近乎瘫痪。

按常理来说，作为主权国家的沙俄完全有权如此行事，但拿破仑对亚历山大一世在大陆封锁问题上的这种"背叛"乃至"敌对"行为，完全无法容忍。加之均有称霸野心的法俄两大强国，多年来在争夺土耳其、波兰和德意志问题上，本就存在着极为尖锐的矛盾，遂使拿破仑坚定了与俄国开战的决心。这时的拿破仑已根本容不得在其帝国边界上还有不被驯服的国家存在，他更深信，只有痛击沙皇亚历山大，迫使俄国俯首称臣，自己才能成为欧洲大陆名副其实的主宰，才能最后战胜英国，称霸世界。已变得越来越狂妄无际的拿破仑当时甚至对警务大臣富歇扬言：

> 我要把目前仅仅还是计划中的一切付诸实现。我们应当有一部欧洲法典，一个欧洲的最高法院，一种统一的欧洲钱币，统一的度量衡，统一的法律。应当由我把欧洲各国人民变成一个统一的人民，巴黎要成为世界的首都。

为了实现这一他心目中的"唯一理想的结局"，拿破仑不仅无视了法兰西帝国的根基已在动摇的现实，还罔顾自己身边那些尚能理智思考问题者的强烈反对，孤注一掷地为发动一场规模空前的对俄战争做起了准备。

1812年6月24日，拿破仑亲自统率61万大军越过涅曼河，开向幅员辽阔的俄国，并于8月17日晚开始攻占通往莫斯科的重镇斯摩棱斯克。正是在这里，法军受到了俄军的顽强抵抗，双方均损失惨重。俄军在撤退前烧毁了全城，给法军留下了一座火光冲天、尸积如山的空城。斯摩棱斯克之战结束后，俄军为保存实力采取了退却战术，而法军则继续追击。9月5日，被沙皇再度起用不久的老将库图佐夫统率的俄军，在莫斯科附近的博罗迪诺与拿破仑军队展开了一场异常激烈的血战，双方伤亡均在4万人以上。9月14日，当法军进入莫斯科时，发现它已是一座死寂的空城。当晚，当时仍以木质建筑为主的莫斯科发生大火，连续3天不熄——后来的证据表明，这场整整烧了3天的大火乃是俄方的既定行动。此时，放弃莫斯科后的俄军已不再后撤，而是调整兵力，伺机反攻。可以说，拿破仑实际上已被围困在莫斯科。

迫于无奈，拿破仑连续3次派遣使臣向沙皇求和，但均被亚历山大一世断然拒绝。就这样，拿破仑在莫斯科度过了求和不成，欲战不能的5个星期。随着严寒的冬季即将到来，自知已失去战机的拿破仑不得不进行战略撤退。10月19日，法军开始从莫斯科撤出，沿途不时受到库图佐夫部队、哥萨克骑兵和农民游击队的夹击，狼狈不堪。撤退途中，拿破仑惊闻巴黎发生政变未遂的消息，心急火燎的他决定把军队交给缪拉指挥，自己则在几名亲信的陪同下昼夜兼程，先行返国。巴黎发生的未遂政变，昭示着拿破仑的皇座已开始动摇，而对俄国劳师远征之失败的后果更是灾难性的。俄国此次战争的胜利极大鼓舞了欧洲其他国家的人民，法兰西帝国的覆灭指日可待。

1813年初，俄、英、普、西、葡、瑞典等国结成第六次反法同盟。同年8月，就连与拿破仑有姻亲关系的奥地利也加入该同盟。在半年多时间里，双方几度交手，互有胜负。但在同年10月16—19日的莱比锡会战（史称"民族之战"）中，联军以32万人的压倒性优势对抗16万法军，一向站在法国方面的萨克森军队也在大战方酣之际于阵前倒戈，最终造成法军一败涂地。拿破仑被迫率领残部退回莱茵河左岸。莱比锡会战后，法兰西大帝国土崩瓦解。德意志各邦和荷兰等地相继摆脱拿破仑的统治，西班牙也被英军占领。不久，战火燃烧到法国境内。面对大军压境，拿破仑作为法兰西战役的直接组织者和指挥者，施展了他的全部精力与军事才能，连打了几个漂亮仗，以至于一位同时代人情不自禁夸赞道："遭受欧洲各国军队铺天盖地从四面八方追击着的皇帝，像一头雄狮那样进行战斗，忽而向这边冲去，忽而向那面冲去，以运动的惊人速度战胜他们的策略，使他们的计划落空，使他们筋疲力尽。"

反法联军屡遭败绩后，被迫改变策略，竭力避免与拿破仑正面交战，而以压倒性优势的兵力直接向巴黎进攻。1814年3月29日，反法联军兵临巴黎城下。次日，因无法抵挡反法联军的猛烈进攻，负责保卫首都的马尔蒙元帅率部投降。正带领近卫军赶回巴黎解围的拿破仑闻讯后大惊失色。3月31日，沙皇与普鲁士国王进入巴黎，浩浩荡荡的俄普奥军队开始沿着香榭丽舍大街或在巴黎城西的布洛涅森林公园等地安营扎寨。4月1日，在英、俄、奥、普四国的策划下，法国组成了以"政坛不倒翁"著称的前外交大臣塔列朗为首的临时政府。4月3日，元老院和立法院联名宣布废黜拿破仑。但是，拿破仑并不想屈服，可让他又惊又恼的是，他手下的元帅们不仅拒绝出战，反而还纷纷劝他退位。至此，拿破仑才深感大势已去。4月6日，他违心地签署了退位诏书。同日，早就以路易十八自居的普罗旺斯伯爵借助反法联军的刺刀登上了王位。4月11日，拿破仑同奥地利、普鲁士、俄国签订了《枫丹白露条约》。根据这一条约，拿破仑皇帝及其家族"放弃对法兰西帝国、意大利王国和其他国家的一切主权和统治权"；拿破仑终身保留皇帝的称号，拿破仑家族成员保留亲王的称号；拿破仑皇帝拥有厄尔巴岛的完全主权和所有权，每年领取200万法郎的年金。4月28日，拿破仑登上英国军舰，前往厄尔巴岛去"统治"这个介于他的故乡科西嘉和意大利之间的地中海小岛——名为皇帝，实为囚徒。

一个曾经威震欧陆的法兰西帝国，就这样覆灭了吗？答案基本上是肯定的。虽然拿破仑的传奇至少还有一篇不可或缺的"光荣的后记"，即震惊世界的"百日崛起"，但随着拿破仑在发生于1815年6月18日的著名的滑铁卢战役中，败在了第七次反法联盟的联军手中，"百日"插曲很快就以帝国的再度瓦解告终。37年后，另一个法兰西帝国在另一个"拿破仑"手中得到建立。也正因为如此，后来的人们在提及这两个帝国时不得不在"帝国"两字前分别加上"法兰西第一"或"法兰西第二"之类的限定词。当然，此乃后话。

如何评价拿破仑及其帝国？围绕这一问题，近二百年来，一代又一代的历史学家与各式人等可谓是做足了文章。有人用最动听的言辞赞美他，也有人用最毒辣之语诋毁他。其实，拿破仑既不是仁慈万能的上帝，也不是邪恶狰狞的魔鬼，而是一个集大善与大恶于一身的活生生的人。他既给法国带来了巨大的荣耀，也给法国造成了惨重的灾难。他在把欧洲闹得天翻地覆的过程中，始则是旧制度的破坏者与各国人民的解放者，后来却又蜕变为怀有无限征服野心的侵略者。不过，就总体而言，拿破仑的侄子，同样在法国近代史上扮演过重要角色的拿破仑三世在早年撰写的《拿破仑的观念》一书中的评价——"倘若没有执政府与帝国，革命就不过只是一场仅留下重大记忆，但没留下多少痕迹的伟大的戏剧"——的确还是值得重视乃至认同的。事实上，经常被人誉为"马背上的罗伯斯庇尔"的拿破仑，无疑是一位进步的君主，在其统治的15年里，他从大革命的遗产里提取了现代法国坚实的骨架，并通过拿破仑战争把大革命的震荡波，尤其是自由的观念几乎传遍了整个欧洲，给欧洲国家的发展进程带来了难以磨灭的影响。

从大国兴衰变化角度观之，拿破仑帝国的兴亡更是能让人感慨万千，产生诸多联想及思考。对于曾经威震欧陆的拿破仑帝国为何会始则由盛转衰，继而轰然垮台这一问题，人们大可见仁见智，给出不同解释，但不管做何解释，有一点似乎是无论如何也不能忽略的，这就是：拿破仑帝国是"成也战争，败也战争"。事实确乎如此，虽然帝国的强盛与拿破仑在制度创新与稳定国内秩序方面多有创获不无关系，但它们更多地是由持续不断的对外战争的胜利来获得和维持的，而这种主要靠战争来维持的强盛必然是不稳固的、暂时的。拿破仑上台后，尤其是在被一系列的军事胜利冲昏头脑后，他穷兵黩武，征战不休，妄想统治全欧洲，致使一些欧洲国家一次又一次地结成反法联盟，也耗尽了法国的人力、物力和财力。如果说战场上的一时胜利尚能使拿破仑帝国暂时被罩上"强盛无比"的光环，那么，一旦战争失利，帝国的衰落乃至倾覆也就指日可待。后来的历史也清楚地证明了这一点。此外，拿破仑及其帝国的垮台还昭示了这样一种历史规律：任何人，即使像拿破仑这样的军事天才，一旦被一系列的军事胜利冲昏头脑，企图建立整个欧洲的霸权时，将难逃最终失败的厄运。无论一个国家强盛到何种程度，只要它穷兵黩武，逞强称霸，就一定会由盛转衰，其竭尽全力建立起来的大帝国注定将土崩瓦解。

第四章

两大帝国间的退缩

退回大革命前的边界

从威震欧陆的拿破仑帝国轰然垮台，到19世纪中叶另一个法兰西帝国出现，法国在其强盛之路上进入了一个三十来年的退缩阶段，具体时间大致以1815年和1848年为起讫。这一阶段中最引人瞩目的，是法国失去了它在大革命爆发以来通过战争占领的一切地方。不少法国人多年来梦寐以求的"自然疆界"得而复失，遑论法国在"自然疆界"之外获得的领土。总的来说，战败的法国已差不多重新回到了大革命前的疆界，也即被迫返回到了六角形边界。

平心而论，由于一些复杂因素，反法同盟成员国打的都是"正统主义原则"旗号，即"自己只是同'篡权者'拿破仑而不是同法国作战"，且获胜后也有意遵守这一表态或承诺，因而对作为战败者的法国而言，在1814年5月30日签订的第一项《巴黎条约》堪称"宽大处理"：法国保住了1792年的疆界，既不用支付战争赔款，也不会受到外国军事占领，而且没有提及法国得交还拿破仑从欧洲各地掠夺而来的艺术珍品。这一《巴黎条约》还规定，在两个月之内，欧洲各国将在维也纳召开会议，以便重新规划已被拿破仑的战剑划得面目全非的欧洲政治版图，法国甚至可以作为平等的大国出席维也纳会议。当然，这一结果的取得，实际上也有塔列朗个人的功劳。彼时，有着"政坛不倒翁"之称的他，已从拿破仑帝国的外交大臣摇身一变成了波旁复辟王朝的外交大臣，并在以这一新身份与其他欧洲大国谈判时，使尽浑身解数为法国争取"宽大处理"。

拿破仑在"百日"插曲中的东山再起，特别是重新进入巴黎杜伊勒里宫，让正在维也纳开会、还因分配战利品矛盾而剑拔弩张的欧洲各国君主与政府首脑，犹如五雷轰顶。为共同制服这个"科西嘉怪物"，他们立即把有关瓜分战利品，尤其是领土划分的争吵暂时搁在一边，匆忙宣布拿破仑为"人类之敌"，并迅速地组成第七次反法同盟。1815年6月18日的"滑铁卢之败"，导致拿破仑被迫签署了第二次退位诏书，结束所谓"百日王朝"的统治。

拿破仑的第二次退位昭示着法国经历了更加彻底的失败，也预示着签订和约的条件必然更为苛刻。时任枢密院主席兼外交大臣的塔列朗，深知新的签约谈判将艰难无比，代表法国的谈判者也必将承受滚滚骂名，遂在反法联盟把对法国苛刻之极的第二项《巴黎条约》草案交给法方时断然拒绝，并向路易十八提交了辞呈。故此，刚被路易十八任命为新首相的黎塞留公爵成了代表战败的法国与力图"惩罚"法国的战胜国进行谈判的法国人。

经过异常艰难的谈判，1815年11月，黎塞留与战胜国签订了第二项《巴黎条约》。较之第一项《巴黎条约》，此次《巴黎条约》显然要苛刻很多。它规定：法国的领土回到1790年1月1日的边界，割让萨尔给普鲁士，朗道划归巴伐利亚，北方的菲利浦维尔、马里安堡要塞归荷兰；法国需向反法联盟成员国支付7亿法郎的赔款，外加须归还前政府向各国私人举贷的债款2亿4千万法郎；反法联军15万人占领法国东部和北部海陆要塞3年至5年，所需占领费用（每年1.5亿法郎）由法国承担；法国还必须归还从别国掠夺来的艺术品。

拿破仑帝国垮台后在法国卷土重来的波旁王朝，显然是凭借反法联盟的胜利，才得以实现复辟的。1814年4月6日，在拿破仑因战败首次被迫签署退位诏书那天，元老院在反法联盟授意下通过新宪法，宣布法国为世袭君主制，同时召唤早就以路易十八自居的普罗旺斯伯爵归国登基。波旁王朝的首次复辟很快因拿破仑的东山再起画上了句号。但在拿破仑兵败滑铁卢之后，它得以第二次在法国复辟。1815年7月8日，路易十八乘坐反法联军的辎重车，进入反法联军占领下的巴黎，再即王位。

既然是靠反法联军刺刀才得以重新统治，复辟的波旁王朝对反法联盟表现出卑躬屈膝态度也就不足为奇了，他们还力图满足后者提出的各种苛刻要求，当务之急便是设法筹措和缴纳赔款。出于这一考虑，复辟王朝政府很快在国内大量发行公债。与此同时，为表示对波旁王朝的支持，欧洲各君主国，尤其是英国也为此慷慨解囊。经过多方努力，法国在1818年提前偿清了7亿法郎的赔款。于是，驻扎在法国的外国占领军也于当年的11月全部撤走。而且，俄普奥英等国为表示友善，还力邀已偿清赔款的法国加入1815年11月成立的"四国同盟",参与维持维也纳会议确定的欧洲政治格局。

复辟时期的法国就总体来看,在对外事务上没有,也无力去推行积极的对外政策。彼时,一些欧洲国家因仍对大革命和拿破仑时代法国的大肆扩张记忆犹新而心存戒备,执意将法国置于严密监督之下,绝不允许它在欧洲再有任何开疆拓土之举。为使这些国家安心,波旁王朝政府基本上奉行了和平政策。法国在19世纪20年代的几次出兵,也都是俯首听命于"神圣同盟"旨意的结果。例如,1823年4月,法国根据"神圣同盟"的决定,向西班牙派出了由昂古列姆公爵统率的10万大军,扼杀了那里所发生的革命,并把因疯狂镇压本国民众而声名狼藉的斐迪南七世重新扶上王位。1827年,法国还伙同俄英两国对希腊进行了武装干涉。波旁复辟王朝时期法国在国际舞台上的最后一次行动,是出兵北非,征服阿尔及利亚。1830年6月,濒临覆灭的查理十世政府为转移国内人民的视线,悍然派军队侵入阿尔及利亚,还在7月5日攻陷了阿尔及利亚首都阿尔及尔。

波旁王朝的终结

波旁复辟王朝对外无力推行积极的政策,很大程度上是由当时法国国力极其虚弱的现实决定的。而这种国力的虚弱,除了劳民伤财的拿破仑战争带给法国的严重损失外,也与法国在整个复辟时期的经济发展基本乏善可陈,政治统治又较为保守和反动有密切关系。

当路易十八回国登基，波旁王室的白百合花旗在六边形土地上空重新飘荡时，属于极端君主派的著名思想家德·迈斯特尔伤感地如是写道："如果认为法国国王是重新登上他祖先的宝座，那就错了。他不过是重新登上了拿破仑的宝座。"此话深刻揭示了一种不争的事实：1814年的法国已经不是1789年以前的法国，革命已使六边形国土发生了翻天覆地的变化，复辟后的波旁王朝必须正视这一切。

应该说，路易十八尚算一名识时务者，他深知自己不可能完全恢复大革命以前的那种社会制度和国家制度，同时也明白，与新体制和新的支配阶级实行必要妥协，才是自己最为明智的抉择。于是，1814年5月2日，亦即进入巴黎的前一天，路易十八在巴黎西北部不远的小镇圣多昂发表了著名的"圣多昂宣言"，在表示自己不可能全盘接受元老院给他定下的各项准则的同时，允诺将保证制定一部自由主义宪法，尊重民主宪政，绝不搞秋后算账。同年6月4日，路易十八签署了他曾表示要"钦赐"的一个宪章，这就是法国近现代宪政史上颇为重要的《1814年宪章》。无疑，这一历史性的文件是波旁复辟王朝代表的"旧制度"与产生于1789年革命的社会相互妥协的产物。在它的74项条款中，既表现出对大革命成果的让步，又反映出正统意识以及恢复旧制度的倾向。

法国民众对波旁复辟王朝的确并无好感，因为这是反法联盟强加给法国的，那些飞扬跋扈的外国人，还以此作为实现和平与从法国领土撤军的条件。不过，即便如此，只要路易十八不恢复特权阶级在"旧制度"时的种种特权，不再征收什一税和各种封建租税，早就期盼过上远离战火的安靖日子的广大民众，对这个政权还是会听之任之的。然而，跟着路易十八一起回到巴黎的最顽固的保王党亡命分子，却压根不想满足这一最低限度的要求。这些在1789年革命爆发后的25年中，"什么也没有忘记，什么也没有学会"的保王党人，在百倍的疯狂和仇恨驱使下，力图夺回他们在大革命中失去的一切。这些人的倒行逆施，引起了广大人民的恐惧和愤怒。诚然，广大民众在过去曾不满拿破仑的专制统治，但而今波旁王朝的统治，更令他们深恶痛绝。由此，他们自然而然地怀念起远在厄尔巴岛的法兰西皇帝。正是这种人心向背，使既拥有庞大军队，又获得欧洲各国君主全力支持的波旁王朝，竟在1815年3月的几星期中，被拿破仑率领的人马不费一枪一弹就轻而易举地彻底摧毁。这一切，绝对可谓是个"奇迹"，但这一奇迹的创造者，与其说是拿破仑等人，毋宁说是那些使波旁王朝更加不得人心的保王党亡命分子。

拿破仑东山再起后，重新统治法国近100天，史称"百日王朝"。重新成为法兰西皇帝的拿破仑，已从法兰西大帝国的失败中吸取了不少教训。于是，他多次声言，重建的帝国将与过去不同，其要旨是保证和平和自由。为赢得大多数国人的支持，拿破仑废除了波旁王朝在复辟后颁发的各项危害革命成果的法令。他在自由派思想家本雅曼·龚斯当协助下起草，并于1815

年4月22日颁布的《帝国宪法补充条款》，更是值得充分关注。这一在"百日王朝"期间颁布的重要法律文本，甚至还时常被一些人誉为"1815年版《人权与公民权宣言》"。

滑铁卢之败后，拿破仑再次退位，波旁王朝再次复辟。路易十八固然信誓旦旦地表示，要宽恕"走入迷途的法国人"，但在再度复辟后，卷土重来的封建反动势力在六边形国土上，穷凶极恶地实行了白色恐怖。为审讯大批的革命者和帝国的同情分子，波旁王朝专门设立了军事法庭和特别法庭。一些当年的"弑君者"，也即曾经投票赞同处死路易十六的国民公会议员，以及在"百日"期间投向拿破仑的将领，尤其难以幸免。

如果说在路易十八统治时，波旁王朝在法国还曾有过君主立宪制的"自由主义尝试"，那么长期充当极端保王派首领的路易十八的王弟阿图瓦伯爵以查理十世称号继位后，波旁王朝便变本加厉地进一步恢复以"王位和祭坛"为社会架构主要骨架的"神权政治"，丧心病狂地进行反攻倒算。例如，1825年4月颁布的《亵渎圣物治罪法》规定，对亵渎圣体者处以死刑，对盗窃宗教物品者处以终身苦役，国王可以任意指示建立一些教团。与此同时，查理十世还颁布了《关于补偿亡命贵族十亿法郎》的法令，"慷慨地"赔偿逃亡贵族在大革命中的财产损失。每位逃亡贵族据此可得到相当于他在1789年从自己财产上所得收入20倍的财富。1826年，极端保王派在查理十世怂恿下，提出在最富裕的家庭里恢复"长子继承权"。翌年，他们又提出所谓《正义和仁爱法》，意欲对所有出版物课以重税，使之若无官方支持就难以为继。凡此种种，造成整个社会对当局产生严重不满的情绪，而这种不满情绪，又由于接踵而来的经济危机显得更为剧烈。

1830年初，迫于议员和全国民众的强烈要求，长期不敢召开议会的查理十世不得不同意召开议会。3月2日，议会开幕。议员们在会上慷慨激昂地对当时执政的波利尼亚克内阁予以抨击。3月18日，议会向国王呈交了一份由221名议员联名签署的致词。这一史称《221人致词》的历史性文件，明确不过地表达了要求推翻一个不得人心政府的意愿。更重要的是，它提出了以代议制取代查理十世及其追随者竭力复辟的旧制度。

面对议员们提出的建立代议制的正式要求，查理十世断然拒绝，同时还下令让不甚听话的议会休会。5月16日，查理十世干脆解散了众议院。在解散议会时，国王原以为波利尼亚克内阁刚在阿尔及利亚发动了一次顺利的战役后，威望会有所上升，其支持者能在新的选举中取胜。孰料，在6月底7月初进行的选举，却以波利尼亚克内阁支持者的彻底失败而告终。这一选举结果让查理十世目瞪口呆，但执迷不悟的他不久就决定，要不顾一切地硬干下去。

7月25日，查理十世签署了四道敕令。第一道敕令是取消出版自由，唯有得到批准的报刊方可出版，凡违背法律的报纸，其所属报社的印刷机和铅字将被没收或不得再使用。第二道敕令是宣布新的选举无效，解散新议会。第三道敕令是实行新的选举法，今后只有土地所有者拥有选举权，商人缴纳的营业税不再算作选举的财产资格。第四道敕令确定下次选举在9月分两级举行。正是这些纯属倒行逆施的敕令，立即成了点燃七月革命的导火线。

7月26日，官方报纸《导报》公布了这四道敕令后，马上引起了资产阶级、学生、工人群众的强烈不满，点燃了人民愤怒的火焰。是日，一些资产阶级新闻记者、报纸编辑聚在《国民报》编辑部举行集会，表示将不会理会国王敕令，第二日照常出报。《国民报》的创办者梯也尔，显然充当着他们中间的"领头人"。他大笔一挥，以《国民报》编辑部名义草拟了书面抗议："政府违反了法制，我们可以不服从……政府现在丧失了合法性……我们将反抗它。"

上述言辞不啻起义的宣言。梯也尔在放下笔后，即对满屋子的同行慷慨陈词道："你们知道，抗议书下会摆着颗颗人头。好，交出我的。"话音刚落，他便第一个在抗议书上签名。当天，成千上万的工人、手工业者、职员、小商人、退伍军官和部分士兵，在巴黎自发地举行声势浩大的群众集会和示威游行。"打倒波利尼亚克！""打倒波旁王朝！""宪章万岁！""自由万岁！"之类的口号，响彻巴黎上空。

随着示威群众和前来镇压的国王军队之间的冲突愈演愈烈，7月27日，巴黎终于爆发了起义。当天深夜，在戈德弗鲁瓦·卡芬雅克和综合理工学院青年学生领导下，巴黎的不少街道上筑起了街垒。起义者们手持白天从枪支商店抢来的武器，同国王军队作战。从7月28日清晨开始，起义范围迅速地扩大。中午时分，巴黎圣母院的钟楼上引人注目地飘扬着三色旗。8万多名起义者与前来镇压的王室军队展开了激战。在战斗过程中，占据旺多姆广场的王室军队的一些官兵临阵倒戈，使驻守在卢浮宫和杜伊勒里宫的王室军队慌乱不已。7月29日，起义者向卢浮宫和杜伊勒里宫发起攻击。当天中午，卢浮宫和杜伊勒里宫被起义者所占领。当时，塔列朗通过其住所的窗子目睹了这历史性的一幕后看了看怀表，然后说道："12时零5分，波旁王朝已经停止统治了。"

从起义爆发到最终取得七月革命的胜利，共历时3天。在法国史学家笔下，这3天是"光荣的三日"。随着七月革命的胜利，一个新的王朝——七月王朝即将在法国诞生，与此同时，波旁王朝在法国长达两百多年的统治，永远地被画上了句号。

三色旗君主政体

七月王朝时期的法国，在国力与国际地位方面，虽然均要明显胜于波旁复辟王朝时期，但距被重新称之为强国，显然还相去甚远。换言之，这一时期的法国，仍处于始自1815年的退缩期当中。关于这一局面的成因，固然有多种解释，但无论如何，它首先与七月王朝的社会政治制度以及奉行的内外政策息息相关。

被大资产阶级借助巴黎人民起义胜利推上王位的奥尔良公爵路易·菲利普，系波旁王族的后裔，其远祖是路易十四之弟。

与其他波旁王族后裔有所不同，他的父亲"菲利普-平等"曾在大革命时期主动放弃贵族头衔，且在国民公会中赞成处决路易十六；至于他本人，则参加过保卫革命的热马普战役，在随复辟王朝回国后，也始终与资产阶级自由派往来密切。显然，在法国资产阶级眼里，此公的确是取代查理十世的不二人选。为此，梯也尔在7月30日的《国民报》上发表了一篇他本人起草的宣言，内称："查理十世不能再回巴黎了，因为他是屠杀人民的凶手。然而，建立共和制会使我们与欧洲不和，引起致命的纠纷。奥尔良公爵在战火中高举过三色旗，是唯一能够再次高举三色旗的人；他将从人民那里接过王冠。"

当梯也尔为奥尔良公爵大造舆论，并得到众多自由派议员的支持时，奥尔良公爵本人正避居纳伊，静观事态发展。深感在政坛上将时来运转的梯也尔，自告奋勇前去纳伊充当说客。当天，他在首相拉菲特的派遣下求见奥尔良公爵。7月31日，奥尔良公爵进入巴黎，议会任命他为"王国摄政"。然后，一些议员立即把他带到市政厅，这时候，起义工人们正在那里准备建立共和国。在拉法耶特将军的陪同下，奥尔良公爵挥舞着三色旗出现在阳台上。就这样，通过这一重续1789年传统的象征行为，工人群众和共和派期望建立的共和制，遂被大资产阶级"偷换"成了君主制。

随着新王朝的建立，三色旗被恢复为国旗，王家盾形纹章和国家印章中也取消了原有的百合花图案；报刊也不用事先接受审查了；引人注目的是，天主教又从"国教"改为"大多数人民的宗教"，此举意味着法国人既可以信犹太教、新教，也可以不信教，借用伏尔泰的话来说，从此以后每一个法国人都可"沿着自己所喜欢的道路进入天堂"了。新王朝倡导的这种宗教平等，极大地平息了七月革命中一度迸发出来的激烈反教权主义情绪。

不过，作为一个三色旗的君主政体，七月王朝虽自称是全民族的王朝，但其依托的阶级基础却狭隘之极。当时，选民的资格是根据纳税额来确定的。1830 年，在 3000 万法国人中，约有 100 万人缴纳营业税，但其中只有 10 万人有投票权。这表明人数众多的中小资产阶级被排斥在选民之外，更遑论广大的工人、农民、小手工业者。由于"合法国民"，也即享有选举权的公民群体过于狭窄，1831 年 4 月的选举法将选举的财产资格从纳税 500 法郎降至 200 法郎；"才学之士"，即科学院院士、医生、科学家、退休军官等为 100 法郎；当选人财产资格从 1000 法郎降至 500 法郎。尽管如此，选民人数也不过从原先的 10 万人增至 16.8 万人。

总之，如果说该选举法为城市中等资产阶级参与国事打开了一道门缝，那么小资产阶级面对的依然是闭门羹。这也意味着，这只是一个让大资产阶级感到得心应手的制度。也正因为如此，七月王朝始终受到左右夹击。来自右翼的反对派是被暴力排斥于现政权之外的正统派，他们念念不忘的，就是复辟正统的波旁王朝；来自左翼的反对派则是共和派，后者此期在知识分子、自由职业者、新闻记者和某些军人中，均拥有为数不少的追随者。

七月王朝最初的两任首相，即拉菲特与佩里埃都是大银行家，他们分别代表着大资产阶级君主立宪派中的两股政治势力："运动派"（即改革派）和"抗拒派"（即反改革派）。在前者眼里，1830年的七月革命只是民主化运动的起点，今后还应该继续改革，他们对内主张降低选举权的财产资格，适当地扩大选举权；对外则主张废除1815年反法联盟强加给法国的第二项《巴黎条约》，积极地支持欧洲革命运动。而在后者看来，由两院联席会议在1830年8月7日通过的新宪章是一个终点，一个句号，坚决维护建立在该宪章基础上的"和平与稳定"，乃是不容置疑的最高目标，无论是谁危害这种"和平与稳定"，均应严惩不贷。

如果说在新王朝刚开始建立时，"运动派"尚略占上风的话，那么，在后来占据七月王朝政坛的却一直是"抗拒派"人士。自佩里埃于1832年5月6日因霍乱暴卒到1836年初，法国政府的首相如走马灯似地变换。不过，透过此期扑朔迷离的人事更替，人们还是不难发现，操控法国政局的基本上是"抗拒派"里的三位显赫人物，人称"三驾马车"的布罗伊公爵、梯也尔和基佐。

始自19世纪30年代中期，一直想既统又治的国王路易·菲利普，在觉得自身统治逐渐稳固后，越来越明目张胆地干预和操纵内阁，排斥与他意见相左的大臣。在着力把七月王朝引向专制道路的过程中，路易·菲利普使尽手段，在支配着政坛的"抗拒派"内部挑拨离间，使其一分为三，然后再分别把它们玩弄于股掌之上。"抗拒派"内部新形成的这三派分别是以梯也尔为首的中左派，以基佐为首的中右派和以安德烈·杜班为首的"第三党"。中左派经常以代议制政府的维护者自居，摆出一副反对国王个人专权的架势，借此蛊惑群众，实际上这些人真正追求的，也不过是满足个人的权势欲望而已；中右派大力鼓吹在秩序之中才能求得发展，并主张为保证秩序不惜让国王擅权；至于"第三党"，更是一个典型的无纲领、无原则，纯粹以谋求内阁官位为目的的派别。

在整个19世纪30年代，主张国王应"统而不治"，同时不时以顶撞国王捞取薄名的梯也尔，尚还有机会执掌权柄，但从1840年10月起，也就是在其第二届内阁垮台后，梯也尔已被路易·菲利普完全撇在一边。与此同时，经常宣称国王不仅要统，而且要治的基佐，开始成为国王最为倚重的"左右手"。在1840年10月27日组成的新内阁中，担任首相的虽为年迈的苏尔特元帅，但实际掌握内阁大权者，是身为外交大臣的基佐。就这样，在长达7年的时间里，基佐始终以外交大臣之名行首相之实。1847年9月，在苏尔特因老朽不堪辞去首相职务后，基佐正式坐上了首相的宝座。

作为史学家出身的政治家，基佐在相当年轻的时候就在学界、政界扮演过重要角色。而且，早在波旁王朝第一次复辟时，他就因机缘巧合和"贵人"力荐，得以充当时任内政大臣的秘书长，并参与了1814年宪章的起草。拿破仑东山再起后，基佐与其他立宪君主主义者一样，并不认为东山再起的拿破仑会长久。不过，"百日王朝"的出现，却迫使基佐不得不辞去秘书长职务，重新回到书斋。对基佐来说，幸运的是，卷土重来的拿破仑政权犹如昙花一现，波旁王朝再度复辟，由此，基佐也得以被再次起用。然而，由于他的政治理念多含自由主义成分，导致他在此期的两次任职，都因极端保王派施加压力而被罢免。不过，尽管基佐因此遭遇了其政治生涯中的第一个"低潮期"，但他并未消沉，更不愿抛弃自己一直坚守的这一信念，即法国能够并将拥有自由制度。在暂别政治舞台期间，基佐一直在埋头写作，完成了多部堪称经典的重要著作。

需特别指出的是，基佐还是复辟王朝时期颇为活跃的"信条派"（旧译"空论派"）的主要代表。"信条派"谈不上是一个政党，充其量不过是由一群杰出的政治精英和知识分子组成的派别。起初，其成员仅有鲁瓦耶-科拉尔等屈指可数的几位。由于规模小到似乎一张长背靠椅就能坐下所有成员，导致其政敌常以"长背靠椅上的哲人"来奚落他们。

不过，虽然信条派规模不大，能量却不容小觑。当时，该派成员普遍以其非凡的智力优势，在法国知识界和政界持续发挥着举足轻重的作用。到了后来，信条派日益以更年轻并充满活力的基佐为新一代领军人物。信条派新老成员间既鲜明又不谋而合的政治思想和理念，是他们得以紧紧联结在一起的纽带和根基。而且，他们所尊奉的都是"中庸"①路线。具体来讲，

----

① juste milieu，一译"不偏不倚的"。

便是既反对君权神授，又反对人民拥有权力。为此，他们力求在资产阶级和绝对专制王权之间寻求一个"黄金般弥足珍贵的中介地带"。与此同时，他们还厌恶一切"极字号"的政治理念，认为唯有"中庸"之道，才能避免极端主义侵蚀社会，防止社会的冲突。换言之，他们的目标可归结为"在动荡不安的社会中调和自由与秩序"。

在七月王朝时期受到重用的基佐的类似政治主张，其实早在他于1837年5月在众议院发表的演说中就已和盘托出。当时他明确宣布："我愿意，我寻求，我尽己所能致力于资产阶级的政治优势，把他们自1789年至1830年对特权与专制政权的伟大胜利一劳永逸地、正常地巩固起来。"从基佐大权在握时的所作所为来看，这位史学家出身的政治家并未食言，他确实为确立资产阶级的政治优势做了其力所能及的一切。不过严格地说，此处的资产阶级并非整个资产阶级，不过是其中高高在上的那一部分，也即大资产阶级，特别是金融资产阶级。为了维护大资产阶级的政治优势，基佐百般赞颂七月王朝的政治制度，乃至公然宣称此期的法国人正"生活在前所未有的最自由的社会环境中……所有的人都凭着汗水和战功获得晋升"。人们所提出的一切有关选举制和议会制的改革建议，不论是来自奥尔良派①还是激进派，都被他断然拒绝。当众议院里有人提出降低选举财产资格的提案时，基佐竟在大庭广众之下以嘲讽的口气答复

_____

① 指支持奥尔良王朝的君主立宪派人士。

说："诸位先生们，快快去发财吧！发了财就可以成为选民了。"

至于基佐的社会经济政策，也明显地偏袒大资产阶级，特别是金融资产阶级的利益。如向各大商业公司发放巨额津贴和奖金，把大量资本投入金融信贷。为使金融资产阶级尽快获得财富，他甚至不顾法国的实际情况，不遗余力地为他们提供种种投机牟利的机会。基佐在这方面的言行，不可避免地引起了广大中小资产阶级和工人、农民的强烈不满。就连大资产阶级中的工业资本家，也因基佐过多地关照金融资本家的利益，而对他怨言不断。

在对外政策方面，因国力所限，长期由基佐所掌控的七月王朝的表现，大致可概括为"言行不一，时软时硬"。与国王路易·菲利普一样，基佐很早就清楚意识到，若要巩固七月王朝的统治，就必须重新树立法国的国威，而这势必包含着尽快彻底消除拿破仑失败给法国带来的屈辱，不再像波旁复辟王朝那样对其他欧洲列强卑躬屈膝、言听计从。然而，鉴于法国当时的国力有限，尤其是与因工业革命的突飞猛进而国力大增的英国的差距明显拉大，基佐等七月王朝的政治家们，在这一问题上的公开态度始终颇为谨慎。例如，基佐在接任外交大臣时曾宣称："我们不想谈论制服、战争和复仇。让法国繁荣吧，让它自由、富裕、聪明起来和无忧无虑吧——我们不会因为它对世界大事不发生影响而惋惜的。我们如果卷入这些事件中，是不可能不把革命精神——这人类的毒素带进去的。"

虽然基佐在这番话中摆出一种欲在国际事务中自我克制、

独善其身的架势，但实际上他一接任外交大臣就展开了积极的外交活动，着力扩大法国在海外的势力。当时，法国在外交领域面临着两大棘手的问题：一个是阿尔及利亚的殖民问题，一个是同英国的关系。在处理第一个问题时，基佐毫不犹豫地以战争为手段，力图征服整个阿尔及利亚。于是，法军在占领阿尔及利亚沿地中海地区后，又大举向其内地进犯，其间甚至实行残酷的焦土政策，洗劫和焚烧村落。1847年11月，阿尔及利亚全境被法国占领。此后，法国又以种种手段来加快在这一地区的殖民化进程，包括鼓励法国人及其他欧洲国家的人到阿尔及利亚定居。

与之形成鲜明对照的是，在处理第二个问题时，基佐的强硬姿态荡然无存。作为一名对英国社会政治制度推崇备至的政治家，基佐一反梯也尔在前期对英国所采取的好战立场，强烈主张法国要与英国保持和平，而且还要争取建立协约关系。故此，当这一时期英法两国发生外交争执和殖民地纠纷时，基佐总是采取委曲求全的态度。然而，由于法英两国在商业、经济、殖民地等问题上的矛盾根深蒂固，基佐想与英国建立协约关系的愿望实在前景渺茫。在这种情势下，为使法国避免在欧洲陷于孤立的危险，基佐不得不开始向奥、普、俄反革命保守势力靠拢，追随神圣同盟的反动政策。而他的这一外交转变，注定使他受到更多政敌的有力攻击。

总之，在作为政治家的基佐心中，"秩序"是高于一切的目标，而他的施政纲领，也可概括为在七月王朝这种近乎"尽善尽美"政体规定的"秩序"之中，稳步地求得社会的发展。然而，一味地强调"秩序"，必然导致在某个时候出现一个停滞的社会。由于基佐在阻止社会改革道路上越滑越远，导致越来越多的人觉得难以再忍受基佐政府统治。1847年，从英国开始的经济危机迅速蔓延到法国，这使得法国先前存在的农业危机进一步加深，接踵而至的是新一轮工商业危机和财政危机。这一过程中，产生了新的失业者和破产者。这些危机不仅令普通工人和农民忍饥挨饿，同时也让广大中小资产阶级的生活陷入困顿。结果，人们对基佐政府乃至整个七月王朝的不满与日俱增。

经济危机很快引发了社会危机与政治危机，反对停滞社会的各种抗议运动迅速席卷了整个法国。即便如此，基佐依旧没有及时意识到七月王朝的末日即将到来，仍在为法国工人运动和共和主义运动持续多年的低落而陶醉。他还继续对"改革派"的要求置若罔闻，对民众的愤懑装聋作哑。与此相反的是，此时此刻，法国个别有识之士却预感到了危机。1848年1月，《论美国的民主》作者托克维尔，那位贵族出身、睿智的思想家，在众议院就此发出了警告："人们说丝毫没有危险，因为没有发生暴动……革命还离我们很远。先生们，请允许我告诉你们，我认为你们错了。"果不其然，在托克维尔发出革命已近在咫尺的警告后不到一个月，一场波澜壮阔的人民革命——二月革命爆发了。正是在这场革命当中，七月王朝，这一在法国存在了17年的三色旗君主政体宣告终结。

工业革命步履蹒跚

七月王朝时期，法国综合国力的增强、国际地位的提高，距强国的要求均还相差甚远，这无疑与这一时期社会政治制度及其奉行的内外政策密切相关。而就经济维度或更深的层次而言，这一切还大可归因于工业革命在当时法国的步履蹒跚。

法国的现代工业在大革命前就已萌生，当时与英国在工业方面实际上也并非相距甚远。然而，持续多年的大革命，尤其是连绵不断的拿破仑战争，造成法国与作为工业革命发源地的英国相比，在工业方面的发展显著落后。诚然，根据一些学者的研究，早在第一帝国时，被大革命暂时打断的法国工业革命已开始重新起步，七月王朝时期，工业革命在法国更是有所发展，但仍无法否认的是，较之英国以及其他工业化进程更快的国家，工业革命在七月王朝时期的法国，依然还是大可用步履蹒跚来形容。

工业革命在七月王朝时期的法国步履蹒跚，或曰未出现像西欧其他国家那样明显的"起飞"，固然可通过多种客观因素得到解释，如工业燃料严重缺乏、小农土地所有制盛行条件下全国市场需求不旺，等等，但就主观因素来看，至少以下两方面似不容忽视：

其一，与此期法国民众和社会舆论普遍对工业革命持消极态度不无关系。其时，很多资产者仍视工业投资为一种冒险举动，情愿把手头积累的钱财用于购买土地，然后将其租给农场主或分成制的农民，而不太愿意把资金投到工业中去。法国的大资产者普遍害怕亏本，小资产者大多惧怕竞争，更多的平民百姓则认为革新既无用又危险。关于这一点，在人们对铁路和火车头的普遍看法中有充分反映。1830年，法国最早使用的火车头出现在了从圣太田至里昂的铁路线上。面对这一新生事物，不少诗人写诗攻击轰鸣作响的火车头对静谧田园风光的破坏，农民害怕政府为修建铁路征用自己视若命根子的土地，马车夫、水手以及陆路和水路沿线的客栈主等人，则担心火车启用后会失去饭碗。

其二，与当权者的消极态度密切相关。七月王朝诸如基佐之流的当权者主张在三色旗君主制这种几乎"尽善尽美"政体规定的"秩序"中稳步求得社会的发展，对他们来说，"秩序"与"稳定"至关重要。他们担心工业发展过于迅速，有可能导致包含种种危险因素的工人人数激增，从而对"社会和谐"造成损害，遂一般对工业革命采取消极态度。同样以铁路为例，许多七月王朝当权者对铁路深表怀疑。他们不仅怀疑铁路的安全性——此期出现的几起重大铁路事故更是使人们对铁路安全的怀疑有增无减，且认为由于修建铁路的费用过于高昂，铁路永远无利可图。鉴此，这些当权者在资助修建铁路时总是不情不愿。他们宁愿把国家财富继续投到开凿运河和航道等十分稳妥的项目上，如著名的埃纳和马恩运河就是在七月王朝时期开凿的。不过，某些施工较简便、获利较快的铁路线路，如巴黎—诺尔线、巴黎—鲁昂线、巴黎—奥尔良线等，修建时多少也还能得到政府资助。

尽管法国的特殊国情决定着第一次"工业革命"，亦即"蒸汽机和铁路的革命"似乎须等待再一次的改朝换代才能真正实现，手工业在整个工业中却依然占有举足轻重的地位。不过，工业革命在七月王朝时期还是在跌跌撞撞地往前发展。此期机器开始广泛使用，工业产量逐年递增即为明证。这一过程中，由于烧木炭的高炉逐渐被煤炭高炉取代，铁的产量增加了两倍；煤炭产量与消耗量都在明显上升；化学开始应用于工业；蒸汽机数量虽增幅不大，但毕竟还在增加。相对而言，仍执法国工业之牛耳的纺织业，在这一时期的发展，尤其是机械化的推广最为引人瞩目。例如，在1831年时，法国只有5000架织机，及至1846年，这一数字已增至3.1万架。

尤可一提的是，自1842年起，法国开始大规模修建铁路。同年6月，议会通过了著名的关于修建铁路的《基佐法》，决定扩建8条线路，其中6条是从巴黎出发的长途铁路干线。这6条线建成后，可依次将巴黎与里尔、勒阿弗尔、南特、波尔多、马赛、斯特拉斯堡连接起来。这一姗姗来迟的"铁路热"明显刺激了重工业发展，对逐步消除各地区间的隔绝状态，促进国内统一市场形成更有不容忽视的意义。不过，由于经济危机冲击和革命爆发，铁路建设在法国一度受到较大干扰，以至在1850年时，法国铁路建设不仅明显落后于英国，还落后于当时工业化程度尚不如法国的德国。

随着工业革命缓慢发展，法国社会中各个阶级的状况也相应发生了变化：贵族阶级日趋没落，大资产阶级（金融业巨子、大工业家）兴旺发达，中小资产阶级分化，工人阶级处境每况愈下。在不少史书中，七月王朝经常被人们称为"银行家的王朝"。这一称谓充分反映了银行家在七月王朝中位尊权重的事实。当时，构成法国银行业核心的是一批人称"高级银行"的家族银行。这些资金雄厚的家族银行的主人，绝大多数是自18世纪起从莱茵兰和瑞士移居巴黎的新教徒或犹太人。"高级银行"不仅通过管理法兰西银行几乎控制了法国整个金融业——法兰西银行的董事主要来自"高级银行"的代表——还不时染指乃至控制工业企业。更有甚者，由于政府时常要向这些银行巨子借贷，于是不得不给这些人各种优待，如让他们得到建筑铁路的租让权，并对他们言听计从。

还值得注意的是，在七月王朝时期，工人的人数也有了较大幅度的增长。及至1847年，法国工人人数已达到600万人，当然，其中不少人是在"小手工工厂"里劳动的。虽然手工业企业的雇工和现代化工厂的工人在行为与思想上往往有不小的差别，但他们在劳动、生活条件方面的恶劣却如出一辙。在这一背景下，一些人出于不同的目的开始对工人的命运表示关心，一些报刊也开始突出强调"劳动阶级"的"贫困"。1834年，维尔纳夫-巴热蒙公布了一份关于工人贫困的调查书。维勒梅博士对机械化程度最高、最集中的部门即纺织业中的劳动者进行了广泛调查。他所得出的结论，比他的前辈更为触目惊心："贫困化"几乎要从肉体上消灭工人阶级。

与此同时，工人毫无政治权利，没有选举权，而"工人身份证"法则使工人不得不完全依附于企业主和警察。尤其令广大工人悲伤和愤懑的是，他们就连极为菲薄的工资也得不到保障。每当危机袭来，他们非但会被减少工资，还随时可能会因为失业成为流落街头的流浪汉。试问，长年处于这样一种生存状态，工人们会不起来造反吗？事实上，也正是这些工人，后来在推翻了七月王朝的 1848 年二月革命中构成了起义群众的主体。

第五章

第二帝国的荣辱

拿破仑三世上台

19世纪中叶，法国在30多年的"退缩期"后又逐渐重新成为称雄欧陆，在世界上也具有重大影响力的强国。法国在此期的再度崛起，与拿破仑一世的侄子路易-拿破仑·波拿巴的文治武功是分不开的，后者始则作为法兰西第二共和国总统，继而又以法兰西第二帝国皇帝的名义执掌法国政坛20多年。平心而论，就法国在近现代的转型、兴衰，以及对欧洲乃至更大范围之影响来说，确乎如享誉国际史坛的法国史专家、剑桥大学荣休教授罗伯特·汤姆斯所言，"在拿破仑一世到戴高乐之间，尚没有一个法国人堪与'拿破仑三世相提并论'"[1]。然而，与之相关的吊诡事实或现象却长期存在于法国。

纵观整个法国近现代史及其历史编纂学，绝无其他持续时间较长的政权或政治体制会如同第二帝国那样，遭受如此多的强烈抨击，至于那位一手创建并长期统治该帝国的拿破仑三世，也总是一再沦为人们贬低、嘲笑的对象。令人印象至深且不乏象征意义的是，同为导致大小拿破仑各自统治最后垮台的战败，

---

[1] Robert Tombs, *France 1814—1914*, London and New York: Routledge, 2015, p.396.

滑铁卢战役和色当之败，在人们口中的差别以及给人的感受竟然时常会存在霄壤之别：滑铁卢战役并没有过多抹去大拿破仑的荣耀[1]，人们在提到色当之败时却并非如此，都会觉得小拿破仑就该因其在色当的败降而永远被钉在历史耻辱柱上，而他在其他方面，包括在19世纪中期大力发展社会经济方面的努力和功绩，似乎也大可忽略不计。以上种种，对小拿破仑来说似乎有失公允，实有必要从当时历史实际和日后对法国现代化进程产生的实际影响出发，实事求是地适当"纠偏"。

鉴此，须首先了解路易–拿破仑·波拿巴是如何在第二共和国的历史背景下出人意料当选为总统的。

七月王朝在1848年2月的政治"爆炸"中灰飞烟灭后，一个临时政府在法国应运而生。因起义群众强烈要求，该临时政府宣布建立共和国。由此，法国有史以来的第二个共和国，也即史称的法兰西第二共和国诞生。君主制的终结，共和国的建立，使法国民众普遍沉浸在胜利的喜悦之中。于是，人们大种特种"自由树"，把它视为幸福降临的征兆。就连一些神父，也在教堂中为"自由树"祝福，为共和国祈祷。在首都巴黎，为了举行庆祝胜利的狂欢，五花八门的俱乐部如雨后春笋般地涌现。在一种难以想象的节日气氛中，陶醉在胜利喜悦中的人们，

---

[1] "企鹅欧洲史"19世纪卷作者理查德·埃文斯曾就此写道："在法国本土，法国人回首往事，甚至觉得滑铁卢战役也不失为胜利，因其表现了面对绝境的勇气和献身伟大国家的爱国主义与自我牺牲精神。"［英］理查德·埃文斯：《竞逐权力：1815—1914》，胡利平译，北京：中信出版集团，2018年，第17页。

无不畅所欲言。福楼拜在《情感教育》中曾详尽描述了此期巴黎的情景，在这位著名小说家笔下，彼时的巴黎俨然是一个巨大的海德公园。

二月革命后最初的那段日子，似乎也被视为"人民的春天"。拉马丁，这位蜚声诗坛的浪漫派诗人，面对聚集在市政厅前的狂欢者时表示："我们将共同创作最美妙的诗篇。"诚然，拉马丁在临时政府中，名义上不过是外交部长而已，但实际上绝对是政府的灵魂。正是在他的大力推动下，集立法、行政大权于一身的临时政府，作为当时唯一的国家权力机构，在短时间内就采取了许多重要举措：废除了政治犯的死刑；废除了殖民地的奴隶制；完全恢复了新闻自由，宣布了集会自由；所有的法国公民都可自愿参加国民自卫军；陆续改造地方政权，所有成年法国男子，只要在一个地方居住满6个月，就可成为选民，由此，法国选民立刻从原先的20多万人猛增至900万人。

由于在二月革命中再度显示出巨大力量，工人们的社会政治地位也如一步登天。以往，人们在提到工人大众时，往往将其称为"受苦的阶级"或"危险的阶级"。而今，这些带有贬义的称谓，已被一个新的名称——"工人阶级"取而代之。临时政府深知，自己的诞生在很大程度上得归功于以工人为主体的起义群众在街垒战中的勇敢与胜利，于是上台伊始就实行了一些照顾贫苦群众利益的措施，如规定凡不超过10法郎的典当物品均应归还主人。鉴于当时巴黎工人的失业现象极为严重，因而在工人群众的要求下，临时政府还在成立后次日就宣布承认

"劳动权"，决定通过开办"国家工场"，为失业者提供工作，同时还准备修建一些大型公共工程，以期让更多的人有活可干。

临时政府的上述举措，难免会给人留下这样一种印象，觉得该政府把工人阶级的利益放在首位。但事实并非如此。临时政府之所以这样做，只是因为以它为代表的资产阶级暂时还未做好同工人阶级较量、决斗的准备。在其确立稳定的资产阶级统治秩序之前，他们还需要把广大工人继续稳住一段时间，一俟时机成熟，势必就会毫不犹豫撕下温和的假面具。果不其然，随着自身阵脚日趋稳固，资产阶级加强了对工人阶级的进攻。面对资产阶级的步步紧逼，工人们别无选择，只有奋起反抗。于是，伴随着1848年六月起义的爆发，一场两大对抗阶级之间的大决战在巴黎展开，持续了数日的战斗异常激烈。6月26日，起义在大权在握的路易·卡芬雅克的血腥镇压下，以失败告终。

无疑，六月起义的爆发，使制宪议会更感有必要加快制宪进程。在经过数月紧张的讨论修改后，11月4日，制宪议会通过了共和国宪法。简言之，该宪法的一大特点就是极大地扩大了总统的权力，甚至几近专制王权下的国王权力。究其原因，很大程度上是因为对宪法的制定具有巨大影响力、人称"六月的屠夫"的卡芬雅克，自以为会在总统选举中稳操胜券。然而，在同年12月10日举行的总统选举中，以高票当选的却另有其人，此人就是拿破仑一世的侄子路易－拿破仑·波拿巴。

对于波拿巴何以能在此次总统选举中出人意料以高票当选，尤其是挫败志在必得的卡芬雅克，学界一般认为有以下几个原因：第一，波拿巴在竞选声明中将自己装扮成秩序的象征和救星，遂使急切希望有一个能安稳致富环境的有产者们对他格外青睐；第二，因共和派当局血腥镇压六月起义，工人群众对共和派无比仇恨，宁愿把票投给波拿巴，也不愿把票投给卡芬雅克。君主派中的正统派或奥尔良派，则因知晓自己上台的机会尚未成熟，也暂时把票投给了波拿巴，希冀借助波拿巴的上台扩大整个君主派在国内政治中的影响力，以为来日掌权做准备；第三，广大农民由于45生丁税而对共和派极度反感[1]，与此同时，《拿破仑法典》以法律形式巩固了大革命期间形成的农民小土地所有制，因此农民们遂对他的继承人情有独钟，自然而然也把票投给了拥有"拿破仑"这个神圣名字的波拿巴。

不过，为更好地认识和解释这一问题，有必要回过头去，好好审视1848年先后发生的二月革命和六月起义。

二月革命固然不乏值得肯定之处，但是，在这场"博爱的革命"带来的短暂的"充满幸福的博爱化时期"终结之后，法国社会秩序非但不时出现混乱状态，甚至还日益恶化却也是一个不争的事实。此外，不唯二月革命本身具有"突发性"，就连共和国的建立之举，其实也具有"仓促性"乃至"戏剧性"，再加上其他复杂原因，导致因1848年革命而诞生的第二共和国，实际上在很大程度上存在着不容低估的"政治脆性"。至于这种

---

[1] 为了使法国尽快摆脱1847年经济危机的困扰，临时政府决定对每一法郎的直接税征收45生丁（生丁是分的法语）的附加税，此举促使广大农民背离了共和国。

"政治脆性"的成因，又在很大程度上得归因于该共和国本身即属于二月革命所展示的"民主激进性"之产物。换言之，二月革命所展示的民主激进性，注定导致它所建立的共和国较为脆弱。

法国在二月革命爆发后一度出现"抒情诗般的幻象"，这种现象确实带来了一时的狂喜，然而，幻象终究不可能持久。至于在"戏剧性"情况下仓促宣布成立的共和国，也注定成为"乌托邦的共和国"。果然，二月革命后不久爆发的暴力血腥的六月革命，不仅明确宣示"充满幸福的博爱化时期"的终结，同时还异常强烈、残暴地撕裂了当时的法国社会。具体而言，临时政府成立之初还会宣布承认"劳动权"，甚至决定开办"国家工场"，为失业者提供工作，然而4月下旬的选举选出的制宪议会，不仅在5月召开的会议上决定以新的行政机构取代原有临时政府，还否决了路易·勃朗关于设立劳动和进步部的提议。此举无异于让劳动群众受到当头棒喝。此外，由于制宪议会和"执行委员会"迫不及待限制人民群众举行公众集会、组建政治俱乐部的权利，更使不少再次觉得上当受骗的民众不由得感到，除了诉诸街头行动已别无选择。于是，六月起义爆发，一场两大对抗阶级之间的大决战在巴黎展开了。

持续数日之久的战斗异常激烈。一位参与镇压的政府军军官曾如是写道："火力非常可怕。血流成河——举目四望，大街到处都被染红了。武装起义者像猛狮般地进行自卫，我的士兵们在起义者的子弹射击下倒下了，我们进攻了20次，但被打退了20次。死亡人数很可观，受伤人数就更多了。"起义之初，起义者在街垒战中占有明显优势。制宪议会大多数代表于是认为执行委员会镇压不力，遂迫使其成员全部辞职，同时授予前阿尔及利亚总督、时任陆军部长的路易·卡芬雅克以专政权。卡芬雅克大权在握后立即调集重兵，以极端残忍的手段对起义者大开杀戒，包括用重炮狂轰起义者占领的街区。6月26日，孤军奋战的起义工人在卡芬雅克的血腥镇压下终告失败。

卡芬雅克在镇压起义后，并未信守诺言，宽待一切放下武器者，而是变本加厉地迫害起义工人。在街垒战中被打死的起义者有500多人，而在街垒战后的大清洗中被枪杀的工人竟多达1.1万人。有2.5万多人被捕，其中大部分未经审讯就被送往阿尔及利亚服苦役。在卡芬雅克大肆进行武力镇压的同时，把他扶上台的议员们也在迫不及待地实施法律上的镇压。他们匆忙地投票通过了旨在防止任何人民起义重新爆发的立法措施：取消新闻自由；继续实行戒严，直到顺利地完成对起义者的大清洗；禁止私人集会，解散秘密会社。此外，他们又将法定劳动日工作时间延长到12小时。此举显然意味着工人们要为举行六月起义付出代价。

6月28日，因镇压六月起义而被称为"六月的屠夫"的卡芬雅克，假惺惺地把专政权归还给议会。但是，对其镇压"功绩"感恩戴德的议会，旋即又任命他为部长会议主席。卡芬雅克在领命后两度组阁。他领衔的首届内阁，其成员基本都还是共和派，但在其第二届内阁中则有了两名君主派人士，这表明共和国政府的大门已开始向君主派势力敞开。

确实，路易·波拿巴高票当选总统，主要是因为"稳定和秩序"是此期法国的民意所指、民心所向，而他本人又在当时最合适不过地充当了"稳定和秩序"的象征。唯其如此，他上台后的治国理念和施政方针，须以谋求稳定和确保秩序为己任。同时，这位"圣西门主义力行者"还希冀依照自己在其"伟大的伯父"影响下早已逐渐形成的宏愿，重塑法国、欧洲乃至世界。当明确意识到第二共和国的政治制度设计无法为自己履行职责、实现抱负提供应有的制度保障时，波拿巴势必会采取某些非常手段来改变现状，甚至不惜发动政变。

于波拿巴来说，自然希望一上台就能实现个人独裁的野心。但在当时，温和共和派仍占据着内阁和议会，势力颇大；而统称为秩序党的奥尔良王朝派和正统王朝派，也具有不小的影响力。作为善于玩弄政治手段的高手，自知本派尚势单力薄的波拿巴清楚意识到，要实现自己的政治野心，必须依次打击共和派和秩序党，且在打击共和派的过程中需要对秩序党巧妙加以利用。后来，无论是先借助秩序党打击共和派，还是在与秩序党的直接交锋当中，波拿巴均连连得手。

但是，一个极为棘手的问题开始越来越让波拿巴寝食不安——他的总统任期将于1852年5月届满。根据1848年宪法第45条的规定，总统任期为4年，不得连选连任。也就是说，波拿巴若想继续保持权力，就得设法修改宪法，以延长总统任期，或取消不得连选连任的条款。不过，要满足修改宪法的条件，也殊非易事。

当然，波拿巴还可采用另一种方法来达到继续统治的目的——实行政变。不过，这只是下策。因而，波拿巴首先还是致力于合法斗争的途径。在他授意下，波拿巴派在全国掀起了要求修宪的请愿运动。不久，立法议会就修宪问题投票表决，关于修宪的提案因未能获得3/4议员的赞成而被否决。从表面上看，立法议会否决了修改宪法的提案，这似乎表明波拿巴的图谋失败了，实际则不然，因为它反而使波拿巴有了行动的自由。今后，即使波拿巴撕毁宪法，其行动其实也仍属合乎议会精神，因为虽然反对者超过了1/4，但立法议会的多数仍是赞成修改宪法的。同理，他即便解散立法议会，似乎也同样合乎宪法精神。更何况，全国有很多省份的议会都支持他。

于是，波拿巴积极地为政变进行准备。1851年秋冬，政变时机终于成熟。为了更好地利用拿破仑一世的声望，波拿巴及其亲信选定12月2日，也即拿破仑一世取得奥斯特利茨大捷的纪念日发动政变。事发后，虽在巴黎和外省有一些零星反抗，但很快就被支持波拿巴的警方与军队镇压。在全国基本恢复正常状态之后，法国在12月21—22日举行公民投票，就是否同意路易·波拿巴的权力征求民意。全民投票结果是约700万人赞成，100万人弃权，60余万人反对。由此，波拿巴的"雾月十八日"似乎也具有了合法性。

尽管像伯父一样称帝是波拿巴的夙愿，但波拿巴在政变成功后，并未立即恢复帝制。在整整一年的时间里，波拿巴都保留了共和国的形式。不过，政变后的共和国具有明显的过渡性，它实际上已是通向帝国的最后一个阶梯。这一时期，不仅国旗旗徽已改成拿破仑帝国时的鹰徽，更重要的是，政变后颁布的新宪法完全是以共和八年宪法为蓝本来制定的。与共和八年宪法集大权于第一执政一样，1852年宪法授予总统的权力之大，使其宛如大革命前的专制君主，以至于后来宣布成立帝国时，根本无须对宪法作根本性的修改，几乎只要将里面的"总统"换成"皇帝"即可。

1852年9月和10月间，波拿巴加快了恢复帝制的进程。在恢复帝制的舆论和声势完全形成后，参议院根据波拿巴的授意，在1852年11月通过决议：恢复皇帝称号，立路易-拿破仑·波拿巴为法国人的皇帝，称拿破仑三世，帝位由波拿巴家族的男性后代世袭。在再次举行公民投票之后，同年12月2日，只存在了4年多的第二共和国画上了句号，帝国正式成立，史称法兰西第二帝国。

从1852年12月2日称帝到1870年9月4日帝国因色当之败崩溃，第二帝国延续了近18年时间。在这18年里，帝国的政治体制并非一成不变，而是经历了一个发展与演变过程。这一过程大致可分为两大阶段，其一是1852—1858年的"专制帝国"时期，其二是1859—1870年的"自由帝国"时期。

在"专制帝国"阶段，拿破仑三世实行的是专制统治。他以确保国内秩序稳定为借口，让政变之际那种严峻的政治气氛一仍其旧，一方面肆无忌惮地大力强化军队、警察和官僚机构，通过它们来推行高压政策，有效地控制社会局面；另一方面公然取消了"自由、平等、博爱"这些大革命时期的口号，严禁出版、集会、结社自由，规定凡官方人员均得宣读"我宣誓服从宪法，效忠皇帝"的誓词，等等。

经过多年苦心经营，及至19世纪50年代末，拿破仑三世的皇帝宝座可谓是稳如泰山。不过，他也深知，长期的专制独裁统治绝非良策，必然会招致人们越来越强烈的不满，而要想使帝国长治久安，就必须及时调适统治策略。事实上，此时法国的政治舞台上虽已无可与波拿巴王朝抗衡的强大政治对手，但左右两翼都还存在着跃跃欲试的反对派。为了消解或尽量抵消对帝国的各种不满，从50年代末起，拿破仑三世着手实行一系列政治改革。由此，帝国政治体制也逐步由"专制帝国"向"自由帝国"演变。

在帝国存在的最后两三年里，政治改革仍在继续。其中的高潮发生于1870年四五月间，彼时，元老院通过了一项集中反映与总结帝国政治演变实况的法令；同年5月，又就该法令举行全民投票。受到绝大多数人赞同的这项法令，亦被称作第二帝国的"新宪法"。一般认为，"新宪法"标志着第二帝国最终完成了从专制帝国到自由帝国的演变。拿破仑三世此时之所以将自己装扮成自由化的推动者，甚至故意将"新宪法"提交公民投票，主要目的是突显自己统治的"合法性"，同时给政治反对派抛出难题。应当说，他在很大程度上同时达到了上述目的。在不少人的眼里，此时的帝国似乎"比以往任何时候都要强大"。人们万万不会想到，时隔不久，皇帝就成了普鲁士军队的俘虏，第二帝国也随着色当之败而被"9月4日革命"所推翻。

帝制下的繁荣

第二帝国时期，法国重新确立了在欧洲大陆的优势地位，在世界其他地区的影响力也明显提升。而这一切的实现，当与法国在这一阶段出现了前所未有的经济起飞息息相关。彼时的法国，经济实力与经济面貌显著改观，一个世界工业大国已然呈现。要言之，一种帝制下的繁荣在19世纪中叶的法国已然出现。

在这次前所未有的经济起飞中，法国工业部门的变化最为突出。此期机器的广泛使用和技术的长足进步，标志着此前在法国步履蹒跚的第一次工业革命，终于大功告成。就此而言，作为第一次工业革命标志的蒸汽机数量与总动力的急剧增加颇能说明问题。从1850年至1870年，蒸汽引擎数目由原先的5000部增至2.8万部，总动力亦由原先的6.7万匹飙升至33.6万匹。此期钢产量的增加幅度也同样令人赞叹。1850年，法国钢产量只有28.3万吨，及至1869年，竟已高达1014万吨。由此，法国成为仅次于英国的世界第二大产钢国。

第二帝国时期法国工业的长足进步还表现在生产部门的迅速集中，其中，又以冶金工业的集中最为可观。1864年，该行业出现了法国第一个卡特尔——"冶金业委员会"，该委员会一方面是冶金工业的信息中心、技术促进中心，另一方面又是决定价格、代表全行业业主和政府及工人谈判的统一组织。规模巨大的冶金企业相继出现。如施奈德家族控制的勒克勒佐工厂在1867—1868年间就已拥有水平焦化炉150座，阿波尔特（Appolt）焦化炉10座，蒸汽锻造机85台，压延机41台，炼铁炉130座，重新加热炉85座，机动锻锤30台，工人9950人——此等规模在当时足以让所有人咋舌。由温德尔控制的冶炼厂在同期生产的生铁也占了全国生铁总产量的11%。

不过，工业在总体迅速发展的同时，也呈现出复杂的不平衡状态。一般而言，轻工业部门的发展速度要慢于重工业部门，尤其是一些传统轻工业部门，如纺织、食品、服装业等的发展速度，更是相对缓慢。

此次经济起飞的另一重要特征是交通运输业的巨大进步。其中，最引人瞩目的当推法国在铁路建设上取得的骄人业绩，以及法国步入名副其实的"铁轨时代"。

1848年，法国铁路线总长度约为4000千米，但在1870年时已达到1.75万千米，为原先的4倍多。帝国初年，法国拥有的机车头还不到1000部，但到了帝国末期，这一数字翻了两番。值得一提的是，铁路建设初期常见的那种速度缓慢而又事故频发的车头，此时已被时速100千米的新式机车取代。过去，从巴黎到南方海岸，需要坐一星期的公共马车，而如今只要坐上16小时的火车即可到达。与工业部门一样，铁路的经营也日趋集中化。帝国建立之际，全国的铁路共由18家小型公司经营。这些公司各自为政，根本无法制订形成统一的铁路规划，四通八达的铁路网更是难以形成。及至1857年，在政府的干预调控下，铁路经营已集中于6家大型铁路公司之手，一个以首都巴黎为中心的全国铁路网已初步形成。在加强陆地交通的同时，第二帝国时期的水上交通运输也成就喜人。随着大量新运河的陆续开凿，国内水系日益沟通。至于海上运输，原先那些吨位小、速度慢的机船已纷纷被吨位大、速度快的轮船所淘汰。1870年，法国商船队总吨位仅次于英国，列世界第二位。

法国此期在水陆交通方面取得的巨大进步，非但改变了原先那种交通落后、经济分散的局面，还在大大加速了商品流通和贸易发展的同时，极大推动了其他工业部门的发展。例如，铁路建设对于冶金和建筑等部门的直接推动作用就极为明显。

第二帝国时期，法国金融业异常活跃。巴黎证券交易所日益显示出它的经济力量，仅在1861—1869年，它所受理的有价证券就由118种增至307种，价值总额由110亿法郎增至330亿法郎，以至于有人把第二帝国时期称为"投机的黄金时刻"。随着经济高速发展对资金需求的急剧增加，一种新型银行——信贷银行应运而生。从1852年到1864年，这类银行一下子就冒出67家之多。这些银行广泛收集社会资金，以各种灵活的方式向铁路、汽船航运、新的工业企业等投资，为保证法国经济的持续高速增长贡献良多。此类银行中较具代表性的有由里昂实业家亨利·热尔曼在1863年建立的里昂信贷银行。这家银行自建立伊始，就远远超出了其名称中的"里昂"的地域限制，面向全国开展业务，甚至还把业务扩展到了国外。直至今日，它依然属于法国屈指可数的几家大银行之一。除信贷银行外，为了吸收小额存款，储蓄所在法国也遍地开花，储蓄额猛涨。此外，早在19世纪20年代就产生于英国的银行支票，也只是在这一时期才得以在法国流通。

与异常活跃的金融业交相辉映的是兴旺发达的商业。不过，让人留下深刻印象的不仅仅是生意火爆，还有一大批"大商店"或"大百货公司"的涌现。而今仍矗立在巴黎商业中心地带的多家著名大商场，如"春天""便宜""漂亮的女园丁"等名店，就是在第二帝国时代创办的。这些店面豪华气派、商品琳琅满目、经营方式令人耳目一新的大商店一经问世，就开始无情地吞噬许多"小店"，进而"掌握了整条街的商业"。当然，不容否认的是，城市里的小店铺，在与这些大商店抗衡的过程中，仍然表现出了一种顽强的生命力。

较之工商业等的飞速发展，法国此期的农业的确要略显逊色。尽管如此，得益于工商业发展的带动，加上交通状况改善和农业本身的变革，法国此期在农业发展上同样取得了不俗业绩。统计资料表明，1852—1862年，法国农产品的年均增长率是3.2%。这种速度在整个19世纪的法国历史中可谓并不多见。由于在农业方面取得的这一成绩，一些人甚至将第二帝国时期称为"农业的黄金时节"。

值得一提的是，拿破仑三世为使广大农民继续成为帝国的支持者，十分愿意在促进农业生产、改变农村面貌上投入资金。

在他的大力支持下，尤其是由于他先后颁布并实施《垦荒法》以及整治沼泽地的《排水法》，法国的耕地面积扩大了150万公顷，总面积达到2650万公顷。也正是在这一时期，一些规模宏大、具有全国意义的农业工程相继出现，如在索洛涅、布雷纳和东贝兴建的大型排水工程就是如此。在朗德，人们在排干水后种上了成片的松树林；在阿尔卑斯山南麓与比利牛斯山等地，新绿化的土地面积多达22.4万公顷。凡此种种，使法国的乡村逐渐呈现出今日所具有的样貌。

帝制下的这种繁荣，是由多种重要因素促成的。例如，此前法国的工业革命虽步履蹒跚，但经过几十年的积累，还是为这一时期的经济起飞打下了不容忽视的基础；又比如在拿破仑三世软硬兼施的统治下，法国国内有了大革命以来难得一见的政治安定局面，资产阶级也可无所顾忌地在工商业等方面大显身手。类似的原因还可继续列举许多。但不管怎么说，有一个重要因素切不可忽略，这就是作为"圣西门主义力行者"的拿破仑三世较明智的经济政策。

早在被七月王朝当局长期囚禁在索姆河畔的昂堡，或如他本人所说的"昂堡大学"时，拿破仑三世就已博览群书，并对圣西门、孔德的著述情有独钟。可以说，他的思想导师并非孟德斯鸠和卢梭，而是圣西门与孔德。正是在这两人影响下，他在上台后并未一味沉迷于政治纷争，而是致力于实现法国的"物质革命"，或者说把经济成功看作是巩固自己统治的重要筹码。这位后来的总统和皇帝，尽管算不上经济学家，但从他在流亡期间撰写的两部著作，即《关于糖问题的剖析》（1842）和《消灭贫困》（1844）来看，人们可知晓他对发展经济有着独到的见解。简言之，他认为，经济政策的目标在于保证繁荣，经济应该优先于政治，国家须通过干预来促进经济发展，尤其是应当通过预算的数量及其分配方向，对国民经济发展全局进行直接引导。大权在握之后，在经济领域受波拿巴重用的谋士或政策执行者，也大多是深受圣西门主义学说影响的经济学家和银行家。鉴此，拿破仑三世在其统治时期，并未像七月王朝时那样推行完全的自由主义经济政策，而是在国家干预和自由主义经济之间寻找平衡点，力图推行一种"国家领导下的"自由主义经济。

上述特点，在第二帝国通过经济立法促进股份有限公司发展上表现得尤为突出。股份有限公司是资本主义经济生活中一种颇为常见、且以灵活性和有效性见长的股份公司的形式，甚至被一些人称为"资本主义的伟大基石"。然而，在19世纪前半期的法国，它的发展却始终困难重重。因为，根据法国在1808年颁布的《商业法典》，建立股份有限公司必须事先获得政府批准，而且该项批准随时都可能被收回。据此，此类公司显然得一直处于国家的监护之下，根本无法自由发展。第二帝国建立后，法国工商业人士纷纷要求取消这一不合时宜的经济限制，让股份有限公司获得自由发展。为此，拿破仑三世相继在1863年、1867年颁布了两项法令，为股份有限公司的自由发展彻底松绑。前者规定，凡建立资本不超过2000万法郎的有限责任公司，无须得到官方的预先批准；后者规定，完全取消政府对于创办股份有限公司的一切限制。

拿破仑三世为刺激人们发展生产的积极性，还数度对一些产品，如煤炭、钢铁、机器等实行了减税政策。与此同时，他还着力实行一种"生产性消费"政策：国家通过借款增加收入，然后用于生产投资，经济增长后会增加国家税收，使国家完全能够偿还债务。为此，他大幅扩大了政府的"生产性"支出。值得一提的是，他还一改过去政府基本上仅向在金融界中扮演龙头老大的"高级银行"举债的做法，多次直接向全民发行国债，此举不仅为筹措扩大生产所需的巨额资金开辟了新的途径，还大大改变了法国民众素以土地为唯一投资对象的旧观念，使其开始习惯于以认购国债或其他有价证券的形式参与对工商业的投资。

为了增强法国经济的活力，确保原料和商品运输的畅通，拿破仑三世极为重视发展交通运输业，特别是奉行了有利于铁路建设的政策，其中不乏可圈可点之处。例如，他废除了七月王朝时期相关法令中关于国家负责修建路基、铁路公司负责路面和车站建设的强制性规定，使铁路公司享有更大自主权；国家运用特许权和保证4%的最低利润鼓励铁路承包公司大规模筑路，延长承建铁路的公司对所承建铁路享有的专利期限，使其更有利可图；由国家统一制订铁路发展规划，然后把铁路修建权转让给有实力的大型铁路公司；通过制订各种优惠条例来引导和鼓励铁路公司的合并与集中，使全国的铁路干线在1857年被控制在了6家大型铁路公司手里，等等。

此外，拿破仑三世在1857年6月23日颁布的关于在法国开始实施"商标"制度的法令，以及大力举办各种国际博览会等举措，也都对19世纪中期法国经济的快速发展起了积极的推动作用。

帝制下的繁荣，与拿破仑三世在对外贸易领域实行的政策也密不可分。法国自第一帝国以来长期奉行保护关税政策，第二帝国前期，政府仍因袭这一政策。但随着法国经济的迅速发展和由此带来的巨大变化，拿破仑三世等人逐渐发现这一传统政策已越来越显得不合时宜。鉴此，根据拿破仑三世的命令，经过精心安排与秘密谈判，法国在1860年与英国签订了《法英通商条约》，双方实行自由贸易，彼此给予十年最惠国待遇。在其后的几年时间里，法国又先后与一系列的欧洲国家签订了类似的商约。随着这类条约的签订，法国自第一帝国以来一直坚持的关税保护政策被废除，对某些商品的禁运规定以及高关税等被取消，商品入境税大幅降低。从此，大量廉价的原煤和纺织品等源源不断地进入了法国市场。

诚然，拿破仑三世的这一政策一度遭到一些法国中小资本家，尤其是采煤业和纺织业资本家的强烈反对，他们甚至为此指责拿破仑三世搞了"关税政变"。但从客观角度来看，他的这一举措在总体上是有利于法国经济发展的，不仅很快为法国一些具有较强竞争力的工业产品提供了广阔的国际市场，使法国在对外贸易额大幅增长的同时长期保持出超国的地位，更重要的是，自由贸易政策的扩大，有力地使法国工业经济进一步被纳入国际大市场，法国工业家们得以通过国际竞争来发展壮大自己。而这一切，对于任何一个工业大国来说，均属必要之举。

最后要强调一点，此期法国经济，尤其是工业的迅速发展，还与科学的进步、技术的革新关系密切。长期以来，法国一直位居世界上科学最发达的国家之列。及至第二帝国时期，法国仍以一系列重大科学成就向世人表明自己无愧于科学强国的称号。这些成就中，尤为引人瞩目的有路易·巴斯德在微生物学方面取得的一系列重大成果；克洛德·贝尔纳揭开血管运动神经作用之谜；圣克莱尔·德维尔发现热的分解作用并先后成功地领导了铝与镁的首次生产，后者对轻金属工业具有开创之功；马塞兰·贝特洛在热化学领域的杰出成就大大推动了有机化学的进步。相对而言，法国在工程技术方面的优势或许要弱一些。即便如此，第二帝国时期，法国在这一领域也取得了诸多具有国际先进水平的重大成果。如工程师皮埃尔·马丁在改进英国西门子爵士的炼钢炉的基础上发明了平炉炼钢法，维基埃发明了铁路道岔与信号灯的自动连锁，勒努瓦发明了内燃机，泰利埃发明了冷冻机，等等。这些发明创造，在法国此期社会经济的迅速发展中均起了相当大的推进作用。

经济的飞速发展，必然使人们的平均生活水平有所提高。第二帝国时，工人生活部分地得到了改善。巴黎熟练工人的名义工资平均增长了17%—30%，若扣除物价上涨抵消部分，实际工资也仍增长了一成左右。不过，工人们在经济起飞中得到的好处远远无法与资产阶级相比。在资产阶级中，受益最大的当属大工业家、大商人、大金融家、国债经纪人和国家证券投机者。普通资本家、外省资产者、农村资产者虽不及他们，但也获利颇丰。

随着经济发展和生活水平的提高，城市中人们的生活习惯已出现了一系列明显的变化，如长久以来人们书写时习惯使用的鹅毛笔，已基本被轻快细腻且经久耐用的钢笔尖所取代；自来水代替了井水；过去室内照明用的是火把与蜡烛，此时则已普遍使用煤气灯；读报日益成为市民日常生活的重要内容之一。不过，就城市而言，社会生活的进步最突出地表现在大城市的改造上，其中尤以首都巴黎的改造最为典型。

巴黎的扩建、改造计划，由塞纳省省长乔治·奥斯曼负责制订和实施，史称"奥斯曼计划"。在实施该项计划的那些年里，巴黎成了一个巨大的建筑工地。经过17年的努力，巴黎城区面积扩大了一倍，建设了两条轴线，一条是南北向，从东车站经过塞巴斯托波尔林荫大道和圣米歇尔林荫大道到天文馆；另一条是东西向，从民族广场，经过圣安东郊区、里沃利路、香榭丽舍大街到星形广场。此期的巴黎在拆毁了2.5万座旧建筑的同时新建了7.5万座新建筑。新建筑大多由石材筑成，至今看上去仍高大、雄伟、美观。庞大的地下水道系统的建设也完成了，还动工兴建了著名的巴黎歌剧院。在市区东西两侧分别营造了面积广阔的万森森林公园与布洛涅林园，又对市区的名胜古迹、公园与公共娱乐场所进行修复、整治。出于对事关巴黎食物供应的公共设施的高度关注，市中心建成了巴黎中央菜市场。在穿越巴黎的塞纳河上新修建了十几座桥梁，使两岸街区更加融为一体。

总之，正是"奥斯曼计划"的制订与实施，使巴黎从传统城市步入"现代城市"的行列，亦即从所谓的"卡西莫多的巴黎"转变为"奥斯曼的巴黎"。而且，在当时就构成了当今法国首都市区的基本面貌，巴黎目前仍存在的富人区与平民区的分野也可溯源于此。在此还需强调的是，如果没有拿破仑三世的重视和支持，"奥斯曼的巴黎"显然难以想象。而且，改建巴黎，把它打造成"世界之都"，也是拿破仑三世本人最为珍视的事业的一方面。概言之，巴黎的"奥斯曼化"，其实也完全可以称为"拿破仑化"。

在乡村，随着大量农业人口外流以及交通的日益便利，狭隘、沉闷、封闭的乡村世界，开始被打破。更重要的一点是，在日新月异的外部世界的带动下，法国农村的现代化在这一时期初露端倪，农村的生活水平整体上也有所提高。原先低矮的茅屋逐渐被屋顶较高的茅屋取代，就连瓦房也比比皆是；土豆之类的东西在人们的日常饮食中变少了，肉类多了，逢年过节在餐桌上还可见到葡萄酒；由于道路通达，交通方便，城里的商店很容易把货物运到村庄，向农民兜售城市的纺织品和其他工业产品。由此，农民也开始成了城市商品的消费者。除了农忙时节，农民们在星期日一般也不再从事田野劳作。生活条件的提高和食物构成的改善，导致这一时期法国农村的死亡率连年明显下降。不过，在此尚需注意的是，一如城市中的居民，不同阶层的农民在经济发展"黄金时刻"中受惠的程度也千差万别。那些大土地所有者、大自耕农和大农场主，往往从地价和农产品价格的飙升中获利最丰。占农户总数1/4的农民，虽然可以依靠自己拥有的土地做到温饱不愁，但因没多少剩余农产品可供售卖，导致其从农产品价格上升中受益有限。至于广大缺地少地的农民，生活自然依旧是相当艰难。

第二大殖民帝国

在重新崛起为举足轻重大国的过程中，法国在第二帝国时期一个极引人瞩目的方面就是，除在欧洲与其他列强一争高低外，还凭借自身强大的军事力量在大洋洲、非洲、亚洲和美洲频频发动殖民战争，且还屡屡获胜。统计数据清楚地表明，及至帝国末年，法国拥有的殖民地面积达90多万平方千米，人口达650万，是仅次于英国的世界第二大殖民帝国。若进行纵向比较的话，这一时期的殖民侵略范围之广，也远超法国此前的历朝历代，当然也包括第一帝国时期。

拿破仑三世在统治时期不遗余力地进行广泛的殖民扩张侵略，有其深刻的原因。要言之，如前所述，在19世纪五六十年代，法国的工商业发展迅猛，在这一背景下，法国资产阶级为更好地牟取利润与扩大生产，亟须更多廉价原料来源与商品销售市场。作为法国资产阶级利益之代表的拿破仑三世及其政府，若想进一步获得本国资产阶级的大力支持，势必得在满足后者的类似要求上有所作为。

在大洋洲，拿破仑三世于1853年派兵占领了新喀里多尼亚岛，使其沦为法国的殖民地。在非洲，此期法国的主要殖民对象仍旧是地处北非的阿尔及利亚。第二帝国不仅延续了前朝政府在这一地区的扩张行径，征服了阿尔及利亚，同时还向阿尔及利亚大举移民，并在当地大肆推行同化政策。拿破仑三世本人对这一法国在非洲最大的殖民地，同时也是法国当时在世界上拥有的最大殖民地一直极为重视，曾为巩固法国在此地的殖民统治而在1860年9月、1865年4月两度到访。他在首次访问时还公开宣称："阿尔及利亚并非一个普通殖民地，而是一个属地……我既是法国人的皇帝，也是阿拉伯人的皇帝。"他同时扬言，法国的任务"在于使大型垦殖有利可图，使欧洲资本在改善环境卫生、灌溉、科学垦殖各项事业中得到好处"。当拿破仑三世再度访问此地时，他表示当地以法国人为主的欧洲移民应当与阿拉伯人和解，希望双方能够相互帮助。法国在对北非继续进行殖民扩张的同时，还进一步染指西非和赤道非洲。例如，拿破仑三世在1854年9月任命费德尔布为塞内加尔总督，此人上任伊始，即建立塞内加尔银行，控制了该国经济，继而又连年征讨，使之成为法国的殖民地。

在亚洲，第二帝国始终把中国作为其对外扩张的重要目标。帝国建立之初，因克里木战争的牵制，法国在中国的干涉与扩张仅限于小规模的活动，如派兵支持清廷镇压太平天国、上海小刀会起义、广东红巾军起义。始自1857年，法国大大扩大了在中国的侵略扩张规模。正是在这一年，法国伙同英国组成联军发动第二次鸦片战争，中国的大片领土由此惨遭蹂躏。1857年12月，法英联军攻占广州，翌年5月，又攻占了大沽炮台，直抵天津。在这一背景下，清政府被迫与法英两国签订了丧权辱国的《中法天津条约》及其补充条款，其主要内容有：法国有权在北京设立公使馆，增开汉口等十个口岸，法国商船有权在长江一带自由通商，法国传教士可在中国内地自由传教，并应得到地方官员保护，法国获得商品入境关税优待、领事裁判权、海关行政管理权以及200万两白银的赔款。然而，法英两国并未因此而感到满足，而是急于扩大侵略行动。1860年1月，法国再次向中国派遣了远征军。由未来的"八里桥伯爵"库赞-蒙托邦①率领的法军在与英军会合后连败清军，攻占了多处重要的中国港口和城市，并于同年10月进入北京。10月底，法国迫使中国与之签订了《中法北京条约》。该条约主要内容为：增开天津商埠；赔偿法国军费（白银）800万两，恤金20万两，并由海关担保上述赔款。尤其让中国人民感到愤慨的，是法英联军在1860年10月火烧圆明园所犯下的滔天罪行。他们在抢走价值连城的稀有珍宝后，为掩人耳目，竟然焚毁了这座举世无双的中国皇家园林，致使中国人民遭受了无法估量的损失。

---

① 此人在1860年以法军司令的身份参与法英联军对中国的侵略，因在同年9月在北京附近八里桥发生的激战中指挥军队屠杀中国军民，被拿破仑三世封为"八里桥伯爵"。

印度支那是法国在亚洲的另一个重要侵略对象。这一地区的丰富物产早就让法国资产阶级想入非非，但在帝国初建之际，由于一时无法腾出足够兵力来攻占此地，法国主要通过在越南设立副主教等方式来扩大在印度支那的影响。不久，随着越南封建制度危机日益加深，法国开始直接借助武力来染指这一地区。1859年2月，伙同英国对华发动了第二次鸦片战争的法国，在兵力不足的情况下仍一度占领了西贡，不久，由于法英联军在中国的大沽口战败，驻越法军主力奉调北上增援，法国的侵越活动暂处低潮。第二次鸦片战争结束后，大批侵华法军进军越南南部。1861年，法军占领了定祥、嘉定与边和三省，并在翌年迫使安南阮氏王朝签订《西贡条约》，向法国割地赔款。1866年，法国又以交涉如何履行上述条约为借口，悍然进军湄公河三角洲。翌年6月，法军占领了安南仅存的三个省份：永隆、朱笃与河仙。由此，整个越南均沦为法国的殖民地。法国在侵略越南的同时，还对柬埔寨进行殖民扩张。1863年8月11日，法国凭借武力迫使柬王诺罗敦签约，承认由法国来继承越南对柬埔寨的宗主权，意欲使柬埔寨沦为法国的保护国。

　　不过，对拿破仑三世来说，虽然他的殖民扩张事业颇为"辉煌"，但其中也有一处不小的"败笔"，就是19世纪60年代远征墨西哥的惨败。此次殖民远征中，法国损兵折将，耗费了大量财力物力，最后仍一无所获。

　　拿破仑三世对美洲大陆可谓是垂涎已久。早在1837年被流放到美洲时，未来的拿破仑三世就希冀有朝一日能成为这片广阔富庶土地的"主人"。第二帝国建立伊始，因须把主要兵力投入克里米亚战争，拿破仑三世暂不可能立即把自己当年对美洲的野心付诸实现。1858年，墨西哥爆发内战，拿破仑三世遂开始打算正式远征墨西哥，并在1862年联合英国与西班牙对墨西哥发动军事行动。表面上看，法军远征墨西哥是因为以华莱士为首的墨西哥共和国政府在1861年7月宣布两年之内暂不支付外债，作为其最大债权国的法国是为本国资本家去"讨债"而出兵的，但实际上，拿破仑三世此举有着更大的经济与政治考量。他在这方面的经济意图在其致远征军司令的信中可以说是一览无余："美洲的繁荣对于欧洲至关重要，因为它将为我们的工厂与商业提供物资。"法国如能统治墨西哥，"将为我国的商业打开广泛销路，为我们的工业提供必要原料"。而他的政治意图则在下述言论中得到昭示："如果墨西哥有一个由法国军队建立的稳定的政府，我们将建造一道不可跨越的堤防，以便对抗美国的侵占，保证属于我们的安的列斯殖民地的安全……我们将在中美洲确立有利影响，并将向南方与北方扩大此种影响。"

1862年2月，法、英、西三国联合舰队以讨债为名在墨西哥登陆。在华莱士政府忍辱接受了列强提出的经济要求之后，英、西两国随即撤军，唯独法国仍把军队留在了墨西哥。而且，拿破仑三世为实现自己在美洲的夙愿，反而向墨西哥增派了数万远征军，继续向墨西哥腹地进逼。1863年6月，法军攻占了首都墨西哥城，又在翌年扶植奥地利皇帝的幼弟马克西米连大公在墨西哥称帝。为把法国侵略者赶出自己国土，重建共和国，墨西哥人民在华莱士的领导下进行了艰苦卓绝的斗争。1867年3月，法军被迫撤出墨西哥，为法国人充当傀儡的马克西米连皇帝被枪决。最终，法国此次对墨西哥的劳师远征以人员伤亡、财政消耗与威信下降的三重损失而画上句号。

战争带来的荣与辱

第二共和国时期，法国的国际处境仍同复辟王朝和七月王朝时期一样，处于比较被动的态势。且不说法国此期的经济、军事实力如何，光是1848年二月革命以来法国国内持续不断的政治动乱，就足以使法国在欧洲外交舞台上缺乏足够话语权。至于要为1814—1815年的"国耻"报仇雪恨，似乎更是可望而不可及。然而，路易·波拿巴的上台称帝与第二帝国的建立很快改变了这一局面。作为"秩序的象征和救星"上台的波拿巴虽在恢复帝制前夕口口声声宣称"帝国就是和平"，但黄袍加身之后，他却连连发动战争，意欲以此消除1814—1815年维也纳会议带给法国的诸多"耻辱"，重新确立法兰西在欧陆的优势地位，并为法国的经济增长扩大廉价原料来源与商品销售市场。后来的事实恰恰表明——"帝国就是战争"。不过，纵观第二帝国的兴衰史，人们不难看到，与第一帝国一样，战争既给帝国带来了无上荣耀，使法国的国际地位一时得到大幅提升，但也最终给法国带来了莫大耻辱。

1853—1856年的克里米亚战争，是第二帝国进行的第一次战争。早在路易·波拿巴还是共和国总统时，他就迫不及待地参与了"东方角逐"，即争夺奥斯曼帝国的"遗产"。为扩大法国在中近东地区的影响力，他在1850年5月向素丹抗议东正教徒侵犯天主教徒权利，明确要求应由天主教掌管"上帝陵墓的钥匙权"。1852年2月，素丹同意由天主教掌管"圣地的钥匙权"。此举使俄国沙皇勃然大怒，遂在翌年5月向奥斯曼帝国发出最后通牒。在法英两国的支持下，素丹拒绝了俄方的最后通牒。于是，1853年7月，俄国以保护当地东正教徒的利益为名，派兵入侵奥斯曼帝国，占领了摩尔达维亚和瓦拉几亚。同年10月，奥斯曼帝国对俄宣战。11月1日，俄国也向奥斯曼帝国宣战。不久，俄土冲突演变成公开的国际冲突。

由于法国在该地区有巨额投资，加之这一冲突导致的列强对抗也给法国提供了分化维也纳条约签字国的时机，拿破仑三世遂命令法国海军与英国海军合作，组成联合舰队，于1854年初驶入黑海。同年3月27日，在向俄国发出从其占领地区撤军的最后通牒而遭到拒绝后，法英两国正式向俄国宣战。由此，旷日持久的"东方问题"①演变成一场大规模的"东方战争"。鉴于这场战争后来以克里米亚半岛战局最为重要，故史称克里米亚战争。在这场历时一年多的战争中，法国耗费了数百万法

---

① 指近代欧洲列强为争夺衰落的奥斯帝国的领土和利益的问题。简单来说，就是"应把奥斯曼土耳其怎么办"的问题。

郎，法军死于霍乱和战场者近10万人，但战争结果无疑对法国颇为有利。它不仅有力遏制了俄国南侵的势头，更重要的是使欧洲各国力量对比出现了新的格局，尤其是恢复了法国在欧陆已丧失数十年之久的优势地位。显然，克里米亚战争，给拿破仑三世及其第二帝国带来了莫大荣光。

克里米亚战争甫一结束，拿破仑三世便把目光转向意大利，以援助意大利统一为名，蓄意策划了侵意反奥战争。在1856年春天的巴黎和会上，拿破仑三世借题发挥，支持出席和会的撒丁王国首相加富尔在会上提出超越会议议题范围的意大利问题。翌年9月，他在斯图加特与沙皇亚历山大二世会晤时，又要求俄国未来在法国、撒丁王国与奥地利出现冲突时保持友好中立。在赢得俄国的支持，使奥地利更显孤立后，拿破仑三世在1858年7月21日邀请加富尔到法国著名温泉休养地普隆比埃尔举行秘密会晤。双方在数小时的单独秘密谈判中商定，法国将帮助撒丁王国打败奥地利，统一意大利。作为交换，萨伏依和尼斯将划归法国。在战争准备就绪之后，拿破仑三世和加富尔联手设下圈套，诱使奥地利主动挑起战争。果然，奥地利中了圈套，在同年4月27日首先对撒丁王国发动进攻。事发之后，拿破仑三世即以奥地利对意大利进行战争威胁为由，派兵越过阿尔卑斯山，与撒丁王国军队联手作战。他本人甚至在5月中旬，亲赴其伟大的伯父曾取得辉煌战果的意大利战场督战。6月4日和25日，法撒联军相继在意大利北部伦巴底的马让塔、索尔费里诺进行的两次战役中大败奥军。此时，收复威尼西亚①已是指日可待，就连通往奥地利的道路也已打开。在这关键时刻，拿破仑三世背信弃义，单独向奥地利提出停战建议，并于7月11日在维拉弗兰卡与奥皇签订了有损意大利民族利益的停战协议。对此，撒丁王国方面虽然极度气愤，却也只能无奈接受。

拿破仑三世当时这样做，虽有各种各样的原因，但最主要的原因是他并不真正希望出现一个统一而强大的意大利，他只不过是想借意大利战争削弱奥地利的势力，扩大法国在欧洲南端与地中海的实力和影响，其中就包括兼并萨伏依和尼斯。11月10日，法撒、奥撒、法奥撒诸方在苏黎世签订了3份条约，规定奥地利将伦巴底归还给撒丁，威尼斯仍由奥地利管辖，法国则获得萨伏依和尼斯。可以说，意大利战争的胜利，再次显示了法国在欧洲的优势，使第二帝国的威望空前提高。为此，当时法国的官方报刊曾连篇累牍地载文，庆贺法国终于彻底雪洗了1815年的"耻辱"。不过，拿破仑三世在这场战争中表现出来的背信弃义，既让意大利爱国志士感到极度愤慨，也使自己在国内遭到不少民主派人士的严厉谴责。

无须讳言，在19世纪五六十年代，除了远征墨西哥以失败告终，第二帝国军队在国外战场上取得的大大小小的胜利给帝国带来了足够多的"光荣"。但让人们始料未及的是，70年代伊始，就是这样一支武威赫赫的帝国大军，却在普法战争中显得

---

① 全名伦巴第—威尼西亚王国，是一个位于意大利北部的王国，当时由奥地利帝国控制。

不堪一击，不仅导致拿破仑三世本人成了普军的阶下之囚，还使得至少在表面上仍显得十分强大的第二帝国轰然倒塌。

1870年的普法战争，实际上是一场双方都有意为之且不可避免的战争，目的便是争夺欧洲霸权。对拿破仑三世来说，他意欲与普鲁士兵戎相见，很大程度上是因为想借发动对外战争来摆脱国内危机，延续帝国。1865—1867年，周期性的经济危机在法国再度爆发，法国国内的矛盾更加尖锐。在这种情况下，诸多反对帝国的社会力量都加强了活动。其中，让拿破仑三世感到威胁最大的力量有两股，其一是在工业革命完成后迅猛发展起来的工人运动，其二是在帝国后期复苏后急剧壮大的资产阶级共和派，后者一方面通过选举扩大自己在立法团中的势力，一方面利用手中掌握的报刊以及各种机会频频向帝国发难。

在此期共和派著名领袖莱昂·甘必大的领导下，共和派在1869年选举前夕制定了著名的《贝尔维尔纲领》。这一民主改革纲领，将一些纯粹自由主义的要求与工人运动的年轻领袖们所鼓吹的要求糅合在一起，从而巧妙地把工人们拉到了己方阵营。在帝国举行的最后一次议会选举中，以共和派为主的反对派共获得了330万张选票，而政府的拥护者则由500万人降至450万人。而且，政府的拥护者中还以农民居多。也正是出于这一原因，拿破仑三世在面对反对派的巨大压力下，不得不通过诉诸公民投票来恢复自身的"合法性"。由于农民们再次忠诚地投票拥护帝国，拿破仑三世得以"第二次建立"帝国。但他本人心知肚明，这一虚幻的"胜利"掩盖不了帝国存在的深刻危机。同时，帝国在外交上接连受挫，使法国有可能腹背受敌，而普鲁士的崛起与德意志统一进程的加快，更对法国在欧陆的霸权地位形成新的威胁。

总之，为使帝国摆脱内外交困的局面，拿破仑三世早已萌生发动普法战争的念头。无独有偶，普鲁士的铁血宰相俾斯麦，此时也急于发动普法战争。概言之，后者的战争目标有：消除外部妨碍德意志统一的最大阻力，即法国的反对，与法国争夺西班牙及其殖民地，从法国手中获得阿尔萨斯–洛林；乘机打击国内民主反对派，保证霍亨索伦王朝的专制统治。

普法战争的直接起因是西班牙王位继承权问题，而爱姆斯电报则堪称其导火索。1868年，西班牙爆发革命，王位一时空缺。俾斯麦乘机以重金开路，力图使西班牙新的当权者接受他提出的建议，即由同时是西班牙国王之女婿的普王的远房堂弟利奥波德继承西班牙王位。1870年7月3日，西班牙新议会接受了俾斯麦的提议，这意味着，普王的家族成员即将在西班牙登基称王。消息传至法国，舆论一片哗然。因为这一结果意味着西班牙将成为普鲁士的盟友，法国将腹背受敌。为此，法国展开了一场咄咄逼人的外交活动，联合英、奥、俄诸国迫使普王要求利奥波德放弃西班牙王位。但是，拿破仑三世并未满足于此，而是派遣法国驻普大使贝内德蒂去到普王威廉一世当时的休养地爱姆斯求见普王，要求普王保证霍亨索伦家族永不继承西班牙王位。因普王不愿做此保证，会晤不欢而散。事后，普王把会晤内容电告俾斯麦。为了诱使拿破仑三世首先挑起战争，俾斯麦在陆军总参谋长毛奇、陆军大臣罗恩的怂恿和支持下，巧妙地删改了普王发自爱姆斯的这封电报，使电文含有侮辱法国之意，还故意在报上公布。这一招很快出现了俾斯麦所期待的结果：法国这头愤怒的蛮牛盲目地冲向"红布"。果然，拿破仑三世在看到报上公布的电文后恼怒万分，遂在1870年7月19日向普鲁士宣战。

战争爆发之际，普方动员了45万兵力，而法方却只动员了26万左右的人马。尽管如此，颇为自负又轻敌的拿破仑三世，仍以为可在短期内击败对手，使之俯首称臣。他甚至吹嘘说，这只是到柏林的一次"军事散步"。为此，他不顾自己年老多病，在7月下旬携带年仅14岁的皇太子，由奢华的侍从队伍护卫亲赴前线指挥，留皇后欧仁妮在首都摄政。8月2日，法军顺利入侵普鲁士莱茵省，占领萨尔布吕肯。然而，时隔2天，装备精良、士气高涨的普军就收复了失地，且越过了边境。从8月初至月中，普军以破竹之势屡败一直骄傲轻敌的法军。8月12日，巴赞被封为大元帅，代替拿破仑三世指挥法军。普军乘对方主帅易人之际迅速调兵遣将，于8月底在色当和梅斯分别完成了对法军两大主力部队的分隔包围。从8月30日起，由24万人组成的普军用500门大炮开始猛攻困守在色当的11万法军。9月1日，由于伤亡惨重，军无斗志，同样被困在色当的拿破仑三世于下午下令升起白旗。翌日，他和麦克马洪元帅亲率8万多法军向普方缴械投降。

9月3日傍晚，皇后欧仁妮收到拿破仑三世发自前线的电报："军队已失败与被俘，我自己也成了俘虏。"消息传出后，许多群众于当晚来到波旁宫前示威游行。9月4日，首都爆发革命，第二帝国被推翻。至此，曾给帝国带来诸多"光荣"的战争，终于也使帝国走向了末路。

第六章

再现『伟大的法兰西』

战火中的"早产儿"

法国在普法战争中的惨败，在直接导致第二帝国垮台的同时，也促成了第三共和国的建立。而正是在第三共和国前期，法国较快就摆脱了失败阴影，重新以"伟大的法兰西"的面貌再次跻身于世界强国之列。不过，这一共和国最初却不过只是个在战火中诞生的"早产儿"。

1870年9月3日傍晚，官方正式公布了色当惨败的消息。当天晚上7时，一批愤怒的巴黎市民率先自发上街游行示威，要求废黜应对战败负责的被俘的皇帝，实行共和制度。9月4日凌晨，更多的市民涌向了街头。这一切，既令当政的波拿巴派惶惶不可终日，也使担心局面失控的共和派惊恐不安。共和派于是急忙把反对派议员召集在一起，敦促立法团尽快召开紧急会议。就在各派议员在立法团的会议中围绕诸如宣布废黜拿破仑三世、移交政权等事宜争得不可开交之际，一些聚集在协和广场的示威群众开始冲进立法团的所在地波旁宫，一些人甚至涌入立法团会议厅。冲进议会大厅的示威群众要求共和派议员立即宣布成立共和国，但共和派议员却表示必须按立法程序行事。

不久，一群布朗基主义者①冲进议会大厅，直奔主席台，勒令议员们立即宣布废除帝制，实行共和。在这同时，另一批布朗基分子甚至正在市政厅策划建立革命政府。

这种局面使共和派认识到，倘若再不立即采取措施，宣布共和的主动权将落到布朗基派手中。为了尽快把立法团从群众包围中"解救"出来，也为了不让布朗基派在市政厅的活动得逞，甘必大等共和派议员遂以尊重历史传统为由，要求人们去市政厅宣布成立共和国。于是，在他们的分别带领下，在场的群众离开了波旁宫，分两路沿塞纳河两岸向市政厅进发。此时，市政厅广场上人山人海，一些布朗基派成员和新雅各宾党人已经拟就了临时政府成员名单。他们之所以没有马上宣布这份名单，只是为了等待在群众中颇有威望，刚刚从监狱中被营救出来的小资产阶级政治家罗什福尔的到来。甘必大等人见状，即刻纠集一些共和派议员，在市政厅的一个房间里拟定了自己的临时政府成员名单。在他们忙于拟定名单时，罗什福尔在群众簇拥下来到了市政厅。为了借助罗什福尔的大名来提高新政府声望，共和派议员们急忙把罗什福尔拉进其正在开会的房间。罗什福尔不仅被他们列入自己的政府成员名单，同时还被授权宣读这份名单。当罗什福尔在市政厅窗口前向汇集于广场上的群众宣读名单完毕时，在场群众以热烈掌声表示了对临时政府

---

① 布朗基主义是指以法国社会主义者和政治家路易·奥古斯都·布朗基的政治主张与理论为核心的政治思想，布朗基主义强调社会主义革命应由相对少数的高度组织化和秘密的密谋者施行，认为政治革命应该采取政变的形式。

的认可。无疑，临时政府的组建意味着帝制已被推翻，共和国第三次在法国"诞生"。不过，它显然是个"早产儿"，严重欠缺合法性。

临时政府由奥尔良派分子、时任巴黎总督的特罗胥将军担任总理。临时政府在成立之际一再声称自己是"国防政府"。色当战役之后，普鲁士国王背弃了不对法国人民作战的诺言，继续挥师向法国腹地进军，还派出两路大军直扑巴黎。在巴黎岌岌可危之际，国防政府最初确实也曾采取过措施来加强巴黎的防卫。但这一被巴黎人民委以救国使命的政府，尤其是其主要领导人从一开始就对与普鲁士作战缺乏信心，明确流露出失败主义的情绪。例如，在首次政府会议上，特罗胥本人竟然明确说道："在目前情况下，巴黎要想抵挡住普鲁士军队的围困，那简直是一种蠢举。当然……这可能是一种英勇的蠢举，但终究不过是蠢举而已。"

不难想见，在这种思想主导下，国防政府组建之初自然把主要精力用于乞求欧洲列强出面调停、争取在不割地的前提下与普方和谈上。出于这种考虑，它还特意委派老牌政治家梯也尔出访英、俄、奥、意四国，恳请这些国家进行干涉。可以想见，这些国家的君主绝对不会为了一个"共和国"而去开罪普鲁士，因而，虽然梯也尔在所到之处皆受到高规格接待，但最终却空手而归。与此同时，普鲁士方面在闻悉梯也尔正在游说欧洲各国朝廷，争取它们出面调停后，于9月11日断然宣布对国防政府不予承认，同时还表示，在法国产生被欧洲国家承认、并按普鲁士建议行动的政府之前，其他欧洲国家的调停不会有成功的机会。普方此时之所以断然拒绝调停与和谈，主要是因为其军队尚未完成对巴黎的包围，而只有围困巴黎，普鲁士才有望实现让法国割地赔款的战略目标。

9月18日，普方在其军队完成对巴黎的包围后，立即宣称愿与法国政府举行和谈。国防政府闻讯后，第二天就派副总理兼外长法夫尔亲赴普军设在巴黎附近的大本营，同俾斯麦进行谈判。因俾斯麦提出的条件过于苛刻，法夫尔在9月20日垂头丧气地返回巴黎。国防政府鉴于普方的条件苛刻之极，更由于巴黎人民强烈要求在普鲁士炮口下战斗到底，遂不得不在表面上担负起领导抗战的职责。一些政府要员甚至还夸下海口：敌人"既得不到我们一寸领土，也得不到我们要塞上的一块石头"。

不过，国防政府及其成员虽然口头上说得十分英勇，但在行动上却消极如故。他们当中，只有时任内政部长的甘必大，才算得上是个为解放国土而准备不顾一切的爱国志士，他曾不顾个人安危，乘气球飞离被普军团团包围的巴黎，前往外省组织抗战。富有斗争精神的巴黎人民，出于对国防政府消极抵抗行径的强烈不满，加之不堪忍受长时间的围城之苦，曾两度举行起义。面对民众的不满情绪与起义活动，国防政府反而加快了投降卖国的步伐。翌年1月23日，法夫尔再次被派去与俾斯麦谈判。经过5天的谈判，双方在1月28日签订了停战协定。该协定规定了停火时间及双方的停火线；规定巴黎交出全部防御工事和大批武器弹药，驻守巴黎的正规军除留下一个师保留武器以"维持秩序"外，其余全被宣布为战俘；法国必须在3周内选出国民议会，以最终决定和战问题。

2月8日，法国根据停战协定有关规定举行国民议会选举。此次选举实际上带有全民公决的性质：继续战争，还是按普方规定的条件停战？甘必大试图通过他领导的政府在外省的代表团，对此次选举施加影响。为了能选出一个主战议会，他通告各省省长，不得让第二帝国官吏和现政府成员参加竞选。这一做法引起了俾斯麦的不满和抗议。于是，此时已唯俾斯麦之命是从的特罗胥和法夫尔，很快就要求甘必大收回成命。为表示与这一卖国的"国防政府"决裂，甘必大在2月5日愤然辞职。从此，议会选举完全被投降派所操控，主和派进而以明显优势取得了选举胜利，共有400名代表当选，而这些人绝大多数同时又是君主派。由此一来，共和国的"合法性"就更成了问题。人们大可认为，这个先天不足的共和国，不过是在帝国失败后由街头革命强加给国人的，并未获得普选的批准。

选举产生国民议会后，国防政府立即交出了权柄。不久，在波尔多集会的议会，任命梯也尔为"法兰西共和国行政首脑"。在组成有奥尔良派、正统派、波拿巴派和共和派代表参加的混合型新内阁后，梯也尔所做的第一件事就是与德国媾和。在谈判中，梯也尔可谓使出了浑身解数，与铁血宰相进行艰难交涉，力争减少法国的损失。2月26日，梯也尔与俾斯麦分别代表两国签署了预备和约。预备和约规定：法国向德国割让阿尔萨斯省的全部（贝尔福城除外）和包括梅斯等城在内的洛林省的1/3；

赔款50亿法郎，其中10亿法郎须在1871年底前支付，其余在1874年3月2日前付清。尽管这一和约对法国而言极具屈辱性，但主和派占绝对优势的国民议会还是很快就对此予以批准。

大凡一个民族在遭遇大难时，往往会对"奇迹人物"异常信赖。此时此刻，在议会大选中几乎获得全民族公举的七旬老人梯也尔，俨然就是这样一位被法国人寄予厚望的能使"奇迹"出现的人物。平心而论，老于世故、精于谋略的梯也尔没有让国人失望。为尽早"解放"国土，梯也尔试图在尽可能短的时间内偿清俾斯麦所苛求的50亿法郎赔款。为此，他通过成功发行一种可望获得高额利润的公债，为法国提前偿清赔款提供了资金保证。由于认购者异常踊跃，法国得以提前偿清了巨额赔款，由此也使德国占领军提前18个月撤出法国领土。

在整顿和改组国家机构方面，梯也尔十分注意理顺中央与地方的关系，强调既要坚持中央集权，又要充分发挥地方自治机构作用。他曾颁布法令规定，省长和大城市的市长由中央政府任命；小市镇市长等则由地方议会选举产生，由此保证了地方拥有维护自身利益的人。为鼓舞士气，重振军威，1871年6月29日，梯也尔在龙尚赛马场举行大规模军事检阅，接受检阅的法国官兵，一扫因战败而萎靡不振的精神面貌，重新显示出了高度的自尊与自豪。为使法国能尽快恢复强国地位，梯也尔政府还在加强国防、整顿军队，尤其是取消职业军队，解散国民自卫军、实行义务兵役制、改进法军武器装备等方面，采取了多种举措，且成效显著。此外，在使法国尽快恢复和发展经济方面，梯也尔也做了大量卓有成效的工作。这一切自然使梯也尔个人威望与日俱增。1873年3月，法国付清了最后一笔对德赔款，法德关于德军撤离法国的协定在柏林签署后，梯也尔的个人荣誉趋于顶峰，他被人誉为"法国领土解放者"，议会同时还特意通过了"梯也尔有功于祖国的决议"。

大革命爆发以来，法国政体一直不稳，先后出现了君主立宪制（1789—1792）、第一共和国（1792—1804）、第一帝国（1804—1814，1815）、波旁复辟王朝（1814—1830）、七月王朝（1830—1848）、第二共和国（1848—1852）、第二帝国（1852—1870）。政体的不稳与多变，难免对一个国家社会政治发展等产生种种负面影响。第二帝国垮台之际，类似问题再次摆在了法国人面前。如果说在第二帝国废墟上建立的第三共和国是个战火中诞生的"早产儿"，那么法国在1871年2月进行的国民议会选举的结果，更使共和国的"合法性"成了问题。由此，在共和国最初七八年时间里，围绕究竟实行共和制还是君主制？法国展开了既扑朔迷离，又激烈异常的政体之争，并最终为法国自大革命推翻君主专制统治以来，在法国持续了数十年之久的政体之争画上了句号。而在这一过程中，由正统派、奥尔良派和波拿巴派共同组成的君主派，曾一度占了上风。

为使共和制能在六边形土地最终确立，广大人民群众，尤其是共和派，展开了极为艰巨，同时亦不乏策略性的斗争，并最终取得了这一斗争的胜利：1876年10月，在新的众议院选举中，共和派在其无可争辩的领袖甘必大的领导下取得了胜利，在此次选举中，甘必大比任何时候都更像一位"民主政体旅行推销员"；同年12月13日，共和派再次组阁，夺回了行政权；翌年1月，共和派又乘参议院三分之一议员改选之机，赢得参议院的多数。不久，在君主派支持下才得以上台的麦克马洪总统，见大势已去被迫辞职，提前一年结束了自己的总统任期，共和党人格列维成为继任者。至此，众参两院、内阁、总统职位，已尽数被共和派掌握，共和派全面胜利的格局已然形成。议会两院还作出几项极具象征意义的重要动议：国家机关从凡尔赛迁回巴黎，《马赛曲》定为国歌，7月14日定为国庆节。

上述一切表明，共和制已在六边形国土上最终确立，而议会共和制和资产阶级民主制度在法国的最终确立，无疑也会对法国社会和政治的发展，以及国力的恢复和增强产生诸多积极意义。例如，如果说共和派对正统派的斗争，具有将1789年革命进行到底的性质和意义，以及斗争的胜利意味着这场革命的彻底完成，那么，共和派对奥尔良派和波拿巴派的胜利，则结束了七月王朝和第二帝国政坛由资产阶级中某个派别集团独霸的局面，尤其为工业资产阶级提供了分享政权的机会，而这些无疑有利于法国工业资本的发展。

知识生产与权力竞逐

对法国等欧洲国家来说，人称"欧洲的世纪"的19世纪，既是"浪潮涌动、创造力迸发的一百年"，同时亦是"权力竞逐的世纪"。企鹅兰登集团在打造其鸿篇巨制——"企鹅欧洲史"时，承担19世纪卷的作者干脆将此卷取名为《竞逐权力：1815—1914》（*The Pursuit of Power, Europe 1815—1914*）。无疑，此处的权力涉及多个维度，既包括政治、军事、经济，也包括社会、文化等许多方面。虽然如此，却并不影响人们联想到培根的名言——"知识就是力量"。因为，此处的"力量"（power）一词不仅可译成"权力"，同时还包含"强权""强国"之类的引申义。法语中与之相对应的单词"puissance"亦复如是。其实，第三共和国前期法国朝野人士对"知识"所表现出来的超常热情，就可在很大程度上归因于他们对某一方面权力的渴求，以及对法国重新成为一流强国的期盼。

第三共和国是在第二帝国因战败垮台后应运而生的。共和国初期，战败的法国人在蒙受割地赔款的民族耻辱时，难免会聚焦如下问题深刻反思：一个像法国这样至少看上去足以傲视其他列强的头等强国，为何会在普法战争中不堪一击？其间，一些法国有识之士不约而同地把败因与本国在知识生产，特别是教育体制上的种种不足联系在一起。于是，诸如此类说法相继在法国不胫而走，比如，对法国的小学教育深感不满的人宣称，"击败法国的不是撞针步枪，而是普鲁士的小学教师"。另一些人则把矛头指向了法国高等教育，认为法国之所以败北，是因为德国大学在很多方面都明显强于法国。

此外，共和国起初不过是个战火中诞生的"早产儿"，其"合法性"有颇多争议，因而，共和国刚成立时，围绕该实行共和制还是君主制，法国出现了异常激烈和曲折的政体之争。为让共和制能在六边形土地上真正落地生根，共和派人士展开了艰巨斗争。这一经历，尤其是胜利之来之不易，促使共和派人士掌权后愈加清醒地意识到，经历了大革命后开启的一个世纪的动荡和冲突后，法国亟待依托理性、民主，在寻求民族团结和精神统一上获得突破，共和国本身也需更令人信服地和"进步"紧紧联系在一起。而在当时的大背景下，"知识"（le savoir）早已被视为"进步"最理想的标志。共和派领袖茹勒·费里在共和国早期初掌政权时曾这样说道："第一共和国给了我们土地，第二共和国给了普选权，而第三共和国赋予了知识。"这番话清楚表明，在他本人以及其他共和派人士心目中，让第三共和国更多赋予国民各种知识，是足以和第一共和国在大革命中借助对外战争扩大法国版图，以及第二共和国赋予男性公民普选权之类的丰功伟业相提并论的壮举。而要实现这方面目标，教育改革势在必行。由此，共和派掌权后，一直把教育改革作为优先关注的重要任务。

法国素称"天主教会的长女"，天主教在该国势力之大由此可见一斑。如果说天主教势力在大革命时遭受严重打击，那么在其后一些历史阶段中已在不同程度有所恢复。尤其在第二帝国时期，天主教势力得到明显扩张，在文化教育领域的扩张更是到了令人发指的地步，非但借1850年教育自由法创办大量教会学校，还把大量神职人员派入公立学校。由此，教会牢牢控制了为数不少的青少年的思想和教育。对此，共和派人士早就深恶痛绝。加之宗教教育严重禁锢了民众头脑，阻碍科学知识和共和思想传播，遂导致共和派人士早就立下宏愿，一旦掌权，必要迅速扭转这种状况。

而且，第三共和国初期，亦即"保守的共和国"时期，教权主义者的猖狂活动进一步显现出，它是君主制度最牢固的支柱、共和制最具威胁的敌人。鉴此，温和共和派领袖费里明确指出："如果国家不摆脱教会，如果再不消除法兰西愚昧的教条，共和国将会夭亡。"费里等人同时还深信："谁控制了学校，谁就能支配世界；谁控制了法国的学校，谁就能统治这个国家。"既然如此，在"共和派的共和国"里，教育大权还能再由教会来控制吗？答案无疑是否定的。

温和共和派执掌政权后，立即把对教育进行世俗化改革摆上了议事日程。1879年3月15日，经过紧锣密鼓的准备，时任教育部长的费里向议会提出两项法案：一是把所有天主教会成员清除出全国教育的最高领导机构——国民教育最高委员会和学术委员会；二是修改1875年高等教育法，禁止私立高校采用"大学"的名称，废除私立高校学位授予权，获取学位的资格考试一律由国立院校主持。紧接着，他又起草了教育改革法案，其中第七款明令解散耶稣会，其他宗教团体必须提交批准，禁止未获授权的宗教团体办教育。这些方案的出台，在全国激起强烈反响。天主教徒们很快掀起了抗议浪潮。被大批清洗的耶稣会士，还在一些地方举行规模可观的游行示威。翌年，费里受命组阁。为显示对教育的重视，他还亲自兼任教育部长。这位集总理与教育部长于一身的温和共和派领袖，继续坚定推行教育世俗化改革，而且还强调须从初等教育世俗化抓起。

1881—1882年，在费里政府的努力下，法国通过法律规定：不论家庭贫富以及家长是否愿意，凡7岁至13岁的儿童须接受初等教育，即使是超龄少年，也必须通过补习，参加初等文凭考试；小学完全免费，有关费用由地方和国家通过税收承担；禁止在课堂上教授教义，教理问答课只允许在教堂中进行。由此，法国确立了初等教育改革三原则：义务、免费、世俗化。为坚定青少年的共和信念，加强爱国主义情感，费里政府还决定在中小学校增设道德与公民教育课，并把它放在首位。

费里在推行教育世俗化改革过程中，还努力加强师范教育，提高师资水平，规定只有获得考试合格证书者才有资格执掌教鞭。同时，他还大幅增加教育经费，使教师工资待遇、社会地位都有明显提高。当时的众多行会或职业团体中，像教师那样全体一致而热情地赞同共和国者，实属绝无仅有。不容否认，这里确实也包含着一些"感激"成分。人们大可毫不夸张地说，教师们已成为共和国大厦的柱石。这方面的例子有许多。例如，乡村小学教师始终以令人感动的虔诚把这样一首《从军歌》教给一代又一代的农家子弟：

共和国号召我们，

我们要懂得胜利或懂得牺牲，

一个法国人应当为共和国而生存，

一个法国人应当为共和国而献身。①

　　正如我们将在后面指出的那样，类似于这首《从军歌》式的教育，对法国广大民众在一战爆发之际爱国主义情绪像火山一般迸发显然起了积极作用。

　　也是在这一时期，历史课开始在法国受到广泛重视，历史课在学校课程中所占比重、历史教师人数均在大幅增加。而且，除历史课外，公民教育课也讲授历史。这一过程中，法国当时一些史学名家起了至关重要的作用。例如，时任巴黎大学教授、巴黎高师校长，后被人誉为"整个法兰西民族历史教师"的史学大师欧内斯特·拉维斯，就亲自撰写了数本充斥着共和主义精神的小学《法国史》教科书。他这些因开本不大而被人亲切称为"小拉维斯"的历史教科书，以简洁明了的方式、生动形象的事例，描述了法国人民走向统一，以及走向19世纪90年代的自由和民主的进程，在这一过程中对少年儿童进行深刻的爱国主义教育，使之为身为法兰西民族国家中的一员而自豪。拉维斯亲撰的这些教科书，问世后无不大获成功，不少再版几十次之多，发行量高达几百万册。当然，这些教科书广受欢迎，除编写得优秀外，还有一个重要因素，就是它们较好满足了普法战争后法国社会对史学界提出的时代要求——及时构建符合共和国现实需要的史学。这种史学书写当以民族—国家为叙事

----

① ［法］让-皮埃尔·阿泽马、［法］米歇尔·维诺克：《法兰西第三共和国》，沈炼之、郑德弟、张忠其译，北京：商务印书馆，1994年，第117页。

框架，且须致力于协调民族观念与共和制度。具体而言，它需具有这两个特点：首先，它是民族的，应当大力强调民族发展的连续性和统一性；其次，它是共和的，应当彰显第三共和国是法国历史发展和理性进步的自然产物，在共和国的引导下，法国不仅是一个自由、民主的国家，而且也是一个经济繁荣、军事强大的国家。

此处还需指出的是，作为当时温和共和派的代表，费里在推行教育世俗化改革时，并未像激进派竭力主张的那样，采取与教会势不两立的立场，力求彻底改变教育面貌，而是不放过任何机会阐明世俗化改革的防御性质，强调问题在于保护共和国免遭教会破坏，绝不是侵犯宗教原则。他本人甚至还在责令有关部门实施相关法令时，三令五申地要求避免发生"事故"。费里在推行相关改革时表现出的"容忍"与"和平征服"精神，充分反映了温和派在治理国家时的"温和"与"谨慎"。虽然共和派中的激进派对此不满，其他极左派人士更是在报刊中猛烈抨击温和派的这种态度与做法，但若从法国当时的社会历史条件以及实际成效来看，这种态度和做法，其实无可厚非。

共和政体巩固之后，尤其是19世纪90年代激进共和派执掌政权以来，共和国政府在教育领域，除继续致力于温和共和派"反教权与世俗化"的未竟事业外，日趋把主要精力投入到以振兴经济，也就是适应第二次工业革命兴起需要，以及满足现代资本主义经济发展要求为导向的教育改革。为此而采取的措施大致如下：

首先，将一些高级初等教育学校改建为商工实科学校，满足各地区工商业发展对熟练工人的需求。此类学校由国家、市镇或省政府共同资助和建立，以劳动人民子弟为培养对象，所授课程多为应用算术、簿记、会计、手工等实用性课程。学生在12岁时入学，修业3年，从二年级起，学生可根据自己的志愿和特长，在工业、商业等类别中任选一组进行学习。

其次，改革中等教育，使其更符合现代社会经济发展实际的需要。费里教育改革虽然使中等教育与小学教育一起实现了世俗化，但距中学教育的"现代化"还相去甚远。中等教育仍以讲授古典著作为主，脱离实际生活。有鉴于此，议院为此专门成立的里博委员会在广泛调研和征求意见后于1898年提出报告，要求改革中等学校课程，使之多学科化，特别是引入现代学科。此外，19世纪末20世纪初，法国还初步确立了中等职业技术教育制度。

最后，改革普通高等教育，使之进一步重视科学和技术教育。法国的高等教育大致分为两大系列，普通综合大学和各类被称之为"大学校"的高等专科学院。后者包括路桥学院、矿业学院、中央工艺与制造学院等。可以说，这一类学校的培养目标与课程设置等不仅从创办之初就较好适应了社会经济发展的需求，且在这方面还基本走在各国前列。但第一类大学却不然，学科设置僵化、教学内容陈旧与脱离实际等问题，一直相当严重。为此，法国在19世纪90年代起对综合大学学科布局、课程设置等也做了相应改革，让其进一步重视科学和技术教育，满足以科学为先导的技术革命对人才的迫切需要。其间，法国一方面在大学新设理"科"（相当于现在的学院），同时还加大科学和技术类课程在课程体系中的比例。

经济发展与人口不足

在从普法战争的失败者重新成为"伟大的法兰西"的过程中，法国的经济发展及其产生的影响，显然不容低估。学界一般认为，就总体来看，法国此期经济发展步调似可概括为：先慢后快。

在第二帝国时，法国曾出现过为时不短的较高增长期，也即前述的"帝制下的繁荣"。与之形成鲜明对照的，是从帝国垮台前夕到第三共和国前十年，也就是所谓"保守的共和国"时期，法国经济增长速度的日趋减缓。温和共和派掌权后，这种颓势非但没有扭转，反而愈益严重。1883年至1896年，经济增长几近停滞。加之美、德两国此期在发展工业方面后来居上，成就巨大，导致法国在世界工业中所占地位在1894年从第二位降至第四位。凡此种种，势必引起不少法国人对本国强国地位是否仍能维持的强烈不安。

那么，此期这种状况是何以出现的呢？一般认为，导致此期法国经济发展几近停滞的因素很多，但影响最大的不外乎以下几点：

第一，普法战争的影响。战争使法国耗费了大量人力物力，损失高达200亿法郎（包括50亿法郎赔款和负担驻扎在法国领土上的德军费用），造成法国严重缺乏资金。更有甚者，普法战争还使法国被迫割让阿尔萨斯和洛林，使法国失去了两个工业化程度最高的省份。阿尔萨斯原是法国机械制造中心之一，它在纺织机械、蒸汽机、铁路机械等制造上处于绝对领先地位。同时，它还是法国棉纺织业中心，集中了全国棉纺织业1/3的生产能力。而洛林地区则是冶金业非常发达。

第二，缺乏重工业所必需的资源。法国向来严重缺乏当时被称为"工业的面包"的煤炭资源，随着铁矿资源丰富的洛林地区被割让给德国，原本并不紧张的铁矿资源也趋于紧张。煤炭与铁矿的严重不足，必然制约法国重工业的发展。

第三，经济危机的连续冲击。1882年和1891年，法国两度蒙受经济危机的重大打击。仅1882年的危机就造成了7000余家企业倒闭，引起诸如冶金采矿、铁路、建筑、纺织等工业部门生产的大幅下降。同时，这次危机对于自1875年起就陷入困境的法国农业犹如雪上加霜。农业的持续衰退，必然严重制约整个国民经济的发展。

第四，资金流向的偏差。法国银行资本虽发达，但鉴于以往在投资工业过程中连连受挫，此期的银行家们初则把主要资金用于在国内放高利贷，继而又在少担风险和攫取更大利润的投资心理驱使下，把资金投向国外，通过放债取得高利。而广大中小资产阶级也对直接投资实业反应冷淡，更乐意把钱存入银行或购买万无一失的债券。这些现象难免造成法国工商业投资的不足。

第五，民族自信心和热情受到严重伤害。普法战争失败与对巴黎公社的血腥镇压，持续不断的政治纷争和层出不穷的政治、财政丑闻，使广大民众产生了严重的消沉心理，致使建设热忱大大降低。

不过，在经过二三十年的徘徊后，法国经济在1896年前后终于结束了停滞不前的状态。自20世纪起，工业增长速度更是明显加快，新一轮经济高涨期已然到来。无疑，在1900年至一战爆发的十多年中，重工业在法国工业发展中起了很好的领头羊作用。例如，1910年，法国煤炭产量达到了4000万吨，而1895年时的产量仅为2800万吨。又如在1900—1913年，铁矿开采量增加了4倍，钢产量增加了3倍，达到468万吨，平均每年递增8.7%左右。与此相应，冶金工业中雇佣的工人人数也翻了一番。

更值得注意的是，虽然传统工业部门仍拥有为数可观的劳动者，但一个不争的事实是，一如其他工业发达国家，法国在此期已坚定地走上以使用电力、石油等现代能源为标志的第二次工业革命道路，新技术革命的开展与新兴工业部门的兴起，已然成为新一轮经济高涨的动力。

这一时期，法国在汽车和飞机制造方面引人瞩目地起着先锋作用。1904—1913年，汽车产量平均每年增长28.3%，年产量达4.5万辆。作为仅次于美国的世界第二大汽车生产国，法国同时还是第一大汽车出口国。法国虽不是最早发明飞机的国度，但却在刚刚兴起的航空技术方面，居于世界领先地位。1909年，布莱里奥上校驾驶自己设计和制造的小型单翼飞机，首次成功飞越英吉利海峡（历时37分钟，飞越41.9千米）。此举在当时震惊了世界，一些人甚至认为，它比被公认为飞机发明者的美国莱特兄弟在1903年的创举更有意义。电力生产以每年14.5%的高速度在增长，尤其是阿尔卑斯山地区，早在一战爆发前几年，就已成功开发水力，提供电力。由于拥有普罗旺斯的铁钒土，法国铝产量居世界第二位，仅次于美国。新兴化工工业也有长足发展，产量仅次于德、美，名列世界第三。需强调的是，新兴工业发展还明显带动了其他工业部门的发展。例如，水电发展对机电工业提出了更高要求，也促进了建筑业和公共工程建设，而汽车、飞机制造业的发展，则会极大刺激钢、铝、玻璃和橡胶等产品的生产。

法国经济能在此期保持强劲发展势头的一大原因是，它凭借多年积累的科研优势及其惯性，在技术创新上仍继续走在世界前列。在19世纪末20世纪初到来的新一轮科技竞赛中，法国不时贡献一些能大大推动生产发展、提高人类生活质量的发明创造或重大改进。例如，埃鲁（1863—1914）成功研究出铝的电解制法；夏尔多内（1839—1924）研制出了人造纤维，并使其工业化生产也取得了突破；米其林（1859—1940）研制出了充气自行车轮胎，这一技术后被推广应用于汽车轮胎；李普曼（1845—1921）发明了彩色照相技术，等等。同时值得充分肯定的是，法国此期在引进和改进外国先进技术上既开放又敏锐。不过，在这些辉煌背后，也隐含着若干潜在的危机，此期法国科学家们的研发模式、思想观念等，在总体上已开始不如美国或德国同行那样，更能适应科技革命发展需要。也正因此，一战过后，法国在科技方面逐渐失去了其原有的领先地位。

在这一轮经济高涨期中，19世纪晚期已初露端倪的工业结构调整，亦即工业生产集中和垄断趋势在法国进一步加强，其中又以重工业部门和新兴工业部门尤为突出。如旺代尔、施奈德、马林·奥姆古尔等公司，控制着全国铁矿、煤炭、冶金、机械等重工业部门，佩施内、久尔曼、圣戈班三巨头则控制了整个化学工业。至于汽车工业，由雷诺公司和标致公司所垄断。尽管如此，若与同期的美国、德国等国进行横向比较，法国工业生产和垄断的程度仍然是有限的，工业生产水平和产品竞争性与之也有较大差距。特别需要指出的一点是，法国企业家大多有些畏首畏尾，缺乏冒险精神。他们中大多数人往往会和本国农民一样，寄希望于国家保护。由于竞争意识不足，他们任凭外国同行占领巨大的国际市场，自己则只满足于在法国及其殖民地销售产品。法国企业家的这些特点，在很大程度上造成其产品难以在国际市场上占据更大份额。

此外还需格外指出和强调的是，19世纪晚期，人口问题已严重困扰着法国。法国过去能在欧洲长期占据举足轻重的地位，至关重要的因素之一就是它拥有较多人口，法国是仅次于俄罗斯的欧洲第二大人口国。但从19世纪初到第三共和国初期，人口增长幅度明显呈递减趋势，法国人口在欧洲总人口中的比重持续降低。例如，1789年，法国人口在欧洲总人口中的比重高达 17%，及至 1871 年，竟然已下降至 8.7%。更糟糕的是，从共和国建立到一战爆发前，这种趋势未见停止，反而愈益加剧：1872—1875 年，法国人口出生率为 26.2%，1896—1900 年为 21.9%，一战爆发前夕则只有 20%；1872 年法国总人口为 3610 万，1886 年为 3852 万人，1911 年为 3960 万，增幅之小，令人吃惊。这一时期，法国人口总数自 1860 年被德国超过后，又在 1890 年、1910 年相继被英国、意大利所超越。

对于这种人口现象的成因，学界有多种解释，但一般认为，除得归咎于因卫生、营养条件差致使死亡率居高不下①外。不少法国人在主观上节制生育也是一个重要因素。具体来讲，当时法国为数不少者不太情愿多生孩子。在农村，众多拥有小块土地的小农，不愿因生育过多子女而导致自家地产被分割而变得零碎；在城市，许多中小资产阶级家庭出于保持或提高生活水平和社会地位考量，或出于对子女教育及前途的顾虑，同样不愿生育过多。那些靠剪息票为生的中小食利阶层，在个人主义思想影响下，更是成为社会中最激进地采取节育措施的阶层。相对而言，工人家庭的生育率最高，但即便如此，也有一些工人响应工会的号召，实行"肚腹罢工"，也就是不再为资本家"生产"任其剥削的劳动力，不再为殖民扩张或无谓的战争"生产炮灰"。

人口增长缓慢，在一定程度上制约了法国国内经济的发

---

① 直到 1895 年，法国人的死亡率始终在 20%—22.5% 之间浮动，其后虽有下降，但在一战爆发前夕仍高达 18.3%。

展①，且还影响到法国的大国地位，特别是在国际社会中的政治、军事地位。故此，从19世纪末起，当局与某些学者开始对法国人口增长缓慢，以及绝对人口先后被许多国家超过忧心忡忡，报刊舆论也开始对这种现象予以抨击。就这样，人口问题在公众心目中日益凸现。

扩展"殖民帝国"

对不少法国人来说，法国在第三共和国前期，即从普法战争失败者重新成为"伟大的法兰西"的一大重要标志，就是抓住了在世界范围内进行殖民扩张的有利时机，在开疆拓土上不断取得一系列所谓的"新胜利"，法国作为世界第二大殖民帝国的地位日益巩固与发展。当然，这一过程并非始终一帆风顺，其中也不乏种种挫折。

早在第二帝国时期，法国就已是仅次于英国的第二大殖民帝国。但进入19世纪70年代后，由于在普法战争中失败，以及国内政局长期不稳等原因，以国家名义进行的对外扩张在法国一度中断。即便如此，某些在一定程度上得到官方支持的法国人，如探险家、航海家、驻守海外的军人等，还在以虽不引人

---

① 不过，若过分强调人口增长缓慢对此期法国经济发展的制约，显然是不妥当的。人口对经济发展的影响只有结合社会各方面条件来考虑才有意义。事实上，法国人口增长缓慢最终并未阻止世纪之交法国新一轮经济高涨期的到来。

瞩目，但却持续不断的方式，延续着法国的海外殖民扩张事业。例如，1875年，法籍意大利人布拉柴在法国政府的部分资助下，率领一支探险队对刚果河流域进行探险与考察。1879年，他又以国际勘定和开化中非协会法国分会及巴黎地理协会的名义，再次踏入这一地区活动。翌年9月，他在到达刚果河下游地区后，与当地巴帖克族酋长马科科签约，取得对刚果河和马莱博湖西岸的保护权，还获准在恩库纳地方（这一地方也因此在后来被称为布拉柴维尔）设立兵站。

温和共和派于19世纪70年代后期掌权后，特别是在以第三共和国殖民帝国缔造者著称的费里受命组阁后，法国重新加紧了以国家名义进行的殖民扩张。例如，1881年，法国设立了上塞内加尔司令部，并令其在尼日尔沿巴福拉贝到巴马科一线建立哨所。特别值得一提的是，1882年11月，法国众议院还通过决议，宣布凡是布拉柴占领之处皆属法国，同时斥巨资帮助布拉柴继续"考察"。翌年，布拉柴以"共和国特使"身份再赴非洲，并在1884年建立法属刚果。

无疑，温和共和派政府主要是从政治和战略角度出发来考虑与制定殖民政策的。它企图在一时无力称雄欧洲的情况下，以海外扩张的新"成就"来显示普法战争后法国国际地位的加强和法兰西民族的"光荣"，同时力图在世界范围内夺取战略要地，以期为日后的争霸打下基础。

然而，殖民扩张即便在19世纪80年代的法国，也未得到国人的广泛理解与支持。而且，殖民地初时在法国的名声也实属不佳。那些在殖民地服役并得到晋升的官兵，往往容易被在本土服役的军人视为无能之辈，而移居殖民地者的普通居民，也时常被人看作是在本土难有出息的处境落魄者甚至懒汉。不过，此期对殖民扩张政策最为不利的反对声音，来自议会中的激进共和派和右翼。他们认为，根据法德两国当时的实力对比，无法将"复仇"与"扩张"两全，而殖民远征非但昂贵无益，还会转移法国对复仇大业的注意，贻误对德复仇大计，最终妨碍法国重新称雄欧陆。出于上述理由，他们主张法国应始终将焦点对准欧陆，并强烈要求政府推行以对德复仇为要旨的"大陆政策"。

面对由此出现的种种非议，温和共和派政府一方面再三强调，对外扩张绝非就是放弃对德复仇，同时宣称，鉴于当时法国尚不具备对德复仇的实力与条件，与其消极等待，不如通过积极扩张，"在别的方面增加法国的荣光"。另一方面，他们又一意孤行，疯狂对外扩张。为此，他们首先拿矿产资源丰富，又处在地中海战略要地的突尼斯开刀，使它很快沦为由法国控制的保护国。其次，法国扩大了在西非的殖民侵略。在向非洲大肆扩张的同时，法国还意欲占领整个印度支那，把印度支那作为侵占中国乃至整个东南亚的跳板和基地。由此，第三共和国在1880—1885年间出现了第一次殖民扩张高潮。

这一时期也可称之为"费里的扩张时代"。不过，这一时代很快就在1885年画上了句号。是年3月，法军在谅山与中越军队交战时惨败。消息传回国内，法国人无不为"又一个新的色当"而痛心疾首。克雷孟梭甚至指着费里鼻子大骂道："你背叛了法国的尊严、荣誉和正义。"面对强大的压力，费里被迫辞职。随着力主殖民扩张的费里内阁倒台，法国在第三共和国时期的海外殖民扩张一度中止。

尽管殖民扩张政策在19世纪80年代的法国尚未得到广泛的支持，但在进入90年代后却大为不同。随着资本主义工商业的发展，对海外市场和廉价原料的需求也进一步加强，许多国家普遍强化了相关的保护主义措施，殖民地的经济意义或经济地位顿时显得越来越重要。在这一背景下，当时不少具有重大影响力的法国工商业资本家，开始日益倾向于支持扩张政策；同时，一些具有强烈"普世主义"观念，其实深受种族主义和欧洲中心论影响的法国人，也在大肆宣扬殖民扩张属于向"劣等"民族传播"文明"的"进步事业"，是帮助其摆脱落后的"善举"。

此外，国际关系格局的新变化也对法国加大扩张力度更为有利。具体来讲，随着法俄同盟的建立，法国在欧陆的安全得到明显加强，似乎可借此有利时机，在海外进行扩张。为进一步推进殖民扩张事业，法国从1889年起开始创办旨在培养殖民扩张专门人才的"殖民学校"；1892年，法国议会中还形成了一个人数可观的"殖民党团"；两年后，政府又专门新设了殖民部，由其负责管辖殖民地事务。不久，殖民政策在法国已获得左右各派的普遍赞同，殖民主义思潮在六边形土地上更是甚嚣尘上。于是，殖民扩张高潮在第三共和国再次出现。这一过程中，非洲大陆重新成为法国殖民扩张的主要场所。及至19世纪末，法国占领了从地中海到几内亚湾的大片土地，形成了面积约为法国本土10倍的法属西非。在进入20世纪时，若与第二帝国时纵向比较，法兰西殖民帝国增加了350万平方英里和2600万人口；若要横向比较，法国此期在殖民扩张上迈出的步伐，也远比其在欧陆最强劲的对手德国要大。一言以蔽之，法国已成功地巩固与提升了自身作为世界第二大殖民帝国的地位。

就法国殖民扩张而言，还有一点需格外强调，即法国虽属仅次于英国的第二大殖民帝国，但其殖民地的经济意义或经济地位，似乎远没有英国那样突出。例如，一战爆发前，法国向殖民地的投资约为40亿法郎，尚不到整个资本输出的9%；而殖民地与宗主国之间的贸易，在整个法国对外贸易中的比重也只是约占12%。导致这种现象出现的原因多且复杂，其中至关重要的一点是，不少法国资本家往往对殖民地的经济效益信心不足，因害怕承担风险而不愿大力投资于殖民地，特别是无意在殖民地投资工业。

此外，若说那些被认为尚有较多"油水"的殖民地会对法国资本家有一定吸引力，那么某些被认为"油水"不足的殖民地，注定更是少有法国资本家问津。不过，虽然对法国本土来说，在从其辽阔殖民地上获取经济利益方面，总体远没有英国那样令人满意，但从政治等角度来看，这一庞大殖民帝国的存在，在当时毕竟还是有助于法国显现强国地位以及法兰西的"伟大"。

摆脱孤立与对德复仇

在普法战争中的失败，导致法国的强国地位一落千丈，而几乎向来以霸主之姿傲视其他欧陆国家的祖国竟蒙受割地赔款的耻辱，势必引起法国社会各阶层民族意识的强烈爆发。与此同时，法国人也第一次深切感受到了统一后的德国对本国构成的严重威胁。如果说在19世纪前期与中期，"高卢雄鸡"在称霸欧洲、争雄世界时的头号竞争对手是"约翰牛"，也就是首开工业革命之先河的英国，那么从普法战争起，它最大的敌人无疑已换成了"普鲁士（或德意志）雄鹰"，亦即在普鲁士铁血宰相俾斯麦领导下实现统一、建立帝国的德意志。正是在此背景下，对德复仇，成了法国朝野上下的共同愿望，同时也构成了19世纪晚期至20世纪初期法国对外政策的重大目标。不过，法国要想实现这一目标，首先需摆脱所处的孤立状态。为此，法国也确实在这方面做出了极大努力。

普法战争结束不久的19世纪70年代，法国在被迫忍气吞声并根据和约割地赔款时，就已开始念叨对德复仇。但由于法国在战争中元气大伤，仍需等待报仇时机成熟，共和派领袖甘必大相当明智地主张，对德复仇雪恨之事，须"永志于心头，莫挂在口头"。同时，由于已深刻认识到，要想实现对德复仇的目标，就得设法同某一欧洲大国结盟，于是法国便在普法战争刚结束就着手接近俄英两国。不过，俾斯麦对于法方意图心知肚明，故竭力用各种手段破坏法国寻求盟国的努力，乃至抢先拉拢俄国作为自己的盟国。在这一背景下，1873年5月，德俄两国签订了一项军事协定，规定"如果两国一旦遭到任何一个欧洲国家的攻击，另一帝国立即以精锐军队20万人予以援助"。后来，又将此约扩大为德、俄、奥《三皇协定》。随着《三皇协定》的签订，法国在欧陆更形孤立。尽管法国政府因实力所限，力求避免触犯德国，甚至在与德交往中不惜暂时忍辱退让，但由于对法国国力恢复之快感到惊讶，即便已经使法国在欧陆被孤立，俾斯麦还是意欲抢在法国彻底恢复元气前以战争相恫吓，迫使法国就范。为此，德国在19世纪70年代多次制造战争危机，其中最为突出的是在1875年策划制造的"战争迫在眉睫危机"[1]。

面对这一危机，鉴于当时法国远未具备进行复仇战争的实力，时任法国外长德卡兹利用欧洲其他大国都不希望德国通过再次削弱法国而变得过于强大的心态，大胆巧妙地运用外交手段，向列强寻求支持，借它们之手来挫败俾斯麦的阴谋。结果，德卡兹等人的外交活动取得了预期成效。沙皇亚历山大二世接

---

[1] 又译"战争在望危机"。1875年初，德国当局无端指责法国在德国以高价大批购买战马，然有介事地公布不得出口马匹的禁令。不久之后，又利用法国议会通过扩充军队，把每个团的步兵营从3个扩增至4个的议案一事大做文章。从4月5日起，由德国官方收买的各大报刊在政府的授意下严词抨击法国这一"帝国的天然敌人"正在准备战争，正试图组成一个欧洲天主教联盟来反对新教德国，并断言德法之间的战争已迫在眉睫。与此同时，德军总参谋长毛奇还公开表示："如果法国不限制自己的军备，那么战争是不可避免的。"一时间，两国关系变得极度紧张。

见了法国大使，并安抚法国政府"不必惊慌"。而且，俄方还以法国保护人的口吻强调，俄国不会坐视法国再度被击溃。历来以维持欧洲均势为基本国策的英国，也不惜向德国施加压力。英国一边让外交大臣向德国担保"法国不怀任何侵略意图"，希望消除"误会"，一边公开宣称，英国不会容忍1870年事件的重演。就连不敢公开得罪德国的奥匈帝国，也背地里向俄国表示自己怀有"与俄国同样的维持和平的愿望"。眼看战争恫吓反而给自身造成如此尴尬的局面，俾斯麦被迫发表和平演说，把一切责任都推给了报人和交易所投机商。无须讳言，这次危机的平息表明，法国虽还处于孤立状态，但它的外交其实还是可有所作为的。

　　总体而言，19世纪80年代的法国依旧未能够摆脱在欧洲的孤立。鉴此，从80年代末开始，法国以争取英国尤其是俄国为重点，加大了摆脱孤立状态的活动力度。1888年，在德国停止对俄国的贷款并提高俄国粮食进口税额后，法国主动向俄国提供了1.25亿卢布借款，欲以金钱收买急于缓解经济、财政困难的俄国。即便如此，沙皇当时还是无意同法国结盟。俾斯麦在1890年的下台，以及德国拒绝延续与俄国的《再保险条约》①，为法国在摆脱孤立地位上取得重大突破提供了契机。于是，它很快利用俄德关系恶化，成功地让俄国成了自己的盟国。1891

---

① 此系俾斯麦为使俄国在未来的德法战争中保持中立而在1887年6月与俄国签订的条约。由于德国此前已与奥匈帝国订立了使后者在德法战争爆发时恪守中立的同盟条约，故这一条约亦称《再保险条约》。

年，法国舰队应邀赴俄访问喀琅斯塔得港，沙皇亚历山大三世亲自到场欢迎，还在法兰西共和国国歌《马赛曲》声中脱帽致敬，以示对法友好。这件事在欧洲引起了普遍关注，也在法国国内广受好评。例如，后来相继担任总理与总统的普恩加莱就此事评论道："对共和派来说，这不仅是一个在传统和形式上均与我们及我们的制度差别很大的政府承认我们的共和国，也可说是法国自身长期的孤立告一段落，并标志着它的复兴。"1892年8月，法俄两国签订了一项军事协定，这一旨在用来对付德奥意三国同盟之协定的签订，意味着法俄同盟开始具有实质性的内容。1894年1月，法俄两国政府以互换外交文件的形式，正式通过了这项军事协定，法俄同盟最终形成。1896年，沙皇尼古拉二世访问法国。法俄同盟的形成，极大改变了欧洲外交格局，同时标志着法国在欧洲摆脱了持续多年的孤立状态。

此后不久，为更好对付头号敌人德国，法国不惜在"法绍达事件"中向长期以来与自己在殖民问题上有尖锐矛盾的英国作出让步。此举使法国避免了与英国关系的恶化，且为此后英法两国的接近铺平了道路。"法绍达事件"和平解决后，法国外长德尔卡塞利用英德在争夺殖民地与外贸竞争中的矛盾，坚持不懈地寻求与英国结盟。在他努力下，1903年，英王爱德华七世和法国总统卢贝实现互访。随着1904年4月双方达成《诚意协约》，英法两国事实上也缔结了同盟关系。同时，德尔卡塞亦使出浑身解数，以期把意大利从三国同盟中争取过来。1903年10月和1904年8月，意大利国王和法国总统相继互访。随着法意两国接近实现，法国部分地达到了瓦解三国同盟的目标。上述事例表明，19世纪末20世纪初，法国通过与俄结盟得以摆脱孤立地位，还极大缓和了跟德国以外的其他欧洲列强的矛盾，再度以一个欧洲强国的姿态活跃于国际舞台。

也正是这一时刻，法德矛盾更形尖锐。1905年，双方终因摩洛哥问题发生严重冲突。事发后，德皇威廉二世访问摩洛哥丹吉尔港，挑衅地向法国发出警告。考虑到此时发生战争对己不利，法方决定暂时让步。早已被德国视为眼中钉的德尔卡塞外长，在德国施加压力后被迫辞职。不过，法国虽在第一次摩洛哥危机中被迫让步，但在翌年召开的讨论摩洛哥问题的国际会议上，却因为有俄、英、美等国支持，基本上达到自己的预定目标——获得对摩洛哥的控制权。1911年，第二次摩洛哥危机爆发，因法国以保护本国侨民为名派兵占领了摩洛哥的非斯城，德国巡洋舰"豹"号驶入摩洛哥的阿加迪尔港，法德战争大有一触即发之势。在这危急关头，由于英国明确表示将站在法国一边，必要时会不惜与德国一战，原准备以武力再次要挟法国的德皇，见势不妙，被迫同意与法国展开谈判。此次谈判后所达成的协议，明显对法国更为有利：德国承认法国对摩洛哥的保护权，法国答应将一小块刚果土地让给德国。

因协议内容明显有利于法国，德国民族主义者在柏林举行了示威抗议，但此时势力已大大加强的法国主战派们，却并没有感谢亲自参与这次谈判的卡约总理，反而抨击他竟然"屈服在德国炮口下"，把刚果的一部分割让给德国。1912年1月，在民族沙文主义和复仇战争宣传极度狂热的情况下，力主推行和平外交政策的卡约下台，取代他的是普恩加莱。这位不久即获得"战争–普恩加莱"绰号的政治家担任总理后，一方面大肆鼓吹要建立"强大的法兰西"，另一方面则围绕着对德复仇这一核心，拼命煽动民族复仇主义思想，积极推行强硬外交，大张旗鼓地进行扩军备战活动。

第七章

『美好年代』与『地狱之行』

"美好年代"的到来

从19世纪结束到1914年一战爆发的这段时期，在法国历史中往往被称为"美好年代"。得益于1896年开始的新一轮经济高涨期，直到大战爆发前，伴随着社会生产力迅速发展和科技水平提高，法国人的社会生活水平持续提升，以至于在经历大战带来的艰辛乃至生死考验之后，他们只要一提到那段时光，就对彼时的物质繁荣、生活稳定夸赞不已，进而将这一时期誉为"美好年代"。需指出的是，与"世纪末"（fin de siècle）一词不同，"美好年代"属于人们日后才给那个时期新贴上的或追加的标签，而常用来指称19世纪末期的"世纪末"，其实在当年就被不少法国人写于纸上或挂在嘴边。

"美好年代"在第三共和国之初因巴黎公社等事件而被严重撕裂的法国出现，与共和精神卓有成效地"起着黏合剂作用"不无关系。这种共和精神，其实还如同法国史学名家米歇尔·维诺克指出的那样，与"饱受质疑却最终得以确认的均势社会形态，以及不断遭到权威主义者们诟病，但在1899年到1914年之间却相对稳定的议会政治"一起，共同构建了"美好年代"

的主基调。①需着重强调一点，共和国成立之初，为数众多的法国人对在六边形土地上实行共和制是否可行尚普遍持怀疑态度，而当法国从19世纪迈入20世纪时，在绝大多数法国人心目中，法兰西似乎已与共和国融为一体。甚至不妨断言，自1789年大革命爆发以来，还没有任何制度在法国创造过此等奇迹：虽然这个制度并没有使大家都能满意，也没有让每个人都得到应有的地位，甚至亦没有保证大家每天都有面包，但纵使如此，在彼时绝大多数法国人眼里，共和国依然仿佛是最好或最可以接受的制度。

共和制能在当时得到大多数国人认同，与共和派掌权后一直把教育改革作为优先关注的重要任务，借此着力改变国民头脑密不可分。进而言之，共和国能在法国深入人心，很大程度上也需归功于法国的教师群体，特别是遍布城乡的小学教师的努力。正如天主教会坚决保卫旧制度，教士们也几乎都充当了共和国的敌人。在费里实施教育改革后，世俗小学已成了共和国的"幼儿园"和反教会学校，而小学教师近乎无一例外地成了共和主义信仰的传授者。其时，这些小学教师非但以令人感动的爱心使市镇小学的孩子们热爱共和国，他们中不少人经常还兼任市镇政府秘书，于是还可担负起政治宣传员的职责，卓有成效地对自己身边的成年人施以道德和政治影响。也正因为教师在第三共和国时的法国社会具有不可小觑的影响力，加之

① ［法］米歇尔·维诺克：《美好年代：1900—1914年的法国社会》，姚历译，长春：吉林出版集团，2017年，第21页。

此期政坛身居高位者中不乏教师出身的政治家，导致第三共和国常被人称作"教师的共和国"。

直到一战前夕，法国农村人口比例仍明显高于城市人口。因而，对当时仍属法国最大社会群体的农民之政治向背予以审视颇有必要。第二帝国时，刚获普选权的农民多会把手中选票投给拿破仑三世。而在第三共和国初期过后，他们开始逐渐成为共和国的支持者。这种转向的出现，显然与农民在这一时期已越来越相信进步、笃信教育有关。19世纪90年代，法国共和派报纸《帕特内回声报》（*Echo de Parthenay*）在当地乡村流传颇广。1893年8月20日，它所刊载的下述文字可谓淋漓尽致地揭示反映了费里教育改革究竟如何导致农民思想发生变化：

> 我们无需回首往事，只要为我们的孩子们想一想，充分理解共和国是劳动者的政府这一观念。为什么贵族和教士反对共和制，这是因为共和政府给所有的人都提供接受教育的机会，教育可以消除无知，这样他们就再也不能像以前那样奴役我们了。[1]

从进入20世纪到一战爆发，因受益于新一轮经济高涨期的到来，法国人的社会生活水平确实犹如"芝麻开花节节高"。说到城市居民生活水平的提高，首先表现在大多数人名义工资的

---

[1] 许平：《法国农村社会转型研究（19世纪—20世纪初）》，北京：北京大学出版社，2001年，第218页。

增长幅度超过了物价上涨幅度，实际工资明显呈上升曲线。人们的饮食有了明显改善。用面包填饱肚子早已不成问题，牛奶、肉类、糖、咖啡等食品开始进入寻常人家，包括工人的家庭。工人家庭的餐桌上，有时也能看到家禽和新鲜蔬菜。工人实际收入的恩格尔系数，虽还很高，但已呈递减趋势。在衣着上，城市广大居民对服饰打扮更为关注。工人在节假日已很少穿着工作服装，此时的他们在穿着打扮上，与中小资产阶级的差别已日益缩小。不过，在居住条件上，贫富差距依旧悬殊。富人们住在环境幽雅的"高级住宅区"中，这里的房屋卫生设备、自来水、煤气、下水道等一应俱全，而中下层人士的住房状况却普遍不佳，非但房租昂贵，设施简陋之极，特别是工人及其家属，他们多住在城郊脏乱不堪的地段，不仅住得拥挤，还缺乏最起码的生活设施。

城市的文化娱乐活动远比过去丰富。当然，这方面的贫富差别同样一目了然。度假、旅游、豪华舞会等只是上层人士的"专利"，平民百姓尚只能泡泡咖啡馆、小酒店，或上公共舞场自娱。不过，卢米埃尔兄弟于1895年发明的电影，却着实让中下层人士兴奋了好一阵子。每天晚上，都有数千名观众挤在漆黑的电影院里，只为一睹这新鲜玩意儿。报刊的种类与发行量均有明显增加，读报已不再是资产阶级的特权，它也成为包括工人在内的中下层人士最重要的日常消遣之一。当时，巴黎几度举办了盛况空前的博览会，而每一次博览会不仅给巴黎增添了新的景观，更给巴黎市民乃至国外游客提供了令人流连忘返的去处。由于价格大幅下降，自行车已从富人才买得起的高档商品变成平民百姓的代步工具。与此相应，自行车运动迅速成为当时法国最热门的体育活动。自1903年环法自行车大赛创设后，此项赛事的一举一动都吸引着成千上万的自行车运动迷。

世纪之交，由于工业化的延误和得到保护的小土地所有制的影响，农民人数依然不少。乡村生活就总体而言，还保持着传统面貌。但随着铁路的开通，通过外出当兵或进城打工、小学教师的言传身教、报纸的发行等多种途径，农民们开始对外面的世界有了更多的了解，他们的生活方式、价值观念和文化习俗等也随之有了不少变化。由于农产品价格明显回升，农民收入增加，生活水平也有所提高，其中最突出的标志是瓦房逐渐增多。至于饮食，人们对稻米、糖、面粉的消费增加了，但肉类、家禽、葡萄酒之类的食品还是只有在过节或婚庆之际才有可能享用。在衣着方面，农夫们平时大多身穿粗布蓝色罩衫。农妇们平时的标准装束是女短上衣或衬衣，下穿裙子，然后加上围裙、围巾、无边软帽或头巾。不过，在交通便利、距城市较近的地区，一些妇女和青年开始模仿城里人穿上时髦的服装。与城市相比，农村，尤其是闭塞的乡村的娱乐和消遣活动依旧少得可怜。婚礼或农闲时的乡村舞会、传统的纸牌、滚球、游戏，等等，就是他们最大的消遣。无怪乎一些小伙子在当兵、打工见过世面后，便无法再安心于农村生活。

就文化而言，法国在"美好年代"仍属于一流文化强国，巴黎亦堪称世界文化之都。这一点很大程度上得归因于共和派上台后，全力以赴继续提升法国文化影响力，强化被誉为"光明之城"的巴黎的世界文化之都的地位，且还不乏成效。由此，巴黎日益以浓厚而独特的艺术与文化氛围，神奇地吸引着来自世界各地的有志青年，其中包括诸多从外国来到巴黎并获得成功，从而享誉世界的学者、艺术家或作家。而且，即便是在吸引外国留学生方面，巴黎也绝不输于包括柏林在内的任何德国城市。当时，在巴黎的外国留学生是柏林的两倍多。虽然巴黎的大学教学在物质条件方面似乎不如柏林，但巴黎各种教学条件的集中（如图书馆、实验室、教育基地），为大学生及青年研究者提供了方便，1891年从波兰来巴黎留学的玛丽·居里，就是这些人中的佼佼者。此外，如果说"美好年代"为巴黎和法国今日享有的盛誉贡献良多，那么，1900年举办的世界博览会更是居功至伟。它不仅再次让巴黎成为世界的橱窗，同时还以当时留下的一些至今仍堪称巴黎"地标"的场馆，如大小皇宫等，见证了这一时代的美好。

　　众所周知，19世纪常以"欧洲的世纪"著称，而1900年在巴黎举办的题为"世纪回顾"的世界博览会，就是以"回顾整个19世纪"为主题的。这次世界博览会，至少从展陈效果来看，成功展示了以欧洲为中心的近现代西方文明的欣欣向荣，还通过对属于欧洲国家的殖民地异国风情浓墨重彩的渲染，向地球上各个角落的人们传达了这样一个信息——整个世界仍由欧洲在主宰。当时在博览会场馆流连忘返的参观者，绝不可能料到，仅仅十多年后，一场前所未有的大战会在欧洲爆发。

斗志昂扬迎接大战

20世纪初，依托社会经济的高速发展，国力的显著增强，以及国际关系格局向有利于法国的方向逐渐演变，已从普法战争失败阴影走出来的法国，再度以一个举足轻重大国的姿态活跃于国际舞台。法国甚至还与英国、德国一起，构成了几近无敌于世界的欧洲三强。这一切，难免使自普法战争后一直担心法国会在复兴后进行复仇的德国当权者惊恐不安。由此，法德关系更形紧张，矛盾愈益尖锐。可以说，双方心里都明白，法德两国之间将不可避免地发生新的战争。在法德两国分属的两大军事集团，即协约国和同盟国展开军备竞赛、战争威胁日益逼近的背景下，1914年6月28日发生的萨拉热窝事件，很快引发了人类历史上第一次世界大战，同时也导致了法德两国再度交战。

诚然，对德国展开复仇之战，收回被割让给德国的阿尔萨斯、洛林，是法国自普法战争结束以来期待已久之事，法国政府和军方此时实际上也早已做好了参战准备，但法国依然频频做出虚假的和平姿态，如下令把第一线的部队后撤10千米，避免边境冲突。之所以要这样做，不过是因为法国希望能由德方来承担发动战争的责任，以便法国能更名正言顺地在"保卫祖国"的口号下，动员国人去投入一场规模空前的大战。迫不及待的德国果然遂了法国当权者们的愿。1914年8月3日傍晚6时45分，德国驻法大使冯·舍恩紧急求见法国总理兼外长维维安尼，代表本国向法国递交了宣战书。德方宣战的理由是：法国飞机轰炸了德国的纽伦堡地区，法方挑起了一连串的侵犯边界事件。对此，维维安尼非但逐一予以驳斥，还于当晚召回了法国驻德大使。就这样，法国终于在"被迫应战"的情况下，迎来了它实际上向往已久的对德之战。

战火点燃之后，法国全国上下立即被一片同仇敌忾的狂热所笼罩。就连此前有过反战言行的社会党与总工会，也坚决表态支持政府进行所谓的"防卫性"战争。它们的这一态度，使法国政府原先的担忧一扫而光。因为在此前不久，社会党和总工会还分别在各自特别大会上通过决议，决意采取一切办法，包括举行总罢工来阻止战争。为此，内政部专门制订了著名的《B手册》，该手册印有在发生骚乱时应迅速逮捕的"肇事者"名单。然而，随着卓越的反战斗士饶勒斯于7月31日在"新月咖啡馆"被人刺杀，战争威胁又迫在眉睫，社会党人和总工会会员便开始逐步公开转到沙文主义的立场。其中，布朗基派元老瓦扬公然号召全体社会党人都要"为了法国，为了共和国，为了全人类"踊跃参军。就连曾经三番五次口诛笔伐反对可能发生的战争的总工会总书记儒奥，也毫不迟疑地在饶勒斯墓地上谴责起"可恶的普鲁士帝国主义"。

更令人印象深刻的是，德国的"侵略"举动，还使得此前始终互相攻讦、争论不休的各政治派别，也暂时把彼此之间的分歧抛在了一边，整个法国俨然空前绝后地团结了起来——这一点与二战当中的法国尤其形成了鲜明反差。8月4日参众两院特别联席会议的召开，明显昭示着法国国内各阶级和政党的"神圣联合"得以实现。在会场上，身为总理兼外长的维维安尼，为各议会党团在议会就追加军费、实行战时状态和书报检查制等提案投票时表现出来的联合一致，激动得涕泪交加。他以颤抖的声音向议员们表示道："我向所有融合在对祖国同一信仰中的各党派致敬。"普恩加莱也在总统咨文中宣称："大敌当前之际，没有任何一种力量能够摧毁这种神圣同盟。"8月27日，维维安尼在议会各派实现了神圣团结的基础上组成了他的第二届内阁，该内阁不仅是名副其实的战争内阁，还是1881年以来的第三个大内阁（内有三名前总理）。而且，内阁成员中甚至还有两名社会党人，即马塞尔·桑巴和茹勒·盖得。这也就意味着，《B手册》到了此时已完全成为一团废纸。

在总统于8月1日发布总动员令后，法国的陆海军迅速集结待命，预备役官兵也纷纷登记应征。与此同时，铁路部门承担起了繁忙的军运任务。值得一提的是，在法国正式参战后，95％以上的应征者都及时地到达了征兵站，逃避兵役者如此之少，就连军方高层也深感意外。当时，在法国各大城市的火车站，常可看到这样一幅充斥着战争狂热的画面：妇女们向出征的男人抛扔鲜花，或把鲜花挂在出征士兵的枪支上，随即对他们呼喊，盼望他们早日凯旋。

作为人类历史上首次总体战争，各交战国在第一次世界大战中的战争努力绝不可能只局限于征召国内年轻人披上戎装赴前线作战。为了能够打败敌人，各交战国必须把全民的力量动员起来，同时还必须竭尽全力地开发本国的各种资源。这些资源当中，经济方面的资源固然至关重要，但另一种资源，即思想文化方面的资源也同样不容忽视。事实上，法国公众舆论在大战爆发时对宣战所表示的热烈欢迎，广大民众阶层火山一般迸发的爱国主义情绪清楚地表明，法国在这方面确实有着得天独厚的资源。就此而论，费里的教育改革功不可没。如前所述，费里时代以来的小学不仅是世俗的、免费的、义务的，它还成功地把爱国主义情感的培养融入教育之中。例如，当时由拉维斯这位一代史学宗师亲自主编的小学教科书《爱国主义义务》的最后一段这样写道：

> 战争虽然不是多半要发生的，但却是有可能的。正因为这样，法国必须保持武装，时刻准备自卫。虽然它有一个同盟者和一些朋友，但首先要靠自己。
>
> 保卫法兰西，就是保卫我们生于斯的土地，这是世界上最美丽富饶的土地。
>
> 保卫法兰西，我们的一举一动，要像祖国好儿女一样，我们要履行对我们祖先应尽的义务。许多世纪以来，他们历经千辛万苦，创建了我们的祖国。
>
> 保卫法兰西，我们就是为一切国家的人民而工作，因

为法兰西自大革命以来，已经在世界上传播了正义和人道的思想。

　　法兰西是最公正、最自由、最人道的祖国。①

　　可以想见，用这样的教材教育出来的一届又一届的小学毕业生，早已在精神上作好了反德战争的准备：为了自己，战争是正义的；为了保卫共和国，战争更是神圣的。

　　在一场无限制的总体战争中，借助开动宣传机器、展开大规模舆论战来激励本国士气，涣散敌方军心，日益成为重要的战争手段。大战爆发后，不少法国文人学者都迅速成了这条"没有硝烟的战线"上的战士，并起了很大作用。8月6日，社会党人知识分子居斯塔夫·埃尔韦在他主编的《社会战争报》上公开宣扬：

　　　难道这场神圣的战争，这场我们参加的保卫祖国和保卫各国自由的战争，不是一场真正的社会战争，一场法国民主政体及其盟友反对德国封建军事等级集团的战争吗？在战争期间，我们的口号是："43年前，俾斯麦曾在法国给了我们共和政体！我们要为德国人民同样效劳，帮助他们建立德意志共和国！"

---

① ［法］让-皮埃尔·阿泽马、［法］米歇尔·维诺克著：《法兰西第三共和国》，沈炼之、郑德弟、张忠其译，北京：商务印书馆，1994年，第144页。

8月8日，著名的哲学大师亨利·柏格森在政治与伦理科学院表示，法德之间的战争是文明与野蛮之间的斗争。因此，他将致力于社会、伦理与心理学问题的研究，以便完成这样一项任务，即从德国的暴行与厚颜无耻中，从德国对一切正义与真理的蔑视中，揭示出德国在向野蛮状态退化的事实。[①] 一些在巴黎大学与法兰西学院占据重要教席的知识界的名流，如拉维斯和著名社会学家埃米尔·涂尔干还发起建立了战争研究与文献委员会。该委员会在其编辑出版的许多影响颇大的宣传册子当中，揭露了德国的扩张计划，谴责了泛日耳曼主义。不过，在当时的法国文人学者里面，也有极个别特立独行者在勇敢地表达自己反对战争、主张和平的立场。而这方面的代表作品，当推著名作家罗曼·罗兰于1914年9月15日发表在《日内瓦日报》上的长篇政论——《超乎混战之上》。

经历"地狱之行"

第一次世界大战爆发时，交战双方都以为这将是一场短促的19世纪式的战争，都乐观地以为本国官兵能在当年圣诞节前凯旋。然而，这场人类历史上的首次"世界大战"却持续了4年多，相关欧洲国家都犹如到地狱走了一遭。投身这样一场规模大、时间长的总体战争，注定对所有参战国家的政治制度、

---

① ［法］米歇尔·维诺克：《法国知识分子的世纪》，孙桂荣、逸风译，南京：江苏教育出版社，2006年，第169页。

经济实力、军事力量，乃至政府与军队领导人的个人意志和能力，等等，都构成了极为严峻的考验。不过，对此期法国来说堪称幸事的是，尽管困难重重，伤痕累累，但法兰西最终还是经受住了"大战"的严峻考验。

开战之初，虽然法国人表现出群情振奋、空前团结，但在战场上却并没有能够占据主动。法国军队最早执行的是由总司令霞飞将军制定的第17号计划，这一计划的主要宗旨是另一位著名将领福煦提出的"若想取胜，就要向前进"，强调不惜一切代价的进攻。起初，进攻的神话推动着法军前进，也使公众舆论颇感欣慰。在1914年8月15日至19日的几天时间里，法军在东边还先后攻占了一些在普法战争后被德国占领的地方。孰料，德军很快就展开了猛烈反攻。在8月21日至25日史称"边境战役"的一系列战斗中，双方主力在法比边境展开激战。经过几天几夜的血战，边境战役以主要由法军组成的协约国军队的失败告终。鉴此，霞飞不得不下令法军沿阿腊斯到凡尔登一线全面撤退。边境战役结束后，德军乘胜追击，长驱直入。已直接受到威胁的巴黎人心惶惶，仅在一周左右时间里，就有50多万巴黎人抛家舍业，逃离首都。德军抵达索姆河的消息，更使首都的恐慌达到顶点，连政府也为安全起见而在9月2日迁往波尔多。

虽然德军极为强大，且与法军联手作战的英军因"边境战役"失利而士气低落，但总司令霞飞却意志坚定、头脑冷静，即便在最危急的关头也从未惊慌失措——这一点上，他与普法战争中的巴赞将军，以及第二次世界大战之初的甘默林和魏刚将军等人，可谓形成鲜明对照。最初的失利过后，霞飞一方面将尽可能多的法军从东部调到西部，一方面要求已被任命为巴黎卫戍区司令的加利埃尼将军加强巴黎的防御，伺机反攻。被胜利冲昏头脑的德军，对法军的重新部署一无所知，反而为对付已攻入东普鲁士境内的俄军，把两个军团和一个骑兵师的兵力匆匆从西线抽调到东线。更有甚者，德方由冯·克鲁克将军率领的第一集团军，因一心想消灭正在撤退的由弗伦奇爵士统帅的英国远征军，不惜孤军深入。这些情况，确实为法军反攻创造了有利条件。

1914年9月6日凌晨，法英联军全部停止撤退，转入反攻。9月6日到9日，在巴黎和凡尔登之间的平原上，法英联军和德方展开了空前激烈的马恩河会战。双方共投入了200多万兵力，6600门大炮。战斗中，法军官兵，尤其是首都军民表现得极为勇敢。7日，法军因受到德军异常猛烈的进攻而暂时失利，当德军推进到几乎能够遥望巴黎之处时，为能及时增援前线部队，加利埃尼在巴黎征用了所有出租汽车（1000辆左右），连夜率领大批巴黎的增援部队乘车开赴前线。用小汽车运送军队开赴战场，这在历史上还是第一次。这种举动后来很快成了世代相传的民间传奇。经过数日血战，德军从8日起渐呈不支。9日，德军第一、第二集团军被逼北撤。翌日，德军统帅部下令全线撤退。马恩河战役是大战初期的一次重大战役，一些历史学家把法英联军在这次战役中来之不易的胜利称为"马恩河的奇迹"。毋庸置疑，正是这一"奇迹"，令法国没有重蹈当年色当之败的覆辙，使作为法国的"灵魂"和"头脑"的巴黎从近乎绝望的困境中摆脱出来。此次战役还宣告了德军速决战的破产，迫使德军陷入长期两线作战的困境。

始自11月中旬，西线在结束佛兰德尔地区的激烈对攻后转入对峙局面。由此，对峙不下的阵地战开始取代战争初期盛行的运动战。同年12月下旬，当战线开始稳定下来之后，法国政府及议会都从波尔多迁回了巴黎。在西线对峙局面下，法国一方面极力巩固与俄英两国的同盟关系，另一方面又力图把更多国家拉到协约国这边来作战。为实现后一目标，法德两国之间展开了激烈的外交战，外交战的重点显然是争取原为"三国同盟"成员之一的意大利的支持。经过一番秘密交易，法国伙同英国成功地把意大利争取为己方的新盟友。1915年5月，意大利正式宣布退出三国同盟，向奥匈帝国宣战。诚然，意大利军队在后来的军事行动中迭遭败绩，不时需要法英军队施以援手，但它毕竟还是牵制住了同盟国方面的部分兵力，亦有利于削弱同盟国的地位。

1916年初，德军在东线取得一些重大胜利之后，试图以密集炮火和众多生命为代价在西线也取得突破。在这一背景下，双方在当年先后展开了极为惨烈的"凡尔登战役"和"索姆河战役"。在凡尔登战役里，双方为争夺凡尔登要塞共伤亡100多万人，以至于在马恩河会战后接替毛奇出任德军总参谋长的法金汉，将凡尔登要塞称为"绞肉机"。凡尔登战役以法军取得防御性胜利告终，而法军的这一胜利不啻彻底打破了德军想一举歼灭法军主力，迫使法国投降的如意算盘。在由协约国一方主动发起的索姆河战役中，双方伤亡共达 130 多万人。虽然索姆河战役是在难分胜负的情况下宣告结束的，但对法国来说，此次战役仍有不容低估的意义。首先，它大大减轻了法军在凡尔登要塞所承受的压力；其次，它使德军在人员、物资方面俱遭受了惨重损失，以至再也无法恢复原先所拥有的那种超强战斗力。

　　1917 年到来之际，法国进入了第一次世界大战中最困难的时期。其时，无论是在前线还是后方，各种各样的危机此起彼伏。在前线，新任法军总司令尼维尔因求胜心切，在 4 月 16 日把数十万精疲力竭、已士气低落的士兵投入了大规模进攻。由于法方进攻计划早为德方获悉，法军的进攻连连遭受重创。在短短 20 天时间里，法军伤亡人数就高达约 20 万人，以至于有人以"尼维尔的屠宰场"来讥讽他指挥进行的此次战役。在法方大规模进攻以失败告终后，法军内部的兵变随即开始。首先是一个连的士兵集体拒绝执行进攻命令，继而几十个团的士兵纷纷效仿。一些士兵甚至还挥舞着红旗，唱着《国际歌》，进行反战示威。士兵反战骚动的日益扩大，使因在凡尔登战役中功绩卓著而被誉为"凡尔登英雄"的贝当惊恐不安。彼时，贝当刚接替被撤职的尼维尔，就任法军总司令一职。为尽快平息前线士兵的哗变，贝当软硬兼施，交替使用镇压和安抚两种手段。6 月 7 日，贝当宣布，对不执行命令的士兵处以死刑，结果有几十名士兵以最简单的方式被枪决。同时他又摆出了体恤士兵，尤其是爱惜士兵生命的姿态。例如，他显著改善了前线士兵的物质条件，包括安排作战部队到后方充分休整，使士兵家属得到政府部门较为周到的照顾等。他还下达命令，规定只有当法军在炮火火力上占压倒性优势，步兵在前进时不会遭受重大伤亡的情况下才可发动攻势。贝当的软硬兼施很快收到成效，由此，前线的危机暂时得到缓解。

然而，在后方，由于战争结束似乎遥遥无期，广大民众日渐滋生厌战情绪。而物价飞涨、食品限制、交通困难等造成民众生活状况日趋恶化的一系列现象，更是导致社会危机在一些法国城市纷纷爆发。从1917年1月起，罢工浪潮先是席卷了兵工厂。在政府软硬兼施地平息了兵工厂的罢工后不久，罢工浪潮却超出了兵工厂的范围。同年五六月间，德国对前往英国的一切船只实施"无限制潜艇战"，造成粮食供应更为困难，新的物价高涨势头更为强劲，导致对于军需用品生产至关重要的缝纫业爆发了总罢工。同时，冶金业也出现了声势浩大的罢工。

显然，若要有效应对前线和后方出现的各种危机，确保将战争进行到底，就必须在国内建立一个强有力的政权。就此而言，当时先后出任内阁总理的白里安、里博和潘勒维（一译班乐卫），均难有出色表现或曰交出令人满意的答卷。而俄国十月革命爆发与苏俄可能会退出战争，更使法国统治集团觉得让一位铁腕人物上台执政已刻不容缓。正是在这一背景下，普恩加莱总统不得不让"爱国主义"压倒自己的个人情感，于11月16日授命一向与自己不和，且因异常专横跋扈而获得"老虎"绰号的克雷孟梭组阁。

被国人寄予厚望的克雷孟梭，此时已76岁。尽管如此，这位古稀老人在议会讲坛上发表的政府声明，却仍然是那么的掷地有声："我的口号是到处进行战争，在内战上我进行战争，在外交上我也进行战争。我继续进行战争，而且一定要把它进行到属于我们的最后胜利的时刻。"为表明自己对战事的重视，他还亲自兼任陆军部长。克雷孟梭走马上任后，增加了对前线的巡视次数，以便和军队保持接触，鼓舞士气。在法军重新夺回的杜奥蒙堡垒中，年近八旬的他竟然在硬地上整整睡了一夜。为了到最前线看望士兵，他还经常戴上"法国兵"的钢盔。克雷孟梭诸如此类的一系列举动，使这位不知疲倦的老牌政治家很快在军队中深得人心。

克雷孟梭走马上任后，针对失败主义情绪以及反战运动在国内的进一步发展，特别是反战罢工浪潮一浪高过一浪，很快在国内大张旗鼓地展开了反对和打击"失败主义"的斗争。其间，他对举行反战罢工的工人毫不留情地予以镇压，同时还不肯轻易放过前几届政府中一些所谓的"失败分子"。就这样，他先是把前内政部长马尔维驱逐出了法国，接着又把前总理卡约投入囹圄。在这种高压政策下，全法上下一时间少有人再敢提"和平"两字。大战爆发之际有过的那种同仇敌忾、举国团结的气势或面貌，在整个法国再度呈现。

克雷孟梭在表现出异常坚定的战争立场的同时，也采取了许多有效措施来强化法国战争机器。例如，他设置了"政府特派员"这一新行政职务，专门担负加强战争经济的使命，着力争取美国经济援助。又如，他还扩大了军工生产，扩充了兵源，增强了同英美两国军队的协作。"老虎"总理的上述举措，立即使法军军事实力明显增强。

十月革命的爆发和苏俄退出战争，导致法国在战场上不得不承受更大的压力，因为德军已可以将大量兵力从东线调往西线。好在美国因德国的"无限制潜艇战"而站在协约国一边参战，这能在很大程度上，乃至绰绰有余地抵消俄国退出战争的影响。为了赶在美军主力参与欧战前就打垮法英军队，1918年3月，德军在西线倾其全力对协约国发起了猛烈进攻，试图在夏季胜利结束战争。5月下旬，德军突破了"贵妇之路"①上的英军防线，进抵马恩河附近，巴黎再度受到直接威胁。在这危急关头，临危不惧的克雷孟梭果断宣布巴黎为战区，并为激励国人而发表了慷慨激昂的演说。在这一演说中，他令人印象深刻地宣称：

> 德国人或许会攻占巴黎，但这并不能阻止我继续进行这场战争。我们将在卢瓦尔河岸边作战，我们将在加龙河岸边作战，我们甚至将在比利牛斯山区作战。如果最后我们被赶出比利牛斯山区，我们将在海上继续这场战争。

在不久前获得协约国军队最高指挥权的福煦将军（不久后将被封为法兰西元帅）的出色指挥下，法英联军成功地阻止了

---

① 又译"夫人之路"，系法国北部埃纳河和埃莱特河之间的一条山脊道路。1917年4月，尼维尔在此大败。翌年5月，德国皇太子在此获胜。

德军的进攻势头。进入7月，抵达西线的美军已越来越多。鉴此，德军在7月15日再次试图强渡马恩河，意欲通过此役决定最后胜负。为此，法军以密集的炮火挡住了德军攻势，还从7月18日起在1.5万门大炮、340辆坦克的掩护下进行反击，打得德军节节败退。这就是一战中的第二次马恩河战役。此役的规模与第一次马恩河战役虽不可同日而语，但它的结局却同样意义非凡。德军因在此次战役中严重受挫，自此完全丧失了主动权，无力再发动进攻，而法军非但通过胜利反攻再次解除了德军对首都巴黎的威胁，同时还借此把战场上的主动权牢牢掌握在自己手里。

1918年9月26日，包括法军在内的协约国军队在福煦将军的统一指挥下开始总反攻。不久，德军就呈现全线崩溃之势。由于原先站在同盟国一边的保加利亚、土耳其等国纷纷退出战争，奥匈帝国也宣布无条件投降，加上其国内又爆发了11月革命，德国在此次世界大战中显然已难摆脱最终失败的命运。

遍体鳞伤的胜利者

1918年11月8日，以外交大臣埃尔兹贝格为首的德国代表团，穿过前线到达法国东北部贡比涅森林的雷通德车站，然后登上福煦元帅的专列，向协约国方面乞求停火。福煦元帅当场通过参谋长魏刚宣读了7项停战条件，同时声明，如果在72小时内，亦即11月11日11时之前得不到德方答复的话，协约国军队将立即恢复战争。与此同时，福煦还不允许德方对停战条件有任何修改、讨论。11月11日清晨5时，德国如期做出答复，几乎全盘接受了法方提出的相关条件。上午11时，整个西线吹起了停战喇叭。与此同时，巴黎上空响起了101响礼炮声。这一切表明，经过四年三个月零八天的艰苦奋战，第一次世界大战以法国所属的协约国最终获胜而宣告结束。

法国人确实有足够多的理由为自己的胜利感到自豪，而且相当多法国人也明确地把这一胜利首先看成是法国的胜利，并认为是法兰西民族的文明战胜了日耳曼人的野蛮，法兰西共和制的自由与民主战胜了德意志帝制的专横与邪恶。不过，在局外人，以及不少法国有识之士看来，不无遗憾的是，法国人的这种自豪感不足以掩盖这样一个事实：法国虽然最终取得了这场战争的胜利，但它亦已精疲力竭、遍体鳞伤。彼时，虽然不少街头的路灯与沿街的窗户上都飘动着胜利的旗帜，协和广场和香榭丽舍大街上还摆放着缴获的德军大炮，但在大街小巷，缺胳膊少腿地从前线回来的男子亦随处可见，成年妇女们竟然有一半在替家中为国捐躯的男人身穿丧服。可以毫不夸张地说，后来的历史清楚表明，法国即将衰落的前景此时此刻其实就业已注定。

具体来说，这场持续了4年多的人类历史上的首次总体战争，给这个作为战胜国的国家造成的人力、物力损失绝对是触目惊心的。仅就人力来说，法国在战争中死亡或失踪的军人达140万人，有约300万人受伤，其中不少人因此而终身残疾。此外，由于轰炸以及其他战争因素，平民的死亡率也远远高于战前的平均水平。凡此种种，使这个原本就劳动力不足、人口老化的国家，在劳动力问题上雪上加霜①，这也势必严重地削弱法国在政治、外交和军事方面的潜力。

由于大战的不少重大战役主要是在六边形土地上进行的，法国遭到的损失因而居各交战国之首。其中，在工业发达、较为富庶的法国北部，占法国国土1/3的地区由于双方交战和德军的故意破坏已变成一片废墟，致使法国的工业，特别是钢铁、化工、纺织业由此受到沉重打击，与此同时，因大量桥梁、铁路、运河毁于战火，法国的交通运输亦严重受损。为支付天文数字般的战争费用，法国在战争结束之际可说是债台高筑：欠美国近40亿美元，欠英国30多亿美元，由于发售"爱国公债"等债券欠本国人民1000多亿法郎。更有甚者，因为战争与革命，法国在国外，特别是在俄国的巨额投资已血本无归。总之，因为这场战争，法国已从债权国沦为了债务国，财政状况极度恶化。除了上述一目了然的战争创伤之外，因此次战争而产生的导致法国将走上衰落之路的潜在因素则更是不胜枚举。

尽管饱受战争创伤，但法国毕竟处在了胜利者一方。由于法国朝野上下普遍把本国视为最主要的战胜国，因而在法国统治集团看来，最终清算德国这一宿敌，借此独霸欧陆的时刻已

① 法国因这场战争在就业人口方面受到的损失在几大交战国当中是最严重的，其比率高达10.5%，而意大利、英国和俄国在5%—6%之间，美国为0.2%，即便是德国，也未到10%。F. Braudel, E. Labrousse, *Historie économique et sociale de la France*, tome 4, vol.2, Paris: PUF, 1980, p.602.

经来到。为更好实现这一宏愿，法国政府自停战起就积极开展外交活动，力争使和会在巴黎召开。从结果来看，他们的努力没有付诸东流。

1919年1月18日下午3时，巴黎和会，即各战胜国的分赃会议在法国外交部大厅宣告开幕。借东道主之利，法国在和会上扮演了主要角色之一，总理克雷孟梭还坐上了大会主席的交椅。值得一提的是，就在巴黎和会开幕式上，身为东道国总统的普恩加莱在主持开幕式时公然宣称：德意志帝国"生于不义，自当死于耻辱"。与此同时，他还强调了为何德国需要支付赔偿，认为"在提出这一合法的要求时，它既不是仇恨，也不是本能的、不体谅他人的报复欲望，这种合法的要求目的有二：其一是恶有恶报，其二是用惩罚使那些犯下滔天罪行的人不敢重蹈覆辙"。

不难理解，法国势必是所有战胜国中最重视对德和约条款的国家。于是，会议开始后，法国代表团就提出了一整套最大限度地削弱德国的计划。计划的重点主要有两点。首先，以永久保证法国的安全为借口，要求把莱茵河作为法德之间的边界——如前所述，这是法国几个世纪以来梦寐以求，亦在过去曾一度实现的，即在莱茵河左岸建立一个同德国分离，同时又受法国保护的莱茵共和国；其次，在经济上和军事上最大限度地削弱德国，包括向德国索取高达2090亿法郎的战争赔款。

法国代表团的这一要求得到了法国国内大部分社会舆论的强烈支持。会议期间，《晨报》成功地发动了一场"德国佬应该赔款"的运动。顷刻之间，"德国佬应该赔款"成了妇孺皆知的口号。更有甚者，在当时绝大多数法国人看来，似乎只要将这句口号变成现实，就能一揽子解决法国在战后初期面临的所有难题：物价昂贵、公债和货币崩溃、北部和东北部地区的广泛破坏、劳动力和交通器材的损失，等等。然而，法国的要求与立场在巴黎和会上遭到了昔日的同盟者英美两国的联手抵制。英国之所以反对过分削弱和肢解德国，是因为它向来在欧洲大陆奉行"均衡"政策，并希望德国在战后能够在制止法国势力过度膨胀和遏制苏俄的影响方面起一定作用。美国的出发点与英国大致相同，也希望通过保持德国在政治军事上的较强大的地位，使之成为美国在欧洲抗衡法国（当然实际上还有英国）的重要砝码。此外，在经济上，美国比英国更强烈地反对过分削弱德国，还可归因于它力图避免产生使美国经济受到巨大损失的连锁反应，因为一战结束后美国在德国的投资明显增多。

虽然以"老虎"总理为首的法国代表团在巴黎和会上使出了浑身解数，但面对美英两国的共同抵制，他们未能实现法国的全部意图。在持续数月的和会期间，克雷孟梭和"三巨头"中的另外两位——英国首相劳合·乔治、美国总统威尔逊多次发生激烈争吵，以至有一次威尔逊竟愤然准备乘坐美国军舰回国。不过，在经过一系列讨价还价后，参加和会的协约国主要国家最终还是拟定了和约的文本。

1919年5月7日，克雷孟梭代表协约国把已草拟好的和约文本交给德国外长勃洛克道夫–兰曹，同时向他宣称："清算的时候到了。你们向我们要求和平，我们把和平交给你们。"克雷孟梭不允许德方代表就和约内容进行任何口头陈述，并要求他们在15天内提出一份书面意见。德方起初试图对和约的条件作出有利于本方的修改，但被协约国断然拒绝。在协约国胁迫下，德国最终被迫无条件接受和约。6月28日，在凡尔赛宫明镜厅，也即普鲁士国王威廉曾在普法战争中战胜法国后于1871年宣布建立德意志帝国的场所，双方签署了《协约及参战各国对德和约》，即《凡尔赛和约》。凡对法德关系史稍有了解者很轻易就能明白，这一签字地点必是由法方蓄意安排的，意在报复当年德意志帝国在此羞辱法国的一箭之仇。

虽然《凡尔赛和约》未能使法国的所有要求都得到满足，但它的许多条款还是让法国颇感满意：阿尔萨斯、洛林归还法国；与洛林相连的德国领土萨尔地区从德国分离出来，其行政权由国际联盟代管15年，期满后通过公民投票决定其归属，在此期间，作为对战争损失的部分赔偿，萨尔地区的煤矿开采权转归法国；莱茵河左岸地区由协约国占领5—15年，右岸50千米地带宣布为非军事区；一些德国殖民地，如喀麦隆等成为法国托管地；德国承受赔损的一切责任，在赔款委员会确定赔款总数之前，于1921年5月1日前先交付200亿马克，其中的一半归法国所有。正因为《凡尔赛和约》有利于法国抑制和削弱德国以及确立在欧陆的霸业，1919年10月2日与12日，法国众参两院先后以绝对多数或一致同意批准了这一条约。

第八章

独霸欧陆与再度式微

独霸欧陆、称雄世界

虽然因一战而伤痕累累，但法国在战后一段时间里，不独是欧洲大陆霸主，在世界上也属一流强国。在战火消弭之后，法国在大战中两个最主要的盟国，英国和美国均不希望看到法国势力过度膨胀，对它力图独霸欧洲、称雄世界的行径深感不快，为此不惜联手抑制法国，但是，法国还是凭借自身强大的综合国力与军事战略优势，尤其是在一战后初期远远强于任何其他国家的陆军，成功地在欧洲大陆重新建立起自己的霸业。不仅如此，在力图发挥全球性影响的过程中，法国似乎还足可傲视英美这两个世界一流强国。

具体而言，至少直至20世纪20年代中期，欧洲大陆上尚没有任何其他国家能挑战法国的霸权地位。当时，法国的宿敌世仇德国，仍在吞咽战败造成的种种苦果：经济濒于崩溃，政局动荡不安，国土遭受肢解，军备不得重整……因当权者刚愎自用而在1914年夏天率先把欧洲卷入战争旋涡的奥匈帝国，已经不复存在，至于那些在奥匈帝国废墟上建立的一系列新独立的中小国家，既不可能向法国的霸权地位挑战，且实际上已经或正在被纳入以法国为盟主的同盟体系。在罗曼诺夫王朝统治的俄罗斯帝国废墟上出现的苏俄，虽在经受了内战和西方国家武装干涉的严峻考验之后站稳了脚跟，但仍在对它普遍采取敌视态度的欧洲陷于孤立。当时的意大利也绝无可能成为一个可与法国一争高低的一流强国，因为它不仅素来贫弱，还由于在一战后初期深陷严重财政经济危机，以及异常尖锐的国内阶级矛盾，几近陷于瘫痪状态。虽然不久后法西斯党人的上台使情况发生了些许变化，但同样无法使意大利很快发展成为具有在欧洲挑战法国霸权实力的国家。

除此之外，当时法国还足可凭借自身在政治、经济与军事诸方面的综合实力，傲视另两个一流世界强国，即孤处于英伦三岛的英国与远在北美的美国。虽从表面上看，英国在一战后进一步扩大了疆域——它通过瓜分原德属殖民地和奥斯曼帝国增加了近260万平方千米的土地，但此殖民帝国中一些自治领的离心力在日益加强，印度等殖民地争取民族独立的斗争更是如火如荼。此外，如果说早在战前，英国作为世界第一经济大国的地位就已被美国取代，那么它所具有的金融优势也因大战而受到严重削弱，伦敦不再是世界唯一的金融中心。英国还被迫放弃了传统的"两强标准"①，并由此丧失了海上霸主地位。而且，虽然它仍保持着一支体量庞大的海军，但它的陆军却也已像美国那样在战争结束后就被最大限度地压缩。至于美国，它固然继续保持着世界第一经济大

---

① 1889年，英国国会通过《海军防御法案》，正式采用"两强标准"，要求皇家海军战舰数量必须至少与第二和第三大海军数量总和相等。

国的地位，还利用战争之机大大拓展了在其他方面的优势和影响，但它在争霸斗争中最具关键作用的军事实力上，一时尚无法与法国同日而语。

法国在此期的强大，既表现在能够独霸欧陆，还体现在它拥有一个更加庞大的殖民帝国上。战后，法国通过国际联盟的所谓"托管"或"委任统治"，从德国和土耳其手中获得了不少在非洲和近东地区的新领土，从而使其殖民帝国疆域明显扩大，人口显著增多。当时，这一殖民帝国在非洲、近东和亚洲的领土已扩展到450万平方英里，拥有一亿人口（比它本土的人口多出一倍以上）。需要指出的是，经过此次大战，这个庞大的殖民帝国对法国本土显示出越来越重要的作用。法国的海外殖民地不仅提供了其在一战期间迫切需要的许多原料，还提供了极为丰富的兵员——法国在大战中投入了人数多达44.9万人的土著部队，其中至少有18.7万人在工兵部队中服役。及至两次世界大战之间，这些殖民地对法国所具有的经济价值或意义已越来越大。20世纪20年代中期，法国的殖民地不仅使法国更有底气去充当一个世界强国，其在经济上也具有不容低估的价值。例如，它除了向法国本土提供价廉物美的原料外，还为法国的资本、工程和建筑业提供了有利可图的广阔市场。更有甚者，在1929年爆发的那场世界性经济大危机波及法国之后，它们为在国际市场上缺乏足够竞争力的法国制造商们提供了愈来愈广阔的市场。事实上，到20世纪30年代中期时，法国有近1/3的出口商品是销往自己的殖民地的。

与此同时，法国的文化优势也明显有助于其彰显大国形象。早在一战爆发前，巴黎就已成为世界文化之都。彼时，震动世界的文化艺术事件大多都与这座城市联系在一起。而花都特有的那种轻佻与活力神奇地混为一体的文化氛围，也以一种不可抗拒的诱惑力，长年吸引着世界各地自命不凡的艺术家们，来自西班牙的毕加索就是其中的一员。如果说由于大战爆发，巴黎这种文化氛围一度烟消云散，那么在大战结束之后，巴黎无疑再度作为世界的文化首都而繁荣兴盛起来，学生、教师、作家、画家、雕塑家、设计家，以及成千上万的旅行者，从四面八方蜂拥而来，领略它那优雅的风姿，感受它那温馨的气氛。不少流连忘返的外国人，甚至千方百计地设法延长自己在这座城市的逗留时间，其中就包括美国著名作家海明威，他甚至将此称为"幸福的放逐"，并把巴黎誉为"流动的盛宴"。

就此最后要强调一点，法国此期独霸欧陆、称雄世界的姿态与实力，与其社会经济在战后的迅速恢复与发展是密不可分的。而且，法国在这一时期的重建与恢复有颇多可圈可点之处。例如，虽然法国的经济，尤其是其工业在一战中受到极为严重的影响与破坏，但法国的工业生产总量，在1924年就已超过战前水平，且直到30年代初，始终呈现出颇为强劲的发展势头。具体而言，其发展速度超过了同期的英国与德国，仅低于美国。这方面情况可从下表当中略见一斑：

表8-1　20世纪头30年法国经济指数（以1913年的指数为100）

年份	指数	年份	指数
1900	66	1926	126
1913	100	1927	110
1919	57	1928	127
1921	55	1929	139.5
1924	109	1930	140
1925	108		

法国社会经济，尤其是工业之所以能在此期得到迅速发展，当然绝非偶然，而是多重原因所致。

首先是具有一个比较有利的国内外政治经济环境。这一时期，特别是1924—1925年，是资本主义世界相对稳定的时期。在这段时期，包括法国在内的欧美国家无论是在经济、政治、社会生活，还是在国际关系等方面，多处于相对平稳的状态。在这样一种环境当中，法国得以充分利用自己战胜国的优势地位，以及在一战后第一次资本主义世界经济危机，亦即1921年的经济危机程度较之其他国家相对要轻的特点，较为顺利地进行社会经济的恢复与发展。

其次是战后重建的强劲拉动。如前所述，由于大战主要是在法国国土上进行，法国北部工业发达的地区由于双方交战和德军的故意破坏已成一片废墟，致使法国工业，特别是钢铁、化工、纺织业受到沉重打击。战争结束之后，这些受破坏地区的社会经济发展亟须重建大量的住宅、厂房和公共建筑物，补充工业设备，以及修建毁于战火的道路、桥梁。凡此种种，均成了法国新一轮经济快速增长的支撑点。房屋的大批重建推动了建筑业和建筑材料业的发展，而工业设备的补充、更新则极大地推动了机械制造和冶金业等的发展。

再次，是工业化的深入发展。这一时期显然也是第二次工业革命在法国获得长足发展的阶段。这一过程中，一些新近出现的工业部门，如电力、石油、化工、汽车制造、航空等的发展尤为迅速。例如，电力工业由1923年的81.70亿度增加到1930年的167.45亿度，增长了一倍。汽车产量由1913年的4.5万辆增长到1929年的25.4万辆，仅次于美国。[①]这些新兴工业部门的强劲发展势头，极大地带动了整个法国工业经济的发展。与此同时，在法国工业化深入发展过程中出现的企业兼并与融合进程的加快，以及广泛引进和采纳先进科学技术与经营管理手段，也在推动法国工业经济的迅速发展上起了明显的积极作用。

最后，国家运用财政手段进行的积极干预。这一时期，法国政府对包括工业经济在内的国民经济的发展进行了一些直接干预，其最基本的途径是扩大财政预算的投资规模、扩大货币发行，增加公用事业或对大企业的贷款。由于投资规模的不断扩大，固定资本的迅速增长，法国工业生产能力显著增强。此外，当时法国政府不断实行的法郎贬值政策，也有利于使法国产品在国际市场上更具竞争力，出口猛增，从而也在很大程度

---

① 戴成均：《试论本世纪20年代法国工业的起飞》，载楼均信主编：《法兰西第一至第五共和国论文集》，北京：东方出版社，1994年，第239页。

上推动了工业的发展。

除上述所列原因之外，我们还要看到，阿尔萨斯、洛林两地的回归，以及法国从战败的德国方面获得的巨额赔偿，也是促进法国工业经济发展的重要有利因素。例如，阿尔萨斯作为棉纺织业的中心，集中了全法棉纺织业1/3的生产能力，且在技术上一直处于领先地位。与此同时，它还是法国机械制造业的主要中心之一。又如，虽然由于德国方面的抵制与英美两国无意于让法国过分地削弱德国，法国对德国的赔款要求未能完全实现，但是，法国还是从德国那里获得了价值不菲的赔偿。其中既有赔款，也有抵消赔款的原料和半成品，这些赔款中，有相当大的一部分可用来充当法国工业发展的资金，而那些原料和半成品，也令法国的工业发展受益匪浅。

辉煌背后的阴影

毋庸置疑，上述一切使此期法兰西的形象显得空前强大和辉煌，但是，正如一些法国有识之士已敏锐觉察到的那样，在这些或真实或虚幻的辉煌背后，亦存在着阴影。可以说，许多将导致法国很快走向衰落的隐患或因素，其实在这一时期就已然存在。择其要者，大致有以下几点：

第一，法国的东部边界安全仍未得到切实保障。前已述及，为确保本国东部边界安全，法国在一战后曾强烈要求把莱茵河作为法德之间的边界，并在莱茵河左岸建立一个同德国分离并又受法国保护的莱茵共和国。在巴黎和会上，克雷孟梭曾为实现这一目标与劳合-乔治、威尔逊展开唇枪舌剑。克雷孟梭最终之所以不顾来自国内，特别是来自军方的巨大压力而在这一问题上妥协，乃是因为当时英美两国都已对法国的边界安全作出了庄严的保证。然而，严峻的现实却是，到了后来，这两个国家实际上没有一个真正信守诺言。英国议会的上下两院虽然都批准了这一"保证条约"，但它们赞同的条件是美国也得认可这项条约。然而，美国的参议院在1919年10月拒绝批准威尔逊总统代表美国在巴黎和会上签订的此项"保证条约"。由此一来，就使得英国的"保证"也顿时化为了乌有。法国深知，以一己之力实难抵抗德国日后可能为报复而发动的新的进攻，因其原本的人口与工业实力都要远超法国，故法国始终对本国东部边界的安全忧心忡忡。后来的历史也充分表明，法国这种因地缘困境所产生的担心，确实绝非杞人之忧。

第二，英美两国的联合排挤。大战结束之后，法国在战时的两大盟国，英国与美国均从本国的战略利益考虑出发，不愿看到法国势力过于膨胀乃至独霸欧陆，不惜在欧洲大陆奉行抑法（国）扶德（国）政策。两国在1923年的鲁尔危机中的表现，就是明证。当时法国以德国欠交大量木材、煤炭等为理由，于1923年1月伙同比利时出兵占领德国著名工业区鲁尔，此事发生后，英国向法方发出措辞强烈的照会，要求法国恢复该地区原状。美国在这一问题上的立场，也同英国如出一辙。为迫使法国就范，英美两国在国际金融市场上大量抛售法郎和法国有价证券，造成法郎再度贬值，法国的经济状况更加恶化。迫于财政困难，法国不得不向美国举债，同时在1923年10月25日正式表示，同意召开国际专家委员会会议重新讨论赔款问题。随着"道威斯计划"的制定与实施，法国失去了原先在赔款问题上所拥有的实际主导地位，主导权转而旁落到英美两国，尤其是美国的手中。与此同时，两国还经常联手在其他问题上排挤法国，不愿让法国称雄世界。法国在1921—1922年华盛顿会议讨论限制海军军备问题时的遭遇，再清楚不过地说明了这一点。在这次会议中，由美英两国主导下签订的《五国海军条约》，使法国作为海军大国的地位遭到重创。该条约给法国规定的主力舰吨位的标准，非但远低于英美两国，竟然还低于日本。这一切，必会极大削弱法国的强国地位，尤其是它的军事战略优势。

第三，第三共和国在政治体制上的弊端。第三共和国建立后，尤其是在共和派最终取得政体之争胜利后，法国实行了以加强民主、扩大议会权力为中心的一系列政体改革，建立起了典型的议会内阁制。虽然这一体制有诸多值得肯定之处，但它同时至少也存在着三大弊端。首先是权力机构不平衡，议会权力过大；其次是行政权软弱无力，导致政局长期不稳，政府更迭频仍；最后是国家元首地位低下，权力过小，在国家处于危急状态时难有作为。应当说，这些弊端在一战前就已显现，在大战期间则更是暴露无遗。更糟糕的是，这些弊端甚至已在一定程度上对法国取得战争胜利产生了负面影响。例如，在克雷孟梭以古稀之年临危受命前，因各政治派别在战争爆发之际形成了"神圣联合"而一度消失的党派斗争，又在法国政坛死灰复燃。在这一背景下，在法国处于危急时刻受命组阁的潘勒维内阁，其寿命竟然仅有短短两个月，如此短命的政府，又岂能带领法国人民去取得战争胜利？只是由于大战中全国上下的同仇敌忾，加之在大战后期执掌政府大权的是克雷孟梭这样强悍的政治家，相关弊端的负面影响才暂时得到消解，法国依然能与整个协约国一起，成为最终的胜利者。战火甫停，就有不少法国人要求对第三共和国政治体制上的上述弊端予以纠正，并且还提出要修改宪法，但更多的法国人却以这一共和国使法国经受住了大战严峻考验并最终获得胜利为由，希冀维持现状。关于这一点，克雷孟梭本人在此问题上的态度颇能说明问题。这位政治家早年曾以猛烈抨击第三共和国宪法著称，却在1919年11月初就宪法问题发表长篇演说时公开表示："我认为，这是一部平庸的宪法。然而，不能因此而抹杀它的巨大功绩，它存在着，而且曾把我们从极端危险的境地带到了辉煌的胜利。"也正因如此，随着整个法国社会力求"回到战前去"，法国的政治机器在大战结束之后依旧在因循守旧地运转着，党派纷争非但未见休止，反而愈演愈烈，导致政府一个接一个地迅速垮台。这一切，势必会严重削弱国家的力量，并为法国的衰落留下重大隐患。

第四，在财政问题上面临的困难。由于战争期间开支过于巨大，早已入不敷出的法国只好借助增发货币、内外举债来渡过难关。战争结束后，由于破坏地区的重建、对复员军人和阵亡者家属的优抚等，都需要投入大量资金，加之法国人原以为他们理应从德国佬那里获得的巨额战争赔款又远未达到所期望的标准，造成法国财政状况极度恶化，国库趋于枯竭。为此，政府又不得不继续乞灵于增发货币和内外举债，而由此导致的结果则必然是通货膨胀、法郎贬值与债台高筑。在战后七八年的时间里，无论是保守派还是激进派上台执政，无不因被财政问题搞得焦头烂额而难以稳持权柄。其时，若要切实缓解财政难题，实际上就必须要增加赋税，特别是需要拥有或操纵着国家大部分财富的资产者们为战争费用和国家的复兴承担合理的份额。然而，这些资产者们，只关心自己的资本和利益，对国家的命运漠不关心。每当政府和议会想要适当增加所得税时，这些人就通过将自己的资本转移到国外等手段予以抵抗，甚至进行讹诈。如果说类似情况在右翼上台时还稍好一些，那么在左翼上台执政时则变得愈益严重。20世纪20年代中期上台的左翼联盟政府，其实在很大程度上就是因这些人制造的财政恐慌而被迫下台的。毋庸置疑，持续不断的财政危机，既在国内激化了社会阶级矛盾，造成政局不稳，同时也大大弱化了法国在处理对待德国或与美英等国家关系时的国际地位。

"普恩加莱复兴"和新危机

一战结束后法国面临的财政危机的缓解以及法郎的稳定，一直要到始自1926年7月的"普恩加莱复兴"时期才得以实现。

1926年7月左翼联盟内阁垮台之时，正是法国战后通货膨胀达到最高点之日：若以1913年物价指数为100，那么至1926年7月，物价指数已高达806。与此同时，国际市场上针对法郎的投机活动也达到顶峰——当时，1英镑竟然值200法郎。此时的法国急需有人出来力挽狂澜，消除危机。正是在这种背景下，数度出任过总理，且在战时担任总统的普恩加莱，作为众望所归的人物重新出山。7月21日，时年66岁的普恩加莱受命组阁。虽然他力图以一战中的"神圣联合"内阁为榜样，建立一个由各派代表组成的联合内阁，但由于左翼中的社会党人一概拒绝入阁，激进党亦只有极个别人参加，导致他最终建立起来的"国民联合"内阁，其实只是右派与中间派联手的产物。

为显示对财政问题的高度重视，普恩加莱在出任总理的同时，亲自兼任了财政部长，并把整顿财政、稳定金融市场、保持法郎稳定均作为内政的当务之急。普恩加莱的"理财之道"，说到底也就是"开源节流"，它大致可概括为以下几个方面：首先是通过增开新税、提高税率来增加国家的财政收入；其次是推行行政改革，裁员节支，减少财政赤字；最后是稳定法郎汇价，紧缩通货，恢复对法郎的信心。由于措施到位，普恩加莱在不到半年的时间里就取得了明显成效：法国的内外债务迅速减少，财政收入增加，国家财政出现盈余。与此同时，法郎的汇价不仅停止下降，而且正逐渐开始回升。

在行之有效地遏止住了法郎过去那种急剧下滑的趋势后，普恩加莱面临着两种选择：其一是让法郎"回升"，使它恢复到战前的比价，即古老的"芽月法郎"①的比价；其二是只需稳定法郎现时的比价。普恩加莱在进行全盘考虑之后选择了后者。于是，法郎在1926年获得的"事实上的稳定"在持续了两年后，顺理成章地导致了其"法律上的稳定"。1928年6月24日，众参两院通过了普恩加莱关于改革货币制度的法令。这项法令规定，法郎的汇价为1英镑等于124.21法郎，1美元等于25.52法郎。它同时还规定，法国将发行俗称"普恩加莱法郎"的新法郎，每一新法郎含金量为65.5毫克纯金。与战前的法郎相比，新法郎贬值了4/5，但它毕竟通过重新恢复金本位而再次成为一种稳定的货币。由于普恩加莱在没有任何外国帮助的情况下就使法郎摆脱了原有的困境，故此，他在当时被国人誉为"法郎拯救者"。

自普恩加莱重新出山后，法国经济形势明显好转，甚至还产生了短暂的"工业高涨"局面。由于他着力恢复了资产者的信心，大量已流到国外的法国资金又纷纷倒流回国内。在经济形势出现好转，尤其是财政状况得到改善之后，政府在向大资本家等提供优惠政策的同时，也陆续实施了某些社会福利政策，如发放失业救济金、工人伤残补助金及养老金等。由此，普恩加莱的个人威望也得以进一步提高。正是借助普恩加莱如日中天的个人威望，在1928年4月举行的议会选举中，以普恩加莱为代表的赞同"国民联合"的各派政治势力取得了巨大的胜利，

① 1803年，法国宣布进行币制改革，实行金银复本位制，铸造金、银两种材质的法郎，史称"芽月法郎"，"芽月法郎"也被称为金法郎。"芽月"是共和历的第七个月，一般对应的是公历的3月21日至4月19日。

普恩加莱本人也因此继续执掌权柄，直至1929年7月因病辞职。值得一提的是，虽然普恩加莱在漫长的政治生涯中多次身居高位，且在20世纪20年代后期使法国再次复兴中居功至伟，但这一切却并没有使他像许多其他政客那样去敛财致富，他后来甚至一度不得不靠写作来维持生活。此事表明，普恩加莱算得上是一位洁身自好、不受腐蚀的政治家。然而，对法国来说又实属不幸的是，此期像他这样的政治家实在是凤毛麟角。相反，与各种财政丑闻有所牵连的政客却总是不乏其人。也正因为如此，这一时期的法国人普遍对"已腐败透顶的"政治家，乃至现行政治体制不抱好感。

所谓"普恩加莱复兴"，其实也好景不长。不久之后，它即被一场前所未有的大危机画上了句号。一如其他主要资本主义国家于20世纪的兴衰史，对于法国来说，1929年10月爆发的那场世界性经济大危机也是一个至关重要的转折点。但与其他主要国家有所不同的是，在这场危机爆发之初，当美、德、英等国家已在危机旋涡中竭力挣扎的时候，法国不但仍能置身事外，反而还使1929年、1930年成为它在两次世界大战之间"繁荣时期"的最好年份。

具体而言，与其他国家被经济危机搞得焦头烂额截然不同，法国在这两年间，国家财政预算基本平衡，财政状况良好，法兰西银行的黄金储备雄厚，金额不断增加。除农业外，绝大多数经济部门仍在持续发展。煤、铁矿和铝的产量，分别达到了5500万吨、4800万吨和2900万吨，创造了两次世界大战之间的最高纪录。法国产品在1928年法郎大幅度贬值后在国际市场上的竞争能力大幅度增强，外贸领域传统的逆差虽仍然存在，但通过旅游业的发展和海外投资的利润，在很大程度上得到了补偿。至于失业问题，则更是微不足道。当1930年美、德、英诸国为日益加剧的失业问题所严重困扰之际，法国登记在册的失业救济金领取者，仅为1700人。当时外籍劳工的持续增加，也有力地说明了这一点。

上述种种，导致法国朝野盲目乐观。1929年11月7日，首次出任政府总理的塔迪厄，仗着普恩加莱留下的殷实"家底"，在议院大胆地提出了雄心勃勃的为期5年的"国民装备计划"，并为此要求国库拨款50亿法郎。在世界经济危机已然爆发后仍提出这一耗资巨大的"繁荣政策"，足以反映塔迪厄及其政府的乐观情绪。有人甚至还就此得意地宣称："我们国家的相对平衡证明，法国的方式虽然是折中的，但始终是审慎的，它是最佳良策，是民族智慧的反映。"类似的乐观情绪，在广大平民百姓中也广为存在，他们普遍深信，法国是"危机的世界中的繁荣之岛"。

事实很快就将表明，这纯属一种盲目乐观。法国受这次经济大危机影响固然要晚于其他主要资本主义国家，但它最终也同样难逃厄运。只是由于法国传统的历史条件，特别是一战结束后其社会经济发展的某些特殊条件，才导致危机在法国姗姗来迟。法国工业在主要资本主义国家中相对落后，工业、农业相对平衡，由此构成法国经济总体上的平衡性；外贸在法国经济中所占比重有限，法国对国际市场的依赖性较小，因而国际市场的变化对法国经济的冲击也相对较弱；法国仍然是一个手工业工人和小生产者众多的国家，1/3以上靠工资收入生活的人大多受雇于不足5人的企业，而在商业领域，87%的商店只雇用5人甚至不足5人①，这些家庭式的小企业或商店贷款规模一般较小，故此也较容易依靠自己的积蓄对付一段时间。此外，一战中受破坏地区的重建，各种规模浩大的公共工程、1928年普恩加莱大幅贬低法郎后带来的法郎稳定和法国产品竞争力的加强、农村人口依然众多及政府对农业的保护主义政策、世界经济大危机爆发前夕及危机初期有大量黄金从国外流入等，实际上都有利于推迟危机在法国的爆发。

不过，从1930年底开始，法国终于也被卷进了这场经济大危机的漩涡：大批银行与企业倒闭破产，生产下降，失业人数激增，物价暴跌，资本输出锐减，对外贸易萎缩。进入1931年后，经济危机已波及整个工业部门，该年工业生产下降了17.5%，其中钢铁生产下降达29%，破产的企业增加了60%。与一些新兴工业部门相比，传统工业部门受危机冲击更大。尤其是纺织业，在日本廉价产品激烈竞争下处境艰难，1931年的生产指数只及1913年水平的71%。1934年的开工率比一战前降低66%。据估计，这次危机大约使法国的工业在总体上退回到了1911年的水平。

经济危机的到来，对长期处于慢性危机的法国农业来说更

---

① ［英］C.L.莫瓦特主编：《新编剑桥世界近代史：世界力量对比的变化1898—1945年》（第12卷），中国社会科学院世界历史研究所组译，北京：中国社会科学出版社，1987年，第731页。

是雪上加霜。法国农业长期来系小农占优势。两次世界大战之间，耕地面积不到10公顷的小农，占农民总户数的73%。这些小农由于耕地面积小，加之资金不足，很难且无力在农业经营现代化方面迈出较大步子。这也导致法国农产品成本居高不下，遂使法国农产品长期在国际市场上缺乏足够竞争力。而经济危机的来临，不仅让法国农产品在国际市场上更无出路，对其国内市场也冲击颇大。农产品大量过剩，价格暴跌。其中，下跌最厉害的是法国最主要的农产品小麦与葡萄酒的价格。工农业产品价格之间的剪刀差在危机期间日益扩大，导致农民的实际收入更是步步走低。

自1928年法郎大幅度贬值后，法国对外贸易曾出现良好势头，但在这次危机影响下也重新陷入困境。虽然从1929年到1934年，法国商品批发价下降了46%，但由于政府固守金本位的货币政策，致使法国产品在国际市场上再度处于劣势，在世界资本主义国家贸易中所占比重也逐年减少。及至1937年，法国的出口额几乎比1929年减少了3/4。因此，虽然法国政府为保护民族工业采取了颇为严厉的限制进口措施，但法国还是产生了极为严重的贸易逆差。与此同时，由于法国资本输出也在明显下降，加之对外投资的收入也由于外国债务人的破产而明显缩减，法国的国际收支同样出现了相当大逆差。

普恩加莱"国民联盟"内阁执政后一度稳定的法国财政，因危机再次处于混乱状态。仅1931年，就有118家银行破产。胡佛延债令，德国停止支付赔款，英国放弃金本位后对法郎的冲击，对外投资收入的锐减，外贸逆差的扩大和旅游业的衰落，使法国财政收支严重失衡。1931年，法国的财政预算出现了50亿法郎的赤字。两年后，赤字已增至110亿法郎。政府为了应急，被迫大量抛售黄金，导致一度充实的国库再次空虚。更令人不安的是，此时不但那些在世界经济危机爆发前夕和初期从国外流回法国的资金重新流出了法国，就连不少法国本国的资金也在流往国外，从而又造成了法国财政的"大出血"。

从被卷入危机漩涡起，法国经济不景气的状况一直延续到了1935年春天，而大多数资本主义国家从1932年起就开始复苏了。这也意味着，在此次世界性经济大危机中，虽然法国的危机爆发得较晚，但持续时间却较长。毋庸讳言，这次经济危机之所以在法国持续时间较长，与政府坚持奉行通货紧缩、保卫法郎等政策有着很大关系。不过，其中更重要的原因，似乎还是应当从法国固有的经济结构中去寻找。概言之，法国经济结构中诸多使法国较晚卷入此次经济危机漩涡的因素，或许同样也颇不利于法国更早地从危机中摆脱出来。更有甚者，虽然法国经济从1935年夏天起逐渐止跌回升，但其回升的势头始终有欠强劲。

无疑，这场经济大危机必然也猛烈地冲击着法国社会，并进而产生严重的社会政治后果。学界一般认为，此次危机最主要的社会政治后果表现在以下几个方面：首先，危机引起广大人民群众与中小资产阶级经济状况严重恶化和生活水平普遍降低，人们的不满情绪日益增强。其次，为数极少的垄断集团在危机中通过低价收买等手段，兼并破产或濒于破产的中小企业，从而加强了自己的实力和地位。而随着这些垄断集团经济力量的进一步增强，垄断巨头对法国政治和社会生活的影响也越来越大，进而企图在法国建立"强力政权"来更好地为其利益服务。最后，持续的经济危机激化了法国社会的阶级矛盾，使政治斗争更趋激烈。由于政局动荡不安，此期的内阁有如走马灯似地频频更换，而内阁的频繁更迭，注定对政策的延续性以及实施力度等产生消极影响。此外还要强调一点，这次经济危机对法国此期的军备建设也产生了不容低估的负面影响。凡此种种，皆为法国在二战中的"崩溃"埋下了伏笔。

对德强硬被迫转向

一如取得普法战争胜利的德国深知，因战败而被迫割地赔款的法国肯定会谋求复仇，与其他协约国成员携手在一战中打败德国的法国也很清楚，这个强大的近邻决不会甘心于自己的失败，一旦时机成熟，它必然会对法国展开复仇之战。鉴此，法国在仇德和惧德心理的驱使下，在战后力图以永久保证法国的安全为借口，最大限度地削弱德国，以一劳永逸地消灭这个宿敌和对手。

战后初期，英美两国从自身战略利益考虑出发，大肆推行抑法扶德的政策，使法国未能完全实现其最大限度削弱德国这一宿敌世仇的战略目标，但就总体来看，法国还是以自己强大的综合国力，尤其是在军事战略和实力上的优势，在很大程度上掌握着协约国对德政策的主导权。例如，协约国在巴黎和会上设立的赔款委员会的主席一职，就是由法国人长期担任的，而英美两国在巴黎和会上为安抚法国，不得不相继对法德边界的安全作出保证，也从另一个角度反映了这一点。此外，巴黎和会结束后不久，法国还成功地在欧洲大陆建立起一个以它为首的主要针对德国的同盟体系。

1923年出兵占领鲁尔，对于一战后的法国外交来说，确实是个重要的转折点。法国对鲁尔的占领，非但使本国在经济上得不偿失，在道义和外交上更是满盘皆输。鲁尔危机过后，法国未能保住原先在赔款问题上的实际主导地位，其战后外交也被迫由原来咄咄逼人的攻势，开始转为处处被动的守势，开始丧失主动权。20世纪20年代中后期，在白里安执掌法国外交大权时，一方面出于他本人和平主义的外交理念，另一方面，而且是更重要的方面，是出于种种现实考虑（其中包括摆脱法国财政困境的考虑），法国甚至一度在对德关系方面奉行了和解政策。白里安在当时的名言是："贫困的法国，经受不起新的战争冒险。"白里安在1925年10月16日与德国、英国、比利时、意大利代表一起签订的《洛加诺公约》，堪称他奉行和平理念的典范之作，"洛加诺精神"一词一时成为和解与安全的代名词，白里安自己也因该公约与德国外长斯特莱斯曼一起，双双荣获该年度的诺贝尔和平奖。然而，《洛加诺公约》并不能成为"战争年代与和平年代的真正分界线"，它非但自身孕育着新的不稳定因素，还给法国的边境安全留下了极大隐患，因为条约将法国的边境安全寄托在英意的保证上。

对法国外交来说，危机笼罩下的20世纪30年代是个多事之秋。如同前一时期，此期法国外交基本上围绕着法德关系展开。就整体来看，30年代前期，法国所奉行的对德政策仍然十分强硬，在涉及裁军和德国要求"军备平等"等问题上采取的立场，可谓突出反映了这一点。早在1932年，德国巴本政府在日内瓦裁军会议上就正式提出"军备平等"。希特勒上台后则赋予这一要求新的含义，即公开场合上打着裁军幌子，以受欺负的弱者面目出现并提出军备平等的要求，暗地里却无视《凡尔赛和约》对德国军备的限制，加紧扩整军备。对于德国的真实意图，法国实际上心知肚明。因而，它在裁军会议等场合，始终对德国军备平等的要求持反对态度，一直坚持把裁军和德国军备平等问题与法国的安全保障联系起来，根本不愿对德国作出重大让步。法国代表在裁军会议上先后提出的塔迪厄计划、赫里欧-保罗·邦库尔计划等裁军方案，都说明法国意欲通过国联来抑制德国的扩军要求。1933年10月，德国为放手扩整军备，宣布退出裁军会议和国联。对此，法国方面的反应极为强烈。

把法国在30年代对德强硬的外交政策发展到极致的，是1934年2月出任外长的路易·巴尔都。此公是位颇具战略眼光的政治家，较早就意识到了纳粹德国的威胁，并因此而大声疾呼，应当及早对纳粹德国采取有力措施。与白里安不同，巴尔都力主法国应奉行独立自主的实力政策，反对削减军备开支，尤其是主张法国必须维持强大的陆军。与此同时，鉴于法国已难以单独抗衡经济和军事实力正迅速恢复与发展的德国，巴尔都还在国际上致力于以抗德为要旨的"大联盟"外交方针。这一方针包括4点内容：（1）对德国的毁约扩军行动采取强硬措施，不承认其合法性；（2）坚决维护国联，维护欧洲现存的国际秩序和领土边界；（3）加强法国的欧陆同盟体系；（4）创建一个由若干区域性防御公约和互助公约构成的欧洲集体安全体系。在巴尔都的外交设想中，区域性互助公约体系是联络法国及其盟国和英、意、苏等大国之间关系的桥梁，它主要由《东方公约》（或称《东方洛加诺公约》）、《法苏互助条约》、《地中海公约》和《洛加诺公约》构成，必须要有主要欧洲大国参加。为此，巴尔都在1934年4月照会英国政府，提议共同建立欧洲集体安全体系。

由于当时英国的外交政策还处于从"扶德抑法"到"扶法抑德"的转变之中，故英国政府对此反应冷淡。而意大利由于其在地中海、多瑙河流域和非洲等地都同法国有利益冲突，加之在维护还是修改凡尔赛体系这个根本问题上与法国态度截然相反，使巴尔都也难以对其寄予希望。面对这种情况，政治上属于保守派的巴尔都未囿于个人保守的政治见解，他从抗德全局出发，转向主动谋求与苏联结盟，甚至把联合苏联放在一个相当重要的位置。与此同时，年过古稀的他还为建立一个东方"洛迦诺"而风尘仆仆地遍访波兰、捷克斯洛伐克、罗马尼亚、南斯拉夫诸国，以其卓越的政治洞察力、渊博的学识与滔滔不绝的辩才去说服相关国家的领导人接受这一计划。巴尔都的活动使纳粹德国感到了威胁，德国政治暗杀的魔爪随之伸向了他。

1934年6月19日，当巴尔都乘坐的火车途经奥地利时，纳粹党徒投弹爆炸未遂。同年10月9日，南斯拉夫国王赴法访问，当巴尔都前往马赛港口迎接到访的南斯拉夫国王时，二人一同被德国操纵的克罗地亚民族主义分子刺杀身亡。巴尔都的去世，标志着法国抗衡德国、称雄欧陆的外交时代的终结。

接替巴尔都外长之职的赖伐尔，上任伊始就着手扭转法国对外政策的基调：变遏制德国为谋求法德妥协，变着重联合苏联为更加倚重与意大利的接近。更有甚者，法国外交已开始丧失其独立性，变得越来越唯英国马首是瞻。这一现象表明，随着国际法西斯势力的增强与国际局势日趋紧张，法国的国际地位已有所下降。

赖伐尔的外交转向，可以说是20世纪30年代法国走上绥靖道路的开始，而1936年3月莱茵区的重新军事化以及法国对此所作出的反应，则是一个使法国更趋被动的决定性转折。

1936年3月7日，德军悍然进占莱茵河左岸的非军事区，从而完成了毁约扩军的第一步。自近代以来，法国人一直认为莱茵问题同自己的国家安全密切相关，德国的这一举动，自然震动了法国。法国萨罗内阁在3月7日至9日连续开会，研究对策。其间，一部分内阁成员强烈要求采取一次"警察行动"来回击德国，而另一部分内阁成员却执意反对实行对德制裁。最后，内阁的决议竟然是：在国联未作出决定之前，法国将不采取任何行动。为此，萨罗一面在广播演说中声称"我们不准备把斯特拉斯堡暴露在德国大炮炮口底下"，一面却叫国人"保持平静"。至于军方的态度，则更是令人泄气。在萨罗总理就这一事件征求军方意见时，时任军方最高领导人的甘默林将军，把法军对此予以还击的前景描绘得一团漆黑。然而，实际情况又是如何呢？其时，德国刚刚开始扩充军备，人数和装备都不如法国。法国无须英国援助，只靠自己的军队就能把德军赶出莱茵区。事实上，进入莱茵区的德军奉有密令，一旦法军采取敌对行动就立即撤回。希特勒后来也说道："进军莱茵区以后的48小时是我一生中神经最紧张的时刻。如果当时法国人也开进莱茵区，我们就只好夹着尾巴撤退。因为我们手中可利用的那一点点军事力量，即使是用来稍做抵抗也是完全不够的。"可是，法国却依旧按兵不动，只是将此诉诸国联，要求《洛迦诺公约》各签字国磋商行动，并建议实行经济制裁。其最后得到的，不过是一纸口头"谴责"的空文罢了。这一切，意味着法国实际上已向希特勒的冒险挑战屈服。

法国在莱茵区重新军事化问题上表现出来的软弱，削弱了法国的军事防御地位，加速了其同盟体系的分崩离析——那些与法国结盟的中小国家就此对法国的实力与承诺产生了怀疑，也大大助长了希特勒的侵略野心。由此，德国开始在西部边界修筑齐格菲防线，加紧扩军备战活动。而在莱茵区重新军事化后，法国在对外政策方面，更是跟在英国后面亦步亦趋，表现出越来越浓重的妥协和绥靖色彩。例如，在西班牙内战爆发后，时为法国人民阵线政府总理的莱昂·勃鲁姆，最初决意援助西班牙人民阵线政府，且已有所行动，但由于英国保守党政府对此采取了不合作乃至反对的态度，勃鲁姆被迫改弦易辙，最终扮演了推行不干涉政策的领头羊的角色。毋庸置疑，不干涉政策是一种失败的政策。德意两国尽管加入了不干涉委员会，却仍源源不断地向西班牙叛乱者输送武器，而西班牙合法政府却因为这一政策被剥夺了在国际市场购买武器的合法权利。这一政策对法国的战略地位也造成了严重的负面影响。首先，法国与德意两个法西斯国家毗邻，处境原已十分艰险，不干涉政策不仅将导致西班牙出现一个受德意支持和控制的独裁政权，更会使法国处于三面受敌的困境，法国还将面临被切断本土与北非属地联系的危险。其次，欧洲其他国家目睹法国听凭德意支持佛朗哥在西班牙篡权而无动于衷，对法国的不信任愈益加深，纷纷另寻出路，法国自一战以来苦心经营的同盟体系最终分崩离析。

慕尼黑会议期间，法国同样跟在英国后面，联手把绥靖政策推到了顶峰。更有甚者，以堂堂法国总理身份出席此会的达拉第，在他下榻的四季饭店对一位下属谈及法国的政策抉择时竟然说道："一切都取决于英国人。我们只能跟着他们走。"这清楚地表明，由于法国在经济上迟迟未能摆脱危机的影响，在外交方面又连连受挫，军方高层对法德军事实力对比的估计也极度悲观[1]，这个曾在欧陆称霸的大国，此时已对独自抗衡德国完全丧失了自信，越来越甘于唯英国马首是瞻。

---

[1] 例如，始自20世纪30年代中期，当时法国军方的最高领导人甘默林即对此作出了悲观的估计，认为德国的军事力量已经超过了法国，并由此得出结论，法国若没有来自英国方面的支持，很难以独家之力抗衡德国。

第九章

『奇异的溃败』和法国蒙羞

"奇怪的战争"与共和国的丧钟

使法国从普法战争战败者重新成为"伟大的法兰西",并在一战中实现对德复仇的第三共和国,其诞生与法德交战紧密相连。令人感慨的是,它的终结以及法国的重新衰落,也同样与这对宿敌世仇在二战中再度厮杀休戚相关。当今许多法国人不愿提及或羞于启齿的是,法德之间的此次厮杀最终是以法方遭受"奇异的溃败"后被迫求和、蒙受国耻而告一段落的。而要探究这个曾称霸欧陆的国家何以遭受"奇异的溃败",就得先了解法国人是怀着何种心态进入新的对德战争,以及在所谓"奇怪的战争"中的最初表现。

被称为"欧洲的内战"或"地狱之行"的第一次世界大战,给欧洲尤其是法国带来了前所未有的战争创伤与灾难,这在法国民众集体记忆中留下了难以抹去的印痕。故此,当20世纪30年代后期国际局势日益紧张,战争乌云密布于欧洲上空时,和平主义思潮在六边形土地上迅速蔓延开来。诚然,维护和追求和平愿望与行动本身无可非议,但问题在于,此期盛行于法国的和平主义思潮与孤立主义或恐战症之类的东西交织在一起,具有严重消极的性质。概言之,这种和平主义的特点是不愿意为在总体上维护和平而承担任何风险，却在不惜代价避免战争上大做文章。更有甚者，它还隐含着这种想法，即只要战火不蔓延到法国，管它纳粹德国在其他地方如何扩大"生存空间"。这样一种和平主义思潮，在一定程度上使法国广大公众对外部威胁的存在和发展变得麻木不仁。当时，绝大多数法国人对慕尼黑会议召开表示欢迎，就十分清楚地说明了这一点。

但严峻的现实是，英法两国参与签订旨在牺牲捷克斯洛伐克来缓和本国与德国矛盾的《慕尼黑协定》，并未带来张伯伦、达拉第之流叫嚷的"千年和平"。正当包括法国在内的西方国家公众沉迷于和平幻觉，自得其乐地轻歌曼舞时，纳粹德国却调兵东进，向波兰开火。1939年9月1日凌晨4时45分，纳粹德国根据"白色方案"这一酝酿已久的侵略计划，出动大批陆、空军兵力，分三路突袭波兰。事发当天，法国决定实行总动员。即使如此，9月2日，达拉第还是在参众两院特别会议上明确宣布，法国准备通过"平心静气的谈判"和平解决冲突。只是在法方要求遭到希特勒拒绝后，退无可退的法国才被迫于9月3日下午5时向德国宣战。

不过，虽然法国已向德国宣战，但实际情况却是宣而不战。从1939年9月上旬到1940年5月10日，除一些几乎不流血的小接触，法德边境未出现过稍具规模的军事行动。尽管法军当时在兵员、大炮和坦克上拥有明显优势，却始终没有认真发起过进攻。时任法军总司令的甘默林，实际上也没考虑过要采取进攻。于是，继在德军进占莱茵河左岸非军事区时未断然采取军事行动，法国再次坐失及时遏制纳粹德国侵略扩张势头的良机。当时的西方报刊，面对平静如水的西线战场，几乎天天只能以"西线无战事"之类的措辞来进行报道。鉴于宣战后所发生的事情，或更确切地说宣战后没有发生的事情，一些法国人遂将这种奇特的战争场面称为"奇怪的战争"。

"奇怪的战争"的出现绝非偶然。在此尤需强调一点，与一战爆发时全法上下群情激昂、同仇敌忾截然不同，虽从表面上看，法国似乎再次出现一种牢固的团结：总动员在顺利进行、议会以压倒多数赞成战争拨款……但实际上法国在二战初期的士气简直令人沮丧。朝野上下，好像很少有人理解进行一次新的大战的必要性。从根本上说，右派由于意识形态原因，不愿同纳粹德国打仗。他们赞美希特勒富有效率的极权统治，也和希特勒一起蔑视腐败无能的民主制度。具有法西斯主义倾向、拥有大量右翼读者的《我无所不在报》著名撰稿人吕西安·勒巴泰这样写道："战争已被最可憎的犹太人和蛊惑人心的政权中那些最可憎的小丑们发动起来了……现在再次要我们去拯救共和国，而这个共和国比1914年的那一个更坏……不，我丝毫不仇恨希特勒，但我痛恨所有导致希特勒胜利的法国政治家。"[①]左派尽管鄙视甚至厌恶希特勒的极权统治，却也不愿同德国在内的任何其他国家打仗，因为他们热衷于和平主义。这种和平主义认为，所有战争都是罪恶，都是对人类及其财富和道德毫

---

① ［美］威廉·夏伊勒：《第三共和国的崩溃》（上），尹元耀等译，海口：南海出版公司，1990年，第666页。

无意义的破坏与毁灭，因而，必须不惜一切代价加以避免。当时在法国以宣称绝对和平主义著称的哲学教师和作家阿兰，是这种主张最为突出的代表。长期的"奇怪的战争"，似乎使法国人认为，只要德国人不进攻，就用不着再打仗，和平随时都有可能实现。而且，即便法德之间战端再起，法国也足可凭借坚不可摧的马其诺防线或其他地方的天险，抵挡住对手的进犯。

于是，人们不难在宣战后的法国看到这样一些场面：政府高官们照常在周末或节假日与家人外出度假，而且，无论是在宣战时担任总理的达拉第，抑或是在他之后接任总理的保罗·雷诺，在如此危机关头照旧与各自的情妇打得火热；宣战时关闭的戏院、歌剧院、音乐厅以及电影院重新开放，巴黎的夜生活近乎一如往昔——唯一使人扫兴的是，饭店、餐馆等公共场所晚上10时须得熄灭灯火；出版事业继续繁荣兴旺，大学像以前那样照常上课，只不过因一些大学生已被征召入伍，教室里的空座明显增加。在家中亲人在后方同样享受着生活乐趣之际，驻守在马其诺防线的法国士兵们却百无聊赖。他们中不少人为此经常借酒浇愁，喝得酩酊大醉。出于安抚这些士兵的考虑，政府和军方采取了种种措施，如在军营建立娱乐中心，派剧团演出，放映电影，安排军人休假，还以总理的名义为这些部队分发了一万个足球。就这样，前线官兵通过跳舞、踢球、下棋、打扑克，晒"日光浴"等，在一种闲适至极的状态中打发着时光。

然而，"奇怪的战争"不可能一直持续。1940年5月10日，德军在西线发起全面进攻，这标志着这场"奇怪的战争"的终结，同时，也意味着第三共和国的丧钟开始敲响。

"奇异的溃败"引来至暗时刻

首先打破"西线无战事"局面的德军，当时投入的兵力共为137个师，约330万人，而迎战的法、英、比、荷的总兵力，却共有147个师（其中比军22个师，英军10个师，荷军9个师），约380万人。这表明，后者在总兵力数量上并不少于德国，且还略占优势。但是，德军攻势凌厉之极。1940年5月14日，德军攻占鹿特丹。翌日，荷兰投降。17日，德军占领比利时首都布鲁塞尔，28日，比利时投降。更让法国人始料不及的是，担任主攻任务的德国装甲机械部队克服重重障碍，快速穿过100多千米长的阿登山区——这一地区因其林密路窄、地形复杂而被公认为是机械化大部队无法通过之地，因而法方估计德军不会以此作为主攻方向，遂把法军主力部署在以为是德军主攻方向的法比边境一带。12日，德军先头部队在几乎未遇抵抗的情况下进抵默兹河。13日深夜，德军分别在迪南和色当渡河成功。随着法军防线不断被突破，德军闯进巴黎或冲向英吉利海峡的通道其实已被打开。15日，德军大部队长驱直入北法平原，直逼英吉利海峡。同日，早已惊慌失措的甘默林本人承认，法国的防线已被突破，巴黎的安全已无法得到保障。这位堂堂的法军最高指挥官，甚至还当着美国驻法大使蒲立特的面，告诉时任国防部长达拉第："法国军队已经完了。"

面对法军节节败退、法国岌岌可危的严峻局面，急于扭转战局的雷诺总理在1940年5月19日改组了内阁，还断然作出两项旨在振作本国低落士气，但实际结果却背道而驰的重大决策。一是迎请一战中被誉为"凡尔登英雄"、84岁高龄的贝当元帅出任政府副总理；二是以领导战事不力为名，撤销甘默林地面部队总司令一职，任命一战期间曾为福煦充当助手、并被誉为一战中法国参谋总部"智囊"，时年73岁的名将魏刚担任国防部参谋总长兼海陆空军所有作战行动的总司令。然而，两位临危受命的一战老英雄，彼时似乎已完全失去当年的坚毅与豪情。贝当上任后，迫不及待地把法国的失利归咎于英国的支援不力，而魏刚虽在上任后即忙于组织人马在索姆河、埃纳河之间建立一条以他名字命名的新防线，但在不久后，即在由总统主持的军事委员会会议上宣称，法方必须立即停止这场战争，否则，法军将全军覆没。

几天后，魏刚防线同样因德军的凌厉攻势而变得支离破碎。同时，在德军重压下，数十万法英联军不得不纷纷向海边撤退，并很快被德军压缩在敦刻尔克的狭窄区域。为避免三面受敌、一面濒海的法英联军，尤其是为避免英军陷入厄运，英国政府下令实施著名的敦刻尔克大撤退。从5月26日晚到6月4日中午，英国方面不顾德军的轰炸与追击，在9天内共调集850艘大小船只，包括战舰、商船、渔船、拖网船、疏浚船、游艇、汽艇和小帆船等，全力以赴组织渡海营救，终于使33万盟军士兵（其中英军20余万人，法军10余万人，其余为少量比利时和波兰的军队）得以逃生。不过，担任后卫的4万法军，却因无法渡海最终成了德军俘虏，而被遗弃在海滩上的1200门大炮、7.5万辆汽车等大量装备也统统落到德军手中。

敦刻尔克大撤退的成功，被一些西方史学家称为"奇迹"。虽然这一"奇迹"使撤退到英国的数十万部队成为日后反攻的基干，却丝毫无补于法国摆脱败局。1940年6月5日，德军在攻占敦刻尔克后，立即按照第二阶段的作战计划挥师南下，着手进攻索姆河一线。同日，魏刚发布命令宣布法兰西战役开始。在战局愈益吃紧的情况下，雷诺再次改组内阁，自己还兼任外交部长一职。值得一提的是，在这次内阁改组中，几天前才被提升为准将的戴高乐，被破格任命为国防部次长。总理雷诺在短时间内两次改组内阁，不过是希冀以此巩固自己以及主战派的地位，孰料，因选人不当，反而使在政府中与他对立的投降派势力有所加强。随着魏刚防线呈全线崩溃之势，首都巴黎安全难保，政府和最高统帅部中的投降派于是公开跳将出来。例如，当雷诺与戴高乐力主在布列塔尼或撤至北非继续抗战时，贝当却竭力主和，宣称除了同敌人谈判外已别无他法。6月8日，另一位副总理肖当则扬言："我们必须结束战斗，继续打下去是没有用的。"同日，魏刚在与戴高乐会面时，对面临的失败处之坦然，甚至忧心忡忡地说："要是我能有把握使德国人给我留下必要的部队来维持秩序就好了。"6月10日，正是这位魏刚，在内阁会议上提出政府必须撤离巴黎，并在同日晚些时候宣布巴黎为不设防城市。当天，法国政府仓皇撤离巴黎，先后迁往图尔和波尔多。在这一过程中，政府内部主战派与主和派之间展开了惊心动魄的斗争。

与此同时，整个法国，尤其是巴黎，早已陷入一片恐慌。电台每小时都在播出一个比一个更糟糕的消息，如政府撤离巴黎，迁往图尔和波尔多；意大利向法国宣战，"从背后捅上一刀"，等等。人们惊慌失措，草木皆兵。掉队的官兵们在溃退中，一边抱怨政客们是卖国贼，一边寻找自己的部队。成群结队的散兵游勇穿着五花八门的服装，徒步或坐着小车逃向南方。巴黎的奥尔良门和意大利门出口处，被不顾一切向外逃亡的巴黎市民挤得水泄不通。大批逃难者壅塞在公路上。人们用上了一切交通工具，婴儿车、小手推车、小贩货车、拖车、消防车、自行车、马匹和驴子，就连原先运送尸体和垃圾的柩车与垃圾车也被拿来派上用场。逃难队伍沿途经常遭到德军飞机的疯狂扫射，往往血肉横飞，尸横遍野。更令人痛心疾首的是，在逃难者已经惊恐不安的危难时刻，一些混在逃难队伍中的民族败类却乘人之危进行有组织的抢劫，甚至为达到自己卑鄙的目的不惜故意制造恐慌。诚如法国史学家所形容的那样，始自1940年5月德军发动"闪电战"，并在6月中旬达到高潮的平民的大逃亡，像"一阵狂风刮向了法国"，使得从巴黎到中部地区的法国变成了漂泊的"游牧民族"的巨大营地。在此尤其要指出一点，这场史无前例的大逃难的恐慌浪潮给法国造成了严重的创伤和巨大的影响，同时也打下了停战的精神基础。对这批失去心理平衡和赖以生存的精神支柱，过着颠沛流离生活和遭受物质与精神痛苦的逃难者来说，逃难促成了一种自弃的精神状态。正是这种精神状态使一些人几乎带着宽慰的心情赞成停战，而他们原是对此深以为耻的。①

1940年6月14日，德军兵不血刃地占领了巴黎，还在埃菲尔铁塔顶端升起了纳粹德国的旗帜。即便如此，已逃至波尔多的法国政府内部依然争论不休。在6月15日和16日这两天里，内阁在波尔多召开了三次事关法国命运的重要会议。这些会议上，主战派、主和派之间展开了激烈交锋。由雷诺和内政部长芒代尔等人组成的主战派，力主把政府迁往北非继续战斗；以贝当、魏刚为首的主和派却认为败局已定，必须马上停止战斗。就在争论双方僵持不下之际，同属主和派的副总理肖当，在6月15日的会议上狡诈地提出建议：向德国探询停战条件。虽然明眼人一看就知，这只是个花招，因为探询停战条件与要求停战事实上是一回事，但正是他的这一建议使内阁会议发生了戏剧性的转变。结果，赞成肖当建议者有13人，而反对者只有6人。在6月16日上午的会议中，贝当宣读了自己事先拟好的辞职书，意欲以辞职相要挟。同日，雷诺深感已在政府中处境孤立，加之在国际上又无法得到英美两国支持，心力交瘁的他被迫挂冠而去。

当晚，共和国总统勒布伦在征求参众两院议长意见后，授命贝当组阁。早已有所准备的贝当，当即从公文包里取出事先

---

① ［法］让-皮埃尔·阿泽马，［法］米歇尔·维诺克：《法兰西第三共和国》，沈炼之、郑德弟、张忠其译，北京：商务印书馆，1994年，第232—235页。

拟好的新内阁成员名单，将它交给总统。当晚11时半，贝当主持了以他为首的内阁的第一次会议。就是在这次会议上，贝当政府正式作出了停战决定。会后，贝当迫不及待通过西班牙驻法大使向德国试探停火条件。次日中午，他又向全国发表广播讲话，宣称"必须停止战斗"，"体面地寻求结束军事行动的方法"。贝当的广播讲话，导致法军放弃了最后抵抗，令这支败军所残留的最后一点战斗力也化为乌有。除极小部分部队未立即执行停战命令外，绝大部分部队都立刻放下武器，原地待命。然而，德方起初对贝当的停战请求未予理睬，而是乘法军瓦解之际向波尔多快速推进，力图通过给法国施加更大压力来攫取最大的战果。6月20日，贝当政府正式向德国请求停战投降。至此，德国才同意就停火问题与法国谈判。

溃败原因面面观

坐落在巴黎东北面贡比涅森林的雷通德火车站，曾是令全体法国人扬眉吐气的所在。一战结束前夕，正是在这里，败局已定的德国代表灰溜溜地登上停在此处的福煦元帅座车，向包括法国在内的协约国乞求停火。为纪念对德复仇战争的胜利，法国人特意在停放福煦元帅座车的铁轨旁竖起了一块大理石制成的纪念碑，上面刻写着："罪恶而骄横的德意志帝国被它企图奴役的自由人民击败，于1918年11月11日在此屈服投降。"想来当时的法国人无论如何也不会料到，20多年之后，这座雷通德车站竟然成为使其再度蒙受国耻的伤心之地。

贝当政府正式向德国请求停战后，德方在同意就停火举行谈判的同时，特意把谈判地点定在了贡比涅森林的雷通德车站。从1940年6月21日开始的谈判会场，就设在1918年11月11日签订法德停战协定的福煦当年乘坐的专列车厢内。明眼人一看就知道，这一切都是德方精心安排的结果。为了见证和欣赏期待已久的这一幕，希特勒本人专程来到了这里。当他看到那块大理石上刻写的文字时，脸上依次流露出了仇恨、轻蔑、复仇和得胜的表情。会谈开始后，在希特勒的示意下，德军最高统帅部长官威廉·凯特尔宣读了一份宣言，内称选择此地作为谈判地点，就是为了"用一种纠正错误的正义行动来永远消除法国历史上并不光彩的一页和德国人痛恨的历史上的最大耻辱"。凯特尔宣读完毕后，希特勒即离开了车厢。在走下车厢时，他还得意忘形地在这节车厢旁跳起了小步舞。

6月22日，法德双方在停战协定上签字。它的签订标志着多年来称雄欧陆、号称欧洲第一陆军强国的法国，在短短几十天里就惨败在了纳粹德国手下。对此，人们必然会不由得发问，像法国这样一个至少看上去颇为强大的国家，何以竟然会在1940年五六月间发生溃败？对于这个问题，实际上从溃败发生后不久，不少西方国家尤其是法国的史学家，以及当时的政治家与军事家们，就纷纷试图从各自立场出发对此作出解释。他们的结论势必是众说纷纭，见仁见智。其中，最值得关注的是年鉴学派两大创立者之一，因积极参加抵抗运动而在光复前夕为国捐躯的法国史学大师马克·布洛赫在大战期间写就的名著《奇异的溃败》中的一些观点。

关于法国在此次战争中出现溃败的原因，贝当在6月20日发表的广播讲话中将其归因于"年青人太少，武器太少，盟友太少"，以及法国人普遍"索取多于贡献，昔日图安乐；今日遭不幸"。①的确，贝当的上述说法不无道理。例如，战争开始之际，正是法国由于一战期间出生率锐减而造成"兵荒"之际，也即达到服役年龄、体格健壮的青年严重不足之时。又如，当法国因形势岌岌可危而恳求英美施以援手时，它们中一个未能及时提供有力援助，另一个干脆近乎置之不理。不过，除了上述几条，法国在此次战争中的溃败原因，似乎更可从以下几方面予以补充。

第一，消极吸收一战中的经验教训，过分强调和迷信阵地战。由于一战中凡主动发起进攻方往往得付出极其惨重人员伤亡的代价，且法国在一战中的反败为胜与它在几次著名阵地战中的获胜密切相关，遂使法国军方高层在制定军事战略时，一直极为强调防御，并把阵地战作为制胜法宝。例如，在法国军界举足轻重的贝当就曾公开宣称："一个连续的巩固的防线足够抵挡一切，任何进攻的想法必须仔细考虑，直到形势确实需要时才进攻。"毋庸置疑，法国耗费巨资建立的著名的马其诺防线就是这种军事战略思想的产物。二战爆发后，无论是法国军方

---

① ［法］让-皮埃尔·阿泽马、［法］米歇尔·诺维克：《法兰西第三共和国》，沈炼之、郑德弟、张忠其译，北京：商务印书馆，1994年，第226页。

高层还是政府首脑，仍然继续信守、践行这类思想。为此，他们还提出了下列理由：法国有固若金汤的马其诺防线，德国如果主动发起进攻，必将付出极其惨重的代价；面对德国的齐格菲防线，加之比利时不愿让法军入境作战，法国的进攻缺乏胜算，即便能取得成功，其人员伤亡的代价也将很难承受；这场战争将是一场持久战，主动采取大规模军事行动的时间越晚，就越有利于让英国有足够的时间组织援法的大陆远征军；纳粹德国内部已经出现危机，其经济活动也将因为经济封锁陷于瘫痪，法国应当在其出现内部崩溃时才主动采取进攻。出于上述理由，法国最高军事首领明确宣布："只要德国没有显示出明显的内部崩溃的迹象或是形势没有变得有利于盟国之前，就必须放弃大规模进攻的思想。"在这样一种军事战略思想指导下，"奇怪的战争"场面出现也就不足为奇了，而恰恰是这持续半年多的"奇怪的战争"，使法方坐失了主动发起进攻、有效遏制住纳粹德国侵略扩张势头的最佳时机。

第二，因对德军主攻方向判断有误，兵力部署严重失当。虽然德国兵源要比法国充足——根据统计，德国年龄在20—30岁之间的年轻人为法国的两倍，但至少在开战之初，德军与英法盟军的兵力基本相当，盟军在人数上甚至还略占优势：布防的法国军队有280万，英国人有15万，5月27日前还有30万比利时军队，而德国的兵力只有260万。问题在于，法国军方高层误以为德军主力仍将像一战中那样经比利时来犯，故把主要兵力部署在面对瑞士、莱茵河和马其诺防线一带。虽然甘默林等人并非完全没有考虑过德军经阿登山区和默兹河一线进犯的可能，但他们同时却更愿意一厢情愿地认为，法国不妨以这一带的高山峻岭和宽阔的河流作为天然屏障。故此，甘默林派了法军中力量最弱的第九军团来防守位于阿登森林西部出口的那慕尔、色当之间极为重要的默兹防线。结果，德军主力正是从这一法军防守最为薄弱的环节突破了法国防线，以迅雷不及掩耳之势向西推进，使被打得措手不及的法国一时难以招架。

第三，武器装备的使用不尽合理。尽管法国的军备因经济危机以及国内存在强烈的和平主义思潮而受到严重影响，但在战争爆发时，法国与德国在武器装备上的差距并不十分大，法国在这方面的最大弊端在于使用不当。这一点，在坦克的使用上尤为突出。虽然法国在坦克拥有量上与德国旗鼓相当，但德国通过成批地集中使用坦克，亦即把坦克部队作为独立作战单位而使其充分发挥了巨大威力。与之相比，法国最高统帅部的高官们却仍把坦克部队化整为零地置于各自所属的步兵部队，且只是配合步兵部队的作战，从而也就未能充分发挥坦克的作用。同样，在飞机的操纵与使用方面，法国空军也明显不如其对手。

第四，军队缺乏真正胜任的帅才。法国在一战中能反败为胜，与它曾先后拥有像霞飞、福煦这样指挥有方、意志坚强的军事统帅有着极大关系。但是，在一战中分别担任上述两人的助手，并在二战中先后被委以统率法军重任的甘默林与魏刚，却与他们当年的上司不可同日而语。他们与前者的差距不仅在于指挥艺术，更在于缺乏临危不惧的大将风度。例如，对法军实力估计悲观的甘默林在得知自己对德军主攻方向判断失误，法军刚开始节节败退时，就早早地发出"法军已经完了"的论调。至于魏刚，虽然堪称是位出色的"高参"，但因从未直接指挥过大部队作战，同样难以担负法军统帅的重任。对此，戴高乐曾一针见血地指出，魏刚并非总司令的合适人选：

> 他的本质是一名卓越的二把手，他曾经非常出色地在福煦元帅麾下担任了这一角色，他在担任参谋总长职务的时候曾很好地运用了他的胆识和智慧，但是他既没有，也不准备作为一位伟大的统帅去面对命运的挑战。在他整个戎马生涯中，他从来没有在一次战斗中进行过实地指挥……在我国军事史上这一最严重的时刻选择他来进行指挥，不是由于认为他可以扭转乾坤，而是借口"他是一面旗帜"，这乃是一个弥天大错。[1]

第五，缺少既有非凡能力，更有坚定意志的政治领袖，政府内部分歧严重，最终让投降派占了上风。法国在一战中的胜利，虽与它拥有霞飞、福煦等指挥有方、意志坚强的军事统帅密不可分，但同时也与有着如普恩加莱，特别是克雷孟梭这样卓越的政治领袖息息相关。令人遗憾的是，二战时在台上执掌大权的法国政治家中，再无人可与一战时期的领袖们相提并论。

---

[1] ［美］威廉·夏伊勒：《第三共和国的崩溃》（下），尹元耀等译，海口：南海出版公司，1990年，第923页。

更有甚者，法国的政府大多是多党暂时联合的产物，由于政见不同，目标相异，内部往往存在种种严重分歧。当时，法国政府内部大致可分为主战派与主和派，而后者实际上就是投降派。主战派本就缺乏优势，其内部在其他一些问题上也意见相左，比如，坚决主战的雷诺总理与在此时亦已转而主战的达拉第向来存在敌对情绪（双方尤其是在是否让甘默林继续担任总司令问题上争论不休，致使双方关系陷入僵局），这导致主战派力量受到削弱；此外，雷诺在改组内阁时更是选人失察，对贝当等人委以重任，使主和派在政府内部的势力日益增强，并在最后造成雷诺本人被主张停战投降的贝当取代。如果说政府内部存在的巨大分歧本就已严重影响了其在危急时刻行之有效地领导国人去应对种种严峻考验，那么已在政府内部占据上风的投降派，更是以其失败主义思想和举措加速了法国的崩溃。

第六，平民百姓与广大官兵普遍存在畏战厌战情绪。其实，法国在战争前夕盛行的和平主义思潮，实际上就隐含着畏战成分，人们试图不惜一切代价去避免战争。而战争初期的失利、大逃亡中的艰辛以及对政府高官种种行径的失望与愤怒，更使畏战厌战情绪像瘟疫一样在法国平民百姓与广大官兵中迅速蔓延，涣散的军心和绝望的民情便是此期的生动写照。5月13日法军防守色当的战役中，一些部队甚至没有受到真正的攻击就瓦解了，士兵们像中了邪似的被根本不存在的威胁所惊吓，慌乱地向南逃窜。当他们的长官奋力阻止正在逃跑的士兵并劝说他们继续抵抗时，士兵们的回答是："我们要回家去，回去干我们的营生去，再打也没有用啦，没办法了。我们失败了！我们被出卖了！"接着便继续作鸟兽散。在法国普通民众逃难过程中，当一些夹杂在难民里的散兵游勇向对逃难队伍轰炸与扫射的德军飞机开枪还击时，他们的行为却遭到了一些群众的责骂："抵抗有什么用？到处都是卖国贼。不惹德国人还可能少挨炸呢。"显然，军心的涣散与民情的绝望已使法国一时很难再在本土组织起有效抵抗，这也大大加强了政府成员中的失败主义情绪，促使贝当等人迅速把法国推上停战求和道路。

最后要强调一点，如果从更长的时间段来看，除上述因素外，法国在二战中的溃败乃是第一次大战以来，尤其是1930年陷入资本主义世界经济危机漩涡后，法帝国主义日趋没落，统治集团苟且偷安，一味推行绥靖政策，坐视德国壮大所造成的。与此同时，它也是法国垄断资产阶级及其极右势力一贯敌视共产主义和劳动人民，不惜以阶级利益压倒民族利益的结果，这在法国垄断资产阶级及其极右势力对人民阵线运动，以及对以勃鲁姆为首的政府的态度上明显可见。

1935年7月14日正式成立的人民阵线，是在特定历史条件下应运而生的。汇集在其大旗之下的各党派，为同国内外法西斯主义作斗争，暂时结成了广泛的联盟。由于参加人民阵线的98个组织在1936年通过的《人民阵线纲领》较为充分地反映了工人、农民和城市中小资产阶级的迫切要求，因而得到了广大民众的支持和拥护，同时也为人民阵线左翼政党在同年四五月间举行的议会选举中获胜奠定了基础。随着人民阵线各党在这次选举中取得重大胜利，特别是社会党成为议会中的最大党团，人民阵线政府得以成立，而社会党领导人莱翁·勃鲁姆也由此成为法国历史上首位社会党人总理。然而，对勃鲁姆以及以他为首的人民阵线政府，法国垄断资产阶级及其极右势力自始至终抱着敌视态度。法国的法西斯分子们还宣称，勃鲁姆是法国头号公敌，并对身为犹太人的勃鲁姆进行恶意攻击。如在勃鲁姆上台后次日，"法兰西行动"领导人莫拉斯就在《法兰西行动报》上以《犹太人统治下的法国》为题发表社论，提醒该报读者"我们现在有了一个犹太人的政府"[1]。更有甚者，在勃鲁姆上台后，此前一些极右派曾叫嚷过的"宁要希特勒，不要斯大林"这一口号，很快就变成了"宁要希特勒，不要勃鲁姆"。他们还把法国经济存在的困难归咎于勃鲁姆政府的社会改革，攻击这些改革"将导致法国经济的全面崩溃"。

其时，法国垄断资产阶级在经济危机和罢工浪潮中虽受到打击，却仍具有十分强大的实力，依然控制着法国的经济命脉。尽管他们在勃鲁姆政府上台之初，迫于工人罢工浪潮和政府压力，不得不作出些许让步，同意让勃鲁姆政府进行一定范围内的社会经济改革，但一旦有机可乘，就会加以捣乱破坏，甚至进行反攻倒算。他们的主要手段之一就是"资本的罢工"，即将大量资金从本国流通领域中抽逃出来，甚至转移到国外，以期借此加重政府的财政困难。事实上，勃鲁姆政府很大程度

---

[1]　吕一民：《20世纪法国知识分子的历程》，杭州：浙江大学出版社，2001年，第132页。

上就是因为财政问题的原因而被迫下台的。

此外，西班牙内战爆发时，法国右派表现出的对西班牙人民阵线政府的敌视和攻击，其实也是他们仇视勃鲁姆人民阵线政府的一种表现。当勃鲁姆政府在1936年7月爆发的西班牙内战中准备援助西班牙人民阵线政府时，多家法国右派报刊为此发起了一场激烈的"舆论战"。7月22日，在《法兰西行动报》上，"法兰西行动"组织的重要成员莫里斯·皮若扬言：法国人民禁止犹太人勃鲁姆的政府送武器给西班牙政府。"法兰西行动"首领夏尔·莫拉斯本人也亲自在该报发表文章，说勃鲁姆在把法国引向战争。更有甚者，弗朗索瓦·莫里亚克，这位政治思想倾向偏右的著名作家，也在7月25日的《费加罗报》上宣称："总理应该知道，自人民阵线上台以来，我们在尽量克制，在一种内战的气氛中，我们愿意保持理智，但如果事实证明，我们的主子积极参与半岛上的屠杀，那么，我们将明白统治法国的并不是政治家，而是暴徒头目……我们不愿西班牙因为法国的过错而流血。勃鲁姆如果干涉，我们将永远也不会饶恕这一罪愆"。① 毋须讳言，右派舆论空前激烈的反对，是最初决意援助西班牙人民阵线政府，且确实也已有所行动的勃鲁姆等人不得不改变初衷，并最终扮演推行不干涉政策的重要因素之一。而这一政策的制订与实施，显然直接削弱了法国在未来战争中的战略地位。

---

① 吕一民：《勃鲁姆人民阵线政府与"不干涉政策"》，《杭州大学学报（哲学社会科学版）》，1993年第4期，第102—109页。

抵抗运动和抗德壮举

贝当政府于1940年6月22日在贡比涅森林与德国签订的停战协定，无疑是个丧权辱国的协定。根据这一协定，法国一分为二，分为"占领区"和"自由区"：前者为法国北部和西部约占全部领土3/5的主要工业区、巴黎以及英吉利海峡和大西洋沿岸；后者包括法国的西南部、南部和殖民地，由贝当政府统治。此外，根据停战协定规定，法国还应偿付德国占领军所需的全部给养费——德国勒索的占领费每天高达4亿法郎，每年的费用相当于法国在1939年国民收入的48%。法国除为维持"秩序"可保留10万"休战军"外，所有陆、海、空军都被解除武装并强行复员。法国应立即交还德国战俘或被法方拘留的德国人，而180万法国战俘和被拘留在德国的法国人，却仍将依旧被关在集中营或在工厂里强迫劳动。

6月29日，贝当政府被迫撤离已被划入德国占领区的波尔多，迁往克莱蒙菲朗。7月1日，又迁到以温泉疗养胜地著称的小城维希，将这座原先只有2.5万人口的小城作为首都。由此，贝当政权统治下的法国也被称为维希法国。7月10日，第三共和国的丧钟最终敲响。议会以569票对80票的绝对多数，授权贝当全权起草新宪法。从7月11日起，贝当连续颁布了三个制宪法令，使存在70年的第三共和国寿终正寝，法国国名由"法兰西共和国"正式改为"法兰西国家"。

贝当在着手埋葬议会制度后，即以个人专政取而代之。彼时，维希政权所有法令基本都是以这种有如君主下诏的格式来颁布的："本人，菲利普·贝当，以法国元帅、法兰西国家元首名义宣布……"要言之，大权独揽的贝当对内打出了"民族革命"的旗号，宣称要"捍卫劳动、家庭和祖国"，号召人们回到敬重上帝、祖国和家庭的观念上去；对外则力求实现法德之间"平等的合作"。不过，后者即便不是贝当之流的异想天开，也至少纯属他们的一厢情愿，因为纳粹德国需要的只是傀儡，绝非平等合作的伙伴。贝当政权此后的所作所为实际上也清楚表明，它的确是而且也只能是对纳粹德国俯首帖耳的傀儡政权。这一切，显然是法兰西民族的耻辱。

贝当在其统治维希法国期间，得到了以莫拉斯为代表的一大批法国右翼知识分子的大力支持。以莫拉斯为首的"法兰西行动"自其在19世纪末初露端倪起，即从保皇主义立场出发，对第三共和国采取了极端蔑视的态度。如果说一战到来时，"法兰西行动"的知识分子们出于对德国人的旧恨，出于一种由他们所大肆渲染的民族沙文主义重新点燃起来的爱国主义，暂时还能将自己对共和国的仇恨搁在一边，鼓动民众保卫祖国，那么在四分之一个世纪之后，当法国面临来自同一个国家的新威胁时，"法兰西行动"的知识分子们已经认为，这个"由一帮极不正派的骗子操控的共和国"是不值得保卫的，即使是从宿敌德国人手中救助它也是不值得的。相反，此时的他们更乐于为共和国的最终崩溃落井下石。

二战前夕，确切地说是在1939年6月8日，三年前曾因煽动其追随者在大街上对勃鲁姆公开施暴而被判监禁的莫拉斯，引人瞩目地被法兰西学院（一译法兰西学士院）正式接纳为"四十名不朽者"之一。在法国，跻身"四十名不朽者"之列，无论是对于作家、政客还是将军，都是个人名望达到顶峰的标志。莫拉斯的当选，明显为在法国右翼知识分子中颇有影响力的莫拉斯主义做了一次很好的宣传，使之气焰更为嚣张。维希政权的上台，尤其是"新秩序"的建立和"民族革命"的推行，使莫拉斯等一贯仇恨共和制的右翼知识分子更感振奋。于是，他们毫不犹豫地把自己紧紧地绑在维希政权的战车上。此期莫拉斯等人的许多言行清楚不过地证明了这点。例如，1941年2月9日，莫拉斯在《小马赛人报》上肉麻地对贝当这位他在法兰西学院的同人进行了恭维。

此外，莫拉斯凭借自己在法国右翼知识分子中的威望，特别是通过已成为贝当亲信的追随者，如起草制宪法令的拉法埃尔·阿利贝尔、负责青年问题的亨利·马西斯等人的实践，使已根据国内外客观环境变化予以修正的莫拉斯主义成为维希法国重要的精神支柱，以至于到了后来，维希政权官方吹鼓手、《墨索里尼传》作者勒内·本雅曼公然宣称："法兰西拥有两位伟人：菲利普·贝当与夏尔·莫拉斯。前者象征着行动的力量，后者象征着思想的力量。"与此同时，不少追随莫拉斯的文人还相继担任了维希法国文化部门的负责人，成为"新秩序"的卫道士。如法兰西学院教授、历史学家贝尔纳·费伊在从事美国史研究之余，还积极从事对所谓共济会阴谋的研究，并充当了这方面的重要理论家。费伊在维希政权统治时期被任命为国立图书馆馆长后，即以反对共济会等秘密社团为目标，筹建了相关的博物馆、杂志与文献资料中心。

值得注意的是，维希政权统治时，法国法西斯主义知识分子的思想倾向有了一个比较明显的变化，从20世纪二三十年代时较多欣赏、仿效墨索里尼的法西斯主义，转变为此期的更多欣赏和仿效希特勒的纳粹主义，与纳粹德国沆瀣一气。布拉齐拉赫、勒巴泰、拉罗歇尔和曾任维希驻苏联大使的加斯东·贝热里等人，就是突出的代表。他们与战争前夕被达拉第政府驱逐出境，此时却以德国驻法大使身份返回巴黎的奥托·阿贝兹打得火热，鼓吹法德合作与法德友谊。这些人原来多为莫拉斯的追随者，在战争爆发前夕即已对莫拉斯的君主主义和敌视德国的态度颇感不满，但在当时，面对莫拉斯巨大的"精神威望"，他们尚还不敢与"法兰西行动"的正统观念公开唱反调。法国的溃败与德国的占领，使他们终于有胆量同"法兰西行动"主流派最终决裂。他们甚至认为，正是由于莫拉斯的智力权威，导致那些没有完全解放思想的青年知识分子"总是感到局促不安"，从而阻止了许多勇敢行动。就这样，"法兰西行动"成了"法兰西不行动"。作为他们当中的重要代表，勒巴泰还在《瓦砾》一书中对自己原先崇拜的偶像莫拉斯作了这样的描述：

　　莫拉斯是个天主教徒，却无信仰、不领圣事，也不信教皇；是个恐怖分子，却非杀人凶手；是个王党分子，却被他所支持的王位觊觎者否认；归根到底，他本来只是个患意志缺乏症的华而不实的幻想家。

可以说，这些知识分子对纳粹德国的极权制度，尤其是对所谓强大国家、一党专政、领袖崇拜等推崇备至。菲利普·昂里奥在执掌维希法国宣传大权后，更使维希法国的电台、报刊和街头充斥着亲德的言辞，而作为劳工部长的戴阿，更是不遗余力地为德国人在法国强征劳工。

在德国占领当局和维希政权支持下，法国右翼知识分子当时还再次掀起了反犹排犹恶浪。这一过程中，著名作家塞利纳带来了极其恶劣的影响。塞利纳原名路易-费迪南-奥古斯特·德图什，是一个小资产阶级家庭的独生子。他的父母原希望他长大后以经商为业，故在他13岁时就将他送至国外学习外语。可是，第一次世界大战使他走上了另一条人生道路。战后，在大战期间应召入伍且右臂负伤的塞利纳选择以行医为生。由于他在行医时经常接触病人，心理上不时受到压力，从而产生病态和幻觉，致使他日益愤世嫉俗，甚至似乎对整个人类都怀恨在心。同时，行医的旅程也使他的足迹遍布欧美大陆和部分非洲国家，令他获得了丰富的阅历。1932年，塞利纳的处女作《在茫茫黑夜中的漫游》问世，轰动一时。尽管读者对小说毁誉不一，一些人甚至责骂这部小说仇恨人类，无视一切信条，语言下流粗俗，但人们还是不得不承认，这部小说写出了人类的真实处境，是20世纪法国文学史绕不过去的重要作品。而塞利纳在1936年出版的《延迟归天的死亡》（一译《死有余辜》），再次震动了法国文学界乃至整个社会舆论。早在二战爆发前，塞利纳就已在自己的许多小说或政论文中表现出对犹太人的蔑视与厌恶，并公开宣称："我不愿为希特勒打仗，但是，我也不愿为犹太人与希特勒打仗……人家拼命对我胡说八道，枉费口舌，正是犹太人，也只有他们，迫使我们拿起机枪……希特勒不喜欢犹太人，我也不喜欢。"法国战败投降后，他在1941年循着战前作品《屠杀前的琐事》《死尸学校》的创作思路，又抛出了《漂亮的床单》，并在作品中进一步表现出偏激情绪和强烈排犹倾向。他还经常出席犹太人问题研究院组织的会议，甚至对在贝利茨宫举行的大型反犹展览——《反对法国的犹太人》未收入自己的作品而提出抗议。从1941年至1944年，塞利纳在《我无所不在报》等报刊发表了一系列文章，大肆鼓吹反犹排犹，为此期法国反犹排犹的恶浪推波助澜。

从1940年停战到1944年8月巴黎解放的这段时期，在法国历史上被称为"黑暗年代"。不过，让法国人聊以自慰的是，当时毕竟还有一个抵抗的法国与维希法国相对。在法国处于"山河已经破碎，民族存亡未卜"的紧急关头，1940年6月18日，戴高乐，一位戎马生涯平淡无奇，政治上默默无闻，仅在军界小有名气的普通准将，在伦敦通过英国广播公司向法国人民发出了著名的"六·一八"号召，庄严宣告："无论发生什么事，法国抵抗的火焰不能熄灭，也绝不会熄灭。"这一号召表明戴高乐率先高举起了争取民族独立的旗帜，呼吁公开抵抗纳粹德国和卖国政府。戴高乐在竖起反对德国侵略、维护法兰西民族的义旗后，即在伦敦积极筹建法兰西民族委员会，组织武装力量，使伦敦成为当时法国国外抵抗力量的一个重要基地。一批又一批的法国爱国志士冒着生命危险，想方设法投奔戴高乐以报效祖国。在艰难的抵抗斗争中，戴高乐的政治威望不断提高，"自由法国"（后易名为"战斗法国"）运动日益壮大。与此同时，法国本土的抵抗运动也在极端困难条件下展开，并经历了由自发到自觉、由单个分散行动到逐步有组织行动的过程。伴随着这一过程，法国国内形成一些大的抵抗组织或运动。这些抵抗组织或运动多以自己出版的报刊命名，其中北部地区主要有5个抵抗组织——"保卫法国""解放""抵抗""解放北方""军政组织"，南方地区主要有3个组织——"揭发南方""战斗""自由射手"。

在此尤需特别指出，与普法战争失败后情况不同，二战期间的法国，与战败相伴而来的非但有民族耻辱、领土被占和资源遭劫，同时还有整个法兰西民族的内部分裂乃至自相残杀。换言之，"失败冲击波"也使得法国分裂成对比鲜明，常常是互相敌对的部分，以至于人们在提到这四年的法国时，几乎很难用单数加以表达。概言之，贝当领导的维希法国承认战败，心甘情愿充当纳粹帮凶，而不愿意屈服的法国，则将在伦敦的戴高乐"自由法国"旗帜下进行抵抗斗争；在以巴黎为中心的德国占领区，一些极端的附德分子希冀建立法西斯政权，直接成为纳粹的一部分，而地下的抵抗运动则开始在黑暗中摸索，各自为战，逐渐壮大并同"自由法国"建立了联系。法国的海外殖民地，也很快成为维希法国和"自由法国"争夺的焦点。

1944年6月6日凌晨，美英盟军在大批飞机和舰只掩护下，大举在法国北部的诺曼底登陆。盟军在诺曼底登陆，为法国人民解放祖国创造了极佳条件。因而，戴高乐在诺曼底登陆之日即发表演说，号召国人投入"解放法国的战役"。同时，为使法国日后能在关乎本国命运问题上拥有更大的发言权，戴高乐还极力主张"战斗法国"军队应尽早和尽可能多地参加解放本土的战斗。不久，大批"战斗法国"正规军分别在诺曼底或法国南方一些港口登陆，投入光复祖国的战斗。

为迎接祖国解放，早在1944年初，国内各种武装抵抗组织就组成了内地军，并以游击活动去牵制、困扰德国占领军。诺曼底登陆开始后，内地军更是积极配合盟军，同德军展开激烈战斗。内地军虽然武器不足，装备低劣，但他们在与装备精良的德军交战时表现出的英勇气概与取得的战绩，给了盟军和"战斗法国"正规军官兵以极大鼓舞和有力支持。对于内地军此期所起的作用，盟军总司令艾森豪威尔曾有过高度评价："如果没有他们的巨大支持，法国的解放以及敌人在西欧的失败，将会延缓很长时间，而我们的损失也会更大。"

随着盟军在诺曼底登陆，法国境内出现了民族起义浪潮。其中，最引人瞩目者当推巴黎起义。8月19日，在法国共产党的极力推动下，全国抵抗委员会常委会和巴黎解放委员会召开联席会议，正式通过决议，决定举行起义。当天，巴黎人民就行动了起来。至22日，全城已遍布街垒。彼时，巴黎城内尚有配备80多辆坦克的数万德军。起义者由于缺乏武器，不得不用著名科学家约里奥–居里在自家实验室匆匆赶制出来的燃烧瓶去迎击德军坦克。戴高乐在知悉巴黎起义后，速派勒克莱尔率领第二装甲师前往巴黎增援。不过，当他们赶到时，巴黎人民已在经过数日的浴血奋战后，基本解放了全城。25日下午3时，德军在巴黎的城防司令率部投降。翌日，戴高乐率"战斗法国"正规军进入巴黎。

巴黎起义的胜利，加速了法国全境的解放。1945年3月，勒克莱尔率领第二装甲师攻占了斯特拉斯堡，解放了阿尔萨斯省。而后，由塔西尼将军统率的法军第一集团军又越过莱茵河，配合盟军参加了解放德国的战斗。由于塔西尼将军在欧战的最后阶段做出了不容否认的贡献，故在5月8日子夜在柏林举行德国无条件投降仪式时，他理所当然地出席了该仪式，并代表法国在德国投降书上签字。德国代表凯尔特于5月9日零时10分在投降书上签字后，仍困守在法国大西洋沿岸一些港口城市的德军官兵，也相继举起了白旗，至此，法国全境彻底光复，法兰西民族终将雪耻。

第十章

二战结束接续的大国梦

戴高乐力求"法国的伟大"

多少个世纪以来，法国人早已习惯于把自己的国家视为一流强国，而法国在二战中的溃败，以及大好河山被纳粹德国或直接占领或间接统治，无情而明确地意味着，法国已不再是一个独立自主国家，更谈不上是个在欧洲举足轻重并在整个世界具有影响的一流强国。无疑，这一现实极大刺痛了向来自视甚高，似乎总要比世界上其他民族更强烈地把本国视为世界之"肚脐眼"的法国人的心。而在为这一切痛心疾首的现当代法国人中，首屈一指者可推曾反复公开宣称"法国如果不伟大，就不成其为法国"的戴高乐，无论是大战期间还是战后阶段，戴高乐都在不懈追求实现法兰西的伟大与独立。

1944年6月2日，以戴高乐为首的民族解放委员会改称临时政府，而恢复法国大国地位，自然成了这一临时政府的当务之急。坦率地说，当时要完成恢复法国大国地位的任务殊非易事。戴高乐迫不及待将民族解放委员会改称为临时政府的特定情势，其实就充分昭示了这一点。1944年春，美国策划在法国实行军事占领制度，以便战后变法国为美国的附庸国。正是出于挫败美国此项计划的考量，戴高乐在盟军进行诺曼底登陆前几天，断然将全国民族解放委员会改称临时政府。与此同时，他一方面坚持派遣"战斗法国"正规军参与解放巴黎等城市的战斗，另一方面充分利用内地军配合盟军作战。这些努力，说到底就是他想利用"战斗法国"正规军，以及国内抵抗组织武装力量在解放法国过程中的"斐然"战绩，迫使美国放弃把全国民族解放委员会撇在一边，另立盟国军政府的方案。

在迫使美国放弃在法建立盟国军政府上，戴高乐确实得偿所愿，但临时政府在成立之初，外交处境却可谓艰难之极。具体来讲，它迟迟无法得到盟国在法律上的承认（直到1944年10月23日，美英苏三国才最终承认该临时政府），在这一时期召开的一系列重要国际会议上也屡遭排斥。例如，1944年8月21日至9月28日，美英苏撇开法国，在华盛顿近郊的敦巴顿橡树园举行会议，草拟战后国际组织的章程；在1945年2月4日至11日举行的雅尔塔会议上，人们同样难觅法国代表的身影，这意味着法国在历史上第一次被排斥在事关欧洲重组的国际事务之外。

出于各种缘由，戴高乐向来对美国缺乏信任，战时也与罗斯福等美国领导人关系欠佳。他深知，法国被排斥在外的局面在很大程度是美国从中作梗所致。于是，当参加雅尔塔会议的罗斯福总统希望在回国途中在阿尔及尔与戴高乐会晤时，戴高乐断然拒绝。为行之有效地牵制美国，提升与美国打交道时的话语权，早在1944年下半年，戴高乐就千方百计改善法英关系、法苏关系。同年11月，他力邀丘吉尔首相访问巴黎，就法英结盟事宜进行商议。12月，他又应邀访问苏联，与之签订为期20年的《法苏同盟互助条约》。该条约的签订，显然也是戴高乐重振法国国际地位的努力及其成果。因为无论在军事上还是政治上的影响力，彼时的苏联都可与美国比试一番。若能与这样一个国家结盟，自然有助于提升法国与别的国家打交道时的"身价"。由于戴高乐临时政府的不懈努力，法国后来如愿参与对德国实行占领和参加盟国对德管制委员会，还跻身联合国安理会常任理事国，成为联合国安理会常任理事国清楚不过地昭示着法国重新回到了世界大国行列。

在此需明确一点，虽然大国地位观念早就深深扎根于法国历史传统和法国人心中，但一个国家能否以大国身份在国际事务中发挥重要作用，既取决于充当大国的意愿和相关外交活动，更取决于该国的经济和军事实力。从后一角度观之，战后初期的法国的确一时还配不上强国或大国称号。而且，法国表面上已重新回到世界大国行列所带来的精神上的满足，亦不足以使人忘记法兰西国力大衰退的现实。

纳粹德国的长期占领以及对法国的肆意掠夺，加之大战后期在法国本土进行了多次重大军事行动，导致法国经济遭受灭顶之灾，由此还造成法国社会经济秩序陷入混乱不堪的状态。据统计，这场战争给法国经济带来的损失高达近5万亿旧法郎。全国有100多万公顷的耕地因战火而荒芜，有1/5的房屋成为废墟，牲畜减少了一半，大批工厂被摧毁。其中交通设施受到的破坏尤为严重，铁路桥几乎全部被毁，铁路线近一半无法使用。

同时，土伦、勒阿弗尔等重要港口皆陷于瘫痪。一些法国经济史学家据此认为，二战造成法国工农业生产下降了55％以上。

战争灾祸还给战后的法国留下很多难以消除的后遗症。首先，法国大战期间死亡63.5万人，伤残88.5万人（其中包括大批青壮年），使这个原就缺乏劳动力的国度在战后经济恢复时进一步痛感劳动力奇缺。其次，要把战时经济重新改造为和平经济，需大量资金进行固定资本更新和技术改造，这类必不可少的开销难免会带来资金严重短缺。最后，要迅速恢复安定局面和保证民众维持最低生活水平，就得进口一定原料、燃料以及生活必需品，这也需要巨额资金甚至是外汇。这一切，致使法国战后初期生产凋敝，贸易停滞，商品奇缺，粮食、食糖等生活必需品只能凭卡限量供应，从而催生黑市盛行，投机猖獗，黑市价格有时竟为正常价的19倍。财政赤字在1944年已达3000亿法郎，同年8月流通的纸币多达6320亿法郎，比战前增加了5倍，而库存现金则由1939年的970亿法郎减少到1944年9月的800亿法郎。至于内外债务，由1939年8月的4500亿法郎增加到1944年8月的15000多亿法郎，这些数字表明，法国正在债务泥潭里越陷越深。

上述种种显示，此期法国当务之急是尽快缓解乃至消除战后初期面临的严重社会经济危机，之后才谈得上真正恢复大国地位。需要指出的是，法国当时在解决经济危机过程中，少不了来自美国的种种援助。但是，戴高乐恢复法国大国地位的不少举措，却皆相悖于美国在战后的欧洲追求的战略目标，这也注定会妨碍"高卢雄鸡"从"山姆大叔"那里获得所需援助。鉴于彼时法国面临着经济重建与重回大国地位的两难抉择，为数甚多者会主张先借助美援来恢复法国经济实力，然后来考虑恢复大国地位，加上戴高乐提出的政治主张，即打算制订一部加强总统和政府权力，使之不受政党制约的新宪法，也在当时遭到大多数政党的反对，遂使戴高乐在深感势单力薄、难有作为后主动挂冠而去。

戴高乐首次隐退后不久，第四共和国应运而生。由于沿袭了第三共和国的议会制共和政体，第四共和国的政治生活确实基本上也可谓是"乱"字当头：党派纷争不息，政府危机频仍，内阁更迭频繁。这些现象的存在，注定严重削弱法国在对外领域的行动能力。此外，法国不仅需要维持庞大的殖民帝国，还不得不持续进行包括印度支那战争和阿尔及利亚战争在内的殖民战争，这也在大大侵蚀法国经济和军事实力的同时，令法国在国际舞台上的声誉受到负面影响。这一切，共同造成此期法国外交总体上只能唯美国马首是瞻，甘当"顺从于美英两个国家的一个小兄弟"。不过，即便如此，法国仍在某些问题上一再表现出想被承认为世界性大国的意愿，并未完全放弃恢复大国地位的努力，如自力更生发展核武器，设法挤进大国核俱乐部；着力保持高于联邦德国的地位，处处束缚德国手脚，以确保法国在西欧的主导地位，等等。

对美国说不的法国

1958年5月13日，一些极端殖民主义者在阿尔及利亚首都发动的武装叛乱，推动了戴高乐的东山再起。不久，这位第四共和国末任总理就着手完成了终结他素来厌恶的第四共和国政体的工作，并一手创建了第五共和国。第五共和国头十年，大可称之为"戴高乐的共和国"。正是在这一时期，法国的国际地位明显上升，还成了西方诸国中唯一敢对美国说不的国家。

此种局面形成，首先要归因于当时法国综合国力的逐渐增强，但也与始终在为法兰西的强大、独立和尊严在拼搏的戴高乐奉行的外交政策有着密不可分的联系。第四共和国时，法国在对外政策领域基本上可说是唯美国马首是瞻。"高卢雄鸡"在飞扬跋扈、颐指气使的"山姆大叔"面前，因有求于美国的经济援助和军事保护，不得不忍气吞声，俯首帖耳。戴高乐在再度复出后，显然不愿让法国继续沿袭这种屈辱的"小伙计"地位。因此，一旦大权在握，他便推行以全面抗美，维护民族独立，力争大国地位为核心的外交政策。

当然，戴高乐心知肚明，二战前还可归入一流强国的法国，在经历第二次世界大战且还因被德国打败陷入"至暗时刻"之后，其实已不可能继续真正充当世界一流强国。更有甚者，彼时的戴高乐实际上也同样意识到，随着二战带来的翻天覆地的变化，强国概念本身也在发生某些变化。也正是基于对这种变化的预知，促使戴高乐意欲把法国的"伟大"（grandeur）更多体现在质的方面，而非量的方面。由此，他为第五共和国确定的对外政策将主要展示下述意愿："主要的标志是显著地强化国家主权，选择奉行独立自主的对外政策，尤其是在安全与防卫领域，以及刻意同两大阵营保持距离，特别是当它面对美利坚大哥时。"①

具体而言，这种以抗美、独立为特色的外交政策，首先表现在对北约的态度上。1958年7月5日，戴高乐同访法的美国国务卿杜勒斯会谈时，就改组北大西洋公约组织问题首次与美国交锋。9月17日，他在致艾森豪威尔总统和英国首相的备忘录中，要求改组北约的组织架构，提出组成美英法三国核心领导机构，共同领导新的西方联盟。在这份备忘录中，戴高乐还向美英两国发出这样的信息：上述要求若得不到满足，法国将不再与北约组织进行合作。面对戴高乐这副欲让"高卢雄鸡"与"山姆大叔"平起平坐的架势，美方虽大感不快，但又不愿明言反对，以免惹恼对方，从而使北约可能因法国作梗而实力受损。于是，美国对此采取了回避或拖延的对策。戴高乐在摸清美国实无诚意建立美英法"三头政治"，让法国分享权力后，便逐步把自己的意图付诸实施：1959年3月，他宣布从北约撤出法国地中海舰队；6月，拒绝美国在法国储存核弹头和在法国建立中程导弹基地；1963年6月，又撤回法国大西洋舰队；1966年2

---

① ［法］伯特兰·巴迪：《世界不再只有"我们"：关于国际秩序的另类思考》，宗华伟译，上海：上海人民出版社，2022年，第87页。

月，宣布法国退出北大西洋公约军事一体化组织，同时要求撤除美国在法国的驻军和基地。

坚持独立的国防观念，建立独立的核力量，堪称戴高乐争取大国地位政策的重要基础。与身处核时代中的许多政治家一样，戴高乐清楚认识到，是否拥有核武器，已成为一个国家有无资格跻身大国行列的重要标志。于是，他毫不隐讳地说，没有独立的核力量，法国"将不再是一个欧洲的强国，不再是一个主权国家，而只是一个被一体化的卫星国"。出于这种理念，戴高乐重新上台后就加快了第四共和国后期几届政府启动的制造核武器的步伐。1960年2月13日，法国第一个原子装置在雷冈沙漠中心地带试验成功。为避免法国发展核武器的努力受到美苏两国的联手打压，1963年4月，法国正式拒绝美国提出的"多边核力量"计划。此外，它还坚持抵制美苏炮制的《部分禁止核试验条约》。

为在全球范围内更好对抗美国霸权，戴高乐还不顾美方施加的巨大压力，于1964年1月27日正式承认中华人民共和国，法国由此成为西方主要国家中首个同新中国建立正式外交关系者。戴高乐的这一决定既显示出法国与美国立场的不同，同时也展示了对亚洲的开放态度，尤其是对一个戴高乐预见到必将在世界舞台上发挥重要作用的东亚大国的开放姿态。借助这一举措，法国成了可同中、美、苏三大国直接对话的唯一的西方重要国家，国际战略地位随之明显提升，国际舞台活动空间也相应大大扩展。与此同时，戴高乐还大力改善同苏联以及其他东欧国家的关系。对于第三世界国家，戴高乐也采取了积极合作的态度。1964年，戴高乐对美国的"后院"——拉丁美洲展开强烈外交攻势，走访了11个国家，签订了许多经济、贸易和技术合作协定。对于美国在印度支那的战争政策，戴高乐也多次在演说中猛烈抨击。在阿以冲突中，法国一改过去偏袒以色列的政策，不时对以色列发动的侵略进行批评，还同多个阿拉伯国家重建外交关系。

西欧联合是戴高乐抗美独立外交的重要环节。戴高乐明确主张"欧洲人的欧洲"，反对"大西洋的欧洲"，并把实现法德和解作为西欧联合的核心。戴高乐重新上台后不久，就与阿登纳共同努力，让法德实现相互谅解。1958年9月14日至9月15日，戴高乐、阿登纳在戴高乐的家乡科隆贝举行了首次会谈。会谈双方认为，在有美苏两个超级大国的情况下，不能长久指望美国，因而加强法德合作，建立统一的欧洲是必要的。同年11月26日，戴高乐到联邦德国首都波恩进行了回访性会晤。要言之，这种巴黎—波恩轴心的建立，为西欧联合奠定了首要基础。

西欧共同市场是第四共和国留下的遗产。戴高乐东山再起后，为巩固和发展共同市场提供了种种便利，甚至多次"踩踏油门"，使共同市场工业品关税同盟、共同农业政策得以"顺利实现"，进一步促进了西欧国家经济上的联合。其时，欧洲一体化是争论颇多的问题之一。对此，戴高乐大力主张"各个国家的欧洲"，反对建立超国家的欧洲。不过，戴高乐虽然不支持欧洲一体化，却极力渴望欧洲合作。说到底，他所希望的欧洲其实就是个由法国来取代美国发挥主导作用的欧洲。为此，他对和美国具有天然"特殊关系"的英国处处提防，将英国视为美国安放在欧洲的"特洛伊木马"。出于这种考虑，他还先后两次断然拒绝让英国加入欧洲共同市场，以防共同市场被溶化在美国设计和主导的"大西洋共同体"中。

戴高乐不仅在政治、军事上与美国分庭抗礼，同时还力图打破美国在经济上对西方世界的垄断。由此，他高度重视法国经济独立，严加防范美国的经济渗透，尤其是严格限制美国对法国关键工业部门的投资。此外，他还大胆挑战美国金融霸权，多次要求改革以美元为中心的国际货币体系，主张恢复以黄金为中心的金本位制，并辅以一种同黄金有联系的集体储备货币。在上述相关要求遭美拒绝后，戴高乐即下令将法国全部美元储备换成黄金，同时还鼓动其他西欧国家也这样做。此举使自1957—1958年经济危机起就岌岌可危的美元地位进一步下降。

仅次于超级大国的大国

戴高乐担任第五共和国总统时，法国敢于对美国一再说不，确实令人印象深刻。同样让人印象深刻的是，此期法国还竭力以二流国家的实力，在国际事务中扮演一流大国角色。而且，即便在戴高乐再度隐退之后，他确立的这种外交传统或角色定位，也几乎一直得到各派继任者的认同和继承。也就是说，不管是谁来接任总统，法国的"大国梦"依然都还延续。不过，从1969年6月到80年代初，也即蓬皮杜、吉斯卡尔-德斯坦相继主政爱丽舍宫时，法国对美对抗有所缓和。虽然如此，法国仍力争保持独立于两个超级大国，充分利用自己处于东西南北各集团和国家交叉点上的有利地位，充当"仅次于超级大国的大国"。

1969年4月，戴高乐再度引退，这为长期担任他得力助手的蓬皮杜登上"法国第一人"的宝座打开了大门。蓬皮杜在竞选总统时，发誓要保持戴高乐政策的延续性。然而，他毕竟是在戴派统治出现危机时上台的，因而，为扩大统治基础，他又不得不向中间派靠拢，推行"开放"政策，一大批"中间派"人士随之入阁参政。蓬皮杜上台后，法国经济固然一度好转，但失业和通货膨胀却长期未能得到解决。随着石油危机引发的西方经济危机蔓延到法国后，蓬皮杜在刺激经济发展还是抑制通货膨胀问题上，一直陷于两难困境，从而也就谈不上有何新作为了。

不过，延续性与开放性相结合的特点，却在蓬皮杜的外交政策上得到了更多更好的体现。所谓延续性，表现在他仍沿袭戴高乐外交政策的基本方针：对两个超级大国保持独立，以巴黎—波恩轴心为基础联合西欧，扩大同第三世界的合作。蓬皮杜为加强同法语非洲国家的合作，在任内多次出访非洲，遍访法语非洲国家。至于开放性，主要表现在他倾向于同世界上各个阵营保持同样良好关系，注重维持东西方平衡，以更好确保法国的独立性。为此，蓬皮杜在1970年分别对美苏两国进行正式访问。此外，他还利用各种机会与美苏两国首脑多次会晤。1973年9月，蓬皮杜还对中华人民共和国进行正式访问。在欧洲政策上，其开放性特征更为突出，主要表现在他一反戴高乐拒绝让英国加入欧共体的立场，与时任英国首相希思就英国加入欧共体达成协议。

1974年，吉斯卡尔·德斯坦当选总统。德斯坦在入主爱丽舍宫时踌躇满志地宣布：法国政策的新纪元从今天开始。他同时还标榜要进行多种多样的改革，以期推动法国进入"先进的自由社会"。然而，由于战后资本主义世界第四次经济危机也蔓延到法国，法国国内经济形势在他任期中始终欠佳，而德斯坦及其政府又始终拿不出行之有效的对策，致使选民对他的不满日益加深，最终在竞选连任时功亏一篑。

不过，德斯坦在对外领域奉行的多极外交，倒是多有值得圈点之处。他本人曾把其多极外交具体化为四条路线：独立的路线、欧洲的路线、缓和的路线、合作的路线。同时，他把维护法国的独立、安全与利益作为法国对外政策的基本目标，谋求对事关本国的主要问题由法国作出最后决定，拒斥"超级大国的统治"，并把建立发展独立核武装作为确保法国独立的基本手段。同时，他还根据苏联军事威胁加剧和扩张升级的情况，适时调整对美外交，与北约加强军事合作。吉斯卡尔·德斯坦还立足西欧联合来谋求法国大国地位，希望共同体以法德为轴心，由经济联合逐步发展到政治、军事联合，成为多极世界中独立的一极。在苏联问题上，吉斯卡尔·德斯坦努力使法苏保持"特殊关系"，以缓和为手段，通过给苏联提供贷款和技术援助，换取苏联市场和原料供应，并在一系列涉苏问题上，奉行与美国存在区别的独立政策，让法国成为苏联在西方的一个具有特殊地位的对话者。此外，为维护法国在第三世界的利益，吉斯卡尔·德斯坦多次主张积极发展法非、欧非之间联系，倡导"南北会谈""欧、阿（拉伯）、非对话"。

20世纪80年代初，当社会党领袖密特朗首次入主爱丽舍宫时，其社会经济政策一度与其右翼前任德斯坦大相径庭，但在对外政策上却大致相同。上台伊始，密特朗就再三强调大国外交的连续性，在对美关系中继续保持既结盟又独立的立场。鉴此，在入主爱丽舍宫后，当他任命的莫鲁瓦内阁中因有多名法共部长而让其北约伙伴纷纷担忧时，密特朗一再明确表态法国会忠于整个联盟，继续履行法国在北大西洋公约组织内承担的义务。不过，他同时也反复强调，法国绝不会再回到北约军事一体化体系中去。相对而言，密特朗第一届任期的前半段，较为注重巩固同美国的联盟关系，在后半段则似更为侧重于显示对美独立姿态。

密特朗于1988年蝉联总统后不久，国际形势开始发生巨变，遂使90年代的法国外交面临严峻挑战。具体而言，雅尔塔格局瓦解和苏联解体，令欧洲秩序发生了翻天覆地的变化，这固然给法国提供了进一步发挥大国作用的机会，但剧变后欧洲力量的严重失衡，也难免给法国的大国地位带来一些负面影响。例如，苏联解体既使法国失去借苏抗美资本，还失去了"联苏制德"这张王牌。民主德国和联邦德国迅速实现统一，更使法国对自己的西欧盟主地位忧心忡忡。

总之，面对后冷战时代令法国喜忧参半，或更确切来说，忧大于喜的国际局势，密特朗不得不调整法国的外交政策，以期找到一条在法国实力与地位相对削弱的新形势下，适合其发挥大国作用的途径。鉴此，密特朗在对外领域作出了两项重大抉择。

其一是深化西欧联合，加快建立欧洲政治联盟、经济货币联盟以及在西欧联盟框架内推进西欧共同防务。在密特朗的大力推动下，欧共体于1991年底通过建立欧洲联盟的《马斯特里赫特条约》，规定最迟在1992年以前建成并实现欧洲统一大市场、欧洲单一货币和共同外交安全政策的欧洲联盟。密特朗如此热衷于将欧共体推向一个朝着经济、政治、外交、安全等多种职能兼备的联合体发展的新阶段，其根本用意主要在于"抗美"与"防德"。前者指借助欧共体整体合力同美国争夺欧洲事务主导权，以最终实现由法国占主导地位的"欧洲人的欧洲"的夙愿；后者指的是借助欧洲联盟的经济、政治一体化和共同防务的综合机制，掣肘统一后国力大增的德国，防止德国向东扩大势力并进而称霸欧洲。

其二是在国际舞台上充当"民主"卫士，推行"人权外交"，这点在当时的对华政策中表现最为突出。为扩大法国的国际影响，密特朗总是试图让法国充当国际宪兵。于是，法国一度成为向联合国提供维和部队最多的国家。

尽管密特朗为贯彻自己的外交抉择使出浑身解数，但却依旧连遭挫折。如在法德制约与反制约斗争中，德国明显占了上风；在同美国争夺欧洲安全主导权方面，法国也一直处于心有余而力不足的困境；因充当"民主"卫士，大搞"人权"外交，法国与许多国家的关系骤然恶化，而在法国经济持续不景气的情况下耗费巨资向联合国提供大批维和部队，也难免会在国内引来一片嘘声。

在这种背景下，1993 年 3 月，在右翼联盟赢得议会大选胜利后上台的巴拉迪尔政府甫一执政，就开始推行更为务实、更加灵活的新的对外政策，其主要内容包括：修正以法德联盟为中心的欧洲政策，通过调整法国外交布局来建立平衡德国的力量均势，通过改变斗争策略同德国争夺在欧盟的政治主导权；灵活遵循独立自主的原则，改变对北约的"空椅子"政策①；实行以促进稳定为中心、援助与自助相结合的非洲政策；加强亚洲攻势，占领亚洲市场，其中最为突出的一点是着力纠正前社会党政府在对华政策上的巨大失误，谋求同中国恢复和发展友好关系。

1995 年 5 月，希拉克接替密特朗继任总统。这位戴派传人

① 1965 年，欧洲经济共同体委员会主席、德国人哈尔斯坦试图将欧共体部长理事会的表决机制从全体通过制改为多数通过制，从而扩大欧共体委员会的权力。法国总统戴高乐对此采取了消极抵制的"空椅子"政策——法国驻欧共体代表连续六个月缺席欧共体会议，1966 年 1 月，欧共体与法国达成了妥协，戴高乐的"空椅子"政策最终奏效。因此，"空椅子"政策或可理解为以较为温和的方式表达抗议与不满。

入主爱丽舍宫后，公开表态将"遵循戴高乐将军的教导，寻求法国在世界事务中应有的突出地位"视为己任。不过，为应付冷战后新形势的挑战，希拉克也不得不在戴高乐传统外交思想中揉进些许现实内容。鉴此，他的外交被人称为"新戴高乐主义"外交。

在对美政策上，希拉克上台后力图改善法美关系，希冀借此来加强法国的大国地位，应付欧洲地区的安全挑战，推动法美经贸关系发展。不过，在此过程中，他多次明确强调法国只乐于同美国建立"严格的平等伙伴关系"，绝不"接受"由美国统治的单极世界，不承认以美国为轴心构建的"世界新秩序"。希拉克如此说，确实也在这样做。例如，在联合国秘书长人选问题上，法国坚决支持为美国人所不喜的加利连任。在古巴问题上，法国带头谴责美国炮制的《赫尔姆斯–伯顿法》。而对美国的小布什总统伙同英国首相布莱尔悍然发动伊拉克战争，法国更是带头猛烈抨击，法美关系一度因此颇为紧张。还有一点，为保持法兰西文化传统，希拉克还大力抵制美国文化对法国的侵袭和渗透，严格限制美国电影和通俗音乐在法国媒体上的播放。

在对德和欧洲建设问题上，面对德国国内"大德国主义"思潮的普遍抬头，希拉克政府加强了对德国的防范。为此，他在上台后不久就冒着极大风险宣布恢复核试验，借此向德国显示法国核打击力量及决心（当然，此举意义绝不仅限于此）。不过，他在这同时仍继续重视维系法德合作，将法德轴心置于欧盟发展的中心位置。此外，希拉克与密特朗一样，担任总统时在许多场合以"第三世界的保护神"自居，且在不少问题上确实也能"仗义执言"。不过，由于法国本身实力有限，在对第三世界国家的支持上，往往无可奈何地落入说多做少的结局。

"辉煌三十年"与硬国力

诚如国际问题研究者会把美国在当今世界的霸权分为"硬霸权"和"软霸权"，决定一个国家在世界上地位的国力，似也可划分为"硬国力"和"软国力"，前者主要指人口总数、国土面积、国民生产总值和军事实力（当然包括是否拥有核武器）等要素，后者指的是些难以用物质形态表现的数量衡量的事物。毋须讳言，"大国梦"能在二战结束以来的法国始终得到延续，显然与法国在这期间仍一直拥有不可低估的硬国力与软国力密不可分。

的确，二战结束时法国国力衰弱之极，而若以美国等国作为参照，战后法国史也不妨视为是一部逐步沦为二流国家的"衰落"史。但在此须强调的是，这种"衰落"只是种相对的"衰落"，亦即仅仅是相对于某些国家强势崛起或极为迅速发展而言的，绝非意味着法国自身的停滞乃至倒退。其实，二战结束后最初30年左右（大致在1945—1974年），法国在社会经济等方面，几乎持续不断地取得令人瞩目的发展，鉴此，法国著名经济学家让·福拉斯蒂埃遂将之称为"辉煌三十年"（Les Trente Glorieuses）。这一表述准确而形象地概括了这一时段法国经济长期增长的特征，因此很快就得到广泛传播。法国社会经济在这三十来年取得的前所未有的高速增长，势必大大增强法国的综合国力，尤其是"硬国力"，从而为它在战后的"大国梦"适时提供了较为坚实的社会经济支撑。

就时间维度而言，"辉煌三十年"贯穿整个第四共和国时期以及第五共和国早期。第四共和国由于政治制度弊端，加之因党派纷争而更迭频繁的政府在应对重大危机时，或束手无策，或连出昏招，在不少法国人心目中确实一直是个不太讨人喜欢的共和国。但是，这个共和国也并非一无是处，在存在的12年中也取得过不少成就。其中最大一点当属先是迅速恢复受到二战重创的法国国民经济，继而通过计划化等举措使法国经济步入初步发展时期。也正是这一切，为法国于第五共和国前期实现"经济起飞"铺平了道路。

不过，"辉煌三十年"的高光时刻，还是出现于第五共和国早期。而法国能在这一时期实现新的"经济起飞"，应极大归功于戴高乐等当权者能适时抓住当时资本主义经济高速发展面临的良好机遇，断然采取一系列行之有效的措施。这些措施大致而言主要如下：

第一，加强国家对经济的强力干预与管理，促进经济的协调发展。在这方面，戴高乐等人主要是通过国有化、计划化来大力强化国家对经济的干预。及至1968年，法国国有化企业资本已占全部资本的33.5%，国家垄断资本控制达80%以上的行业有电力、通信、煤、天然气和煤气等，控制达40%—80%的行业有航空、汽车、军火、矿业、运输、焦炭和自动化设备等。在对企业实行国有化的基础上，政府还延续第四共和国时期的有效做法，大力推行资本主义的计划管理。为此，戴高乐等人先是以一项"临时计划"应急，继而又先后制订并执行了"第四计划"（1962—1965）和"第五计划"（1966—1970）。这些计划的贯彻执行，有力推动了法国经济的发展。1958—1970年，法国的工业生产年均递增5.9%，仅低于日本但高于西欧和北美诸国。

第二，大力发展民族经济，尽量摆脱美国资本的控制。二战结束后，尤其是在法国接受马歇尔计划后，大批美国垄断资本进入法国。随着美国资本的输入，美国商品也大批涌入法国，法美贸易逆差日益扩大。鉴此，戴高乐在上台时就提出要谨防"法国经济的殖民化"，在1963年、1964年还展开了限制美国资本输入的"有组织调整"运动。1963年，法国政府宣布，外国资本如需高价购买法国公司股票，须经法国政府的批准。次年，又以直接干涉致使美国通用电气公司购买法国波尔机器公司股票的计划破产。法国方面还与以美国资本为主的外国石油资本展开激烈的经济战，逐步削弱外国石油资本在法国的势力，从而保证了法国民族工业的飞速发展。

第三，工业、农业现代化同步进行，互相促进。法国政府在大抓工业现代化的同时，还力促农业现代化，把改造小农经济，加速集中、扩大农场规模放在重要位置。从1960年到1962年，政府连续颁布了《农业指导法》《合作法》《市场法》和《商业法》等法案，规定只向已经采取联合的农民提供设备、工具、肥料和专业人员培训等必要的服务，同时给予价格补贴。

国家可以高价收买"没有生命力的"农户土地，还用终身补贴的办法鼓励老年农场主放弃农场，并对购进土地扩大规模的农场给予免税、无息或低息贷款，竭力扶持大农场，消灭小农场，以推动农业机械化，提高农业生产的效率。

第四，依靠共同市场，扩大对外贸易。法国政府在20世纪60年代发动了支持出口运动，使法国对外贸易的出口额在世界出口贸易中的比重日渐上升，法国成为资本主义世界第四大贸易国。共同市场为法国扩大出口带来了许多便利。特别是在农产品出口方面，由于共同体实行共同的农业政策，对内按统一价格自由流通，对外实行关税壁垒，使得法国农产品能以远远高于国家市场价格的共同体保证价格在共同体市场上大量销售。从1958—1973年，法国对共同体的农产品出口额增加了17倍。同时，共同体用于津贴农产品出口和支持农产品价格的保证基金，有35.9%落入法国方面。这无疑也有力地促进了法国农业的发展。

第五，加强科学研究和技术引进，提高劳动生产效率。法国此次经济起飞的一个重要动因是科技革命的兴起。这一时期的法国政府，极为注重科学技术的研究和引进，使法国的科学研究事业有了长足发展。1959—1969年，政府拨出的研发经费从30亿法郎增加到138.6亿法郎，国家科研机构研究人员从1958年的1.2万人，增加到1968年的4万多人。在大力发展本国科研的同时，法国政府亦积极推动技术引进工作。科学研究和技术引进的加强，有利于在工农业生产中大量采用新设备、新技术、新工艺，大大提高劳动生产效率，从而有力促进了法国经济的高速发展。

事实上，法国经济在第四共和国中后期就已开始呈现出较为强劲的发展势头，但是，由于当时政治体制弊端引发的政局不稳，阿尔及利亚问题的困扰，以及财政危机的时有发生，致使人们期待已久的战后"经济起飞"最终没能在第四共和国时期实现。戴高乐东山再起后，不仅大刀阔斧地进行了政治体制改革，同时还妥善地解决了严重困扰法国多年的阿尔及利亚问题，适时地改善了法国财政状况。可以说，正是随着他的上述努力初见成效，法国不仅完全具备了可望实现新的"经济起飞"的条件，并且还很快以本国在社会经济发展上取得的骄人业绩，使这种"经济起飞"的实现成为一个不争的事实。

戴高乐第二次下台后，曾有人批评他入主爱丽舍宫后一味地关注对外事务，忽视国内的社会经济问题，致使法国出现了"五月风暴"这样的社会危机。对于这种说法，戴高乐在二度隐退后撰写的《希望回忆录》中嗤之以鼻。他甚至如是写道："作为法国的元首，不管是在平时还是在出现危机的情况下，经济和社会问题始终是我关心和采取行动的首要问题……顽固地责备戴高乐对这些问题漠不关心，在我看来是多么荒谬可笑。"从戴高乐执政时的综合表现来看，上述批评虽不能说完完全全没有道理，但至少是有欠公允的。事实上，戴高乐在解决法国财政危机、发展社会经济方面所做的努力与取得的成效，其实都是有目共睹的。唯其如此，戴高乐在1965年才得以再次当选为总统，而且还是由公民直接投票选举产生的总统。

竞选连任成功，昭示着戴高乐的个人威望和成功达到了鼎盛。但常言道，盛极而衰，最高点往往也是开始走下坡路的起点，作为政治家的戴高乐也概莫能外。诚然，在其治下获得的经济起飞已使法国逐渐步入了"丰裕社会"，但是，人们在生活水平提高的同时，其思想观念也必然会产生许许多多新的变化和要求。而新的社会现实与旧传统的摩擦，新价值观与旧观念的碰撞，不可避免地会引发新的社会问题和矛盾。在这种大背景下，任何当政者都难免会招致一些人的不满。更何况，在戴高乐连任总统后，法国偏偏又连续受到经济危机的数度冲击。在经济危机的冲击下，法国的社会矛盾进一步加深，人们也由最初悄悄地发"牢骚与嘀咕"，发展到公开地抱怨这位已连续执政近十年的古稀老人。这种对社会的不满情绪，更是直接影响到面临着毕业即失业威胁的青年学生，他们在马尔库塞、卡斯特罗思想和"毛（泽东）主义"的影响下，渴望着发动一场轰轰烈烈的革命运动，向现存制度发起挑战。与此同时，戴高乐体制内的反对派力量也在逐渐加强。特别是左翼党派，它们在一致反对戴高乐的基础上，开始相互靠拢，法国政治社会又出现向左转的趋向，左翼政党逐步联合起来，日益成为戴派势力强有力的挑战者。这一切预示着一场强烈的政治风暴即将来临。

1968 年发生在法国的"五月风暴"，是战后法国历史上和 1789 年大革命情势最为相似的事件。短短一个月之内，一场大学校园内学生针对校方的抗议活动，引发了多米诺骨牌式的连锁反应，蔓延到全社会。首先是法国高等教育完全瘫痪，紧接着社会各阶层都卷入罢工浪潮，正常社会生活几乎停止，最后，蓬皮杜政府在各派反对力量围攻下陷入危机，戴高乐神秘失踪。而这一切又在戴高乐的广播讲话后戛然而止，社会政治生活又恢复了正常运作。

虽然当时形势在戴高乐发表讲话后出现了戏剧性的变化，戴高乐本人也由此未因此次事件而直接下台，但人们须看到，"五月风暴"是第五共和国潜在危机的总爆发，其规模之大，来势之猛，发展之快，斗争之激烈，学生运动和工人运动联合之紧密，为法国历史上所罕见。斗争中多种政治力量的交织，使得这场运动的性质很难判定，但可以肯定的是，这场风暴是反对垄断资本的一场政治大发动，它从根本上动摇了戴高乐的政治统治，促进了行政和教育制度的改革。若从更深层次的角度来思考，人们还不妨把"五月风暴"看作是一场大规模、自发的文化抗议运动，其针对的是发达资本主义社会异化现象，如异化的官僚等级制、工具化的教育制度和管理制度、异化的消费社会以及压抑人性的工业文明。由于这种具有非经济、非物质的倾向，且凸现文化抗衡性质的运动在法国乃至西方资本主义发展史上从未出现过，因此，"五月风暴"在法国乃至整个西方的社会文化史上，均具有分水岭的意义，不少法国人的心态在"五月风暴"前后也可谓截然不同。

尽管戴高乐政权并未因"五月风暴"的冲击而垮台，但其政治统治根基已受到了巨大的震荡。为了缓和社会各阶层的不满，戴高乐在平息"五月风暴"之后决定对法国社会进行改革。为此，他提出了地方改革和参院改革两个方案，并不顾亲信与助手的劝告，自信而又固执地决定举行公民投票。与以往一样，戴高乐把这次公民投票视为对他本人信任与否的表现。为此，1969年4月11日，戴高乐公开宣布，如果在此次公民投票中反对者占多数的话，他将即刻引退。4月24日，《费加罗报》发表的最后一次民意测验结果显示，53%的选民打算投反对票。4月27日公民投票的结果，完全证实了民意专家的预言，反对票占有效选票的53.2%。4月28日清晨，戴高乐发表了一份公报，宣布自当天中午起将停止行使共和国总统的职务。

戴高乐在二度引退后回到科隆贝，彻底断绝了和政界的一切联系，专心撰写他的《希望回忆录》。1970年11月9日，戴高乐由于心脏病发作猝然去世。根据他多年前所立的遗嘱，法国政府没有为他举行国葬，亲属们只是在其家乡科隆贝教堂的墓地上为他立了一块刻有其姓名及生卒年份的简单墓碑。不过，为了纪念戴高乐对法国所做出的巨大贡献，巴黎市议会决定，把巴黎的重要地标之一，即凯旋门所在的星形广场改名为夏尔·戴高乐广场。几年后，当巴黎新造的最大国际机场落成启用时，法国人又把这一机场命名为夏尔·戴高乐机场。绝大多数中国人到法国时，最早踏上的法国领土便是这个以夏尔·戴高乐姓名命名的机场。

世纪晚期倚重的软国力

1974年世界能源危机爆发，令战后法国社会经济发展的

"辉煌三十年"戛然而止。与此相应，战后法国"大国梦"原可依赖的相当坚实的社会经济支撑也随着经济衰退大为削弱，法国的"硬国力"已更难支撑在国际事务中以二流国家实力扮演一流大国角色，致使"高卢雄鸡"在续做"大国梦"的过程中，转为越来越倚重自身"软国力"上的优势。

法国在"软国力"上的优势何在？对此，1998年5月，以反美情绪强烈著称，尤其不愿接受全球化等于"美国化"观点的法国前外长魏德林，在一份报告中给出了他的答案。他在该报告中宣称法国依然是有世界影响力强国的同时，还引人瞩目地如是强调道："我们不仅具有'硬国力'，还有'软国力'，如语言、文化、艺术、音乐、知识分子、非政府组织、烹调、优美景观等独特魅力。法国是人权的祖国，同世界其他国家相比，我们拥有特殊的使命。我们要避免野蛮的全球化，用另外的方式规划全球化。"①

当然，魏德林绝非强调倚重法国"软国力"的始作俑者。至少在20世纪70年代中后期，时任总统吉斯卡尔·德斯坦就已有类似言论。这位在"辉煌三十年"结束后入主爱丽舍宫的政治家，不同于戴高乐与蓬皮杜，对法国大国地位的构想更为现实。由此，他一再强调要充分运用法国精神上的优势，以此作为法国发挥全球作用、争取大国地位的重要砝码。他还公开宣称，"我的基本想法是：法国的优势在于它精神上的优势，而不

---

① 马胜利：《大国的光荣与梦想——法国外交的文化传统》，《国际论坛》，2004年第2期，第55页。

是武力的优势，也不可能是经济的优势"。这种精神优势意味着法国要对当代的问题"有最透彻的理解，并能拿出最富想象力、最开放和最宏观的解决办法"①。更富象征意义的是，吉斯卡尔·德斯坦也不再像戴高乐那样，动辄在"法国"前面冠以"伟大的"形容词，而是以"影响遍及全球的"这样的限定词取而代之。显然，在继承戴高乐维护法国独立和大国地位传统的同时，他已根据法国综合国力的客观实际，相应降低了法国的国际角色定位。由于这种被适当降低的新角色定位，确实更为符合70年代中后期以来一直被经济停滞困扰的法国综合国力演变实况，故而也被后来的密特朗、希拉克总统所认同。

就此而言，密特朗、希拉克两位总统在巴黎地标性文化工程建设上的想法和作为，颇值得格外关注。法国历史上雄心勃勃的君主，多会在身后给法国留下打上自身印记的宏伟建筑，路易十四在巴黎西南郊建造的凡尔赛宫，就是最为明显的例子。早年的君王如此，当代的总统们若时机和条件成熟，又何尝会在兴建丰碑式公共建筑，特别是特大文化工程上自甘人后？密特朗作为第五共和国时期在任时间最长的总统，除了大卢浮宫改建工程，特别是那座举世瞩目的卢浮宫玻璃金字塔外，在他执政时期兴建的拉德芳斯大拱门，作为国家图书馆主馆的密特朗图书馆，以及巴士底歌剧院，也都令人赞叹不已。作为他继任者的希拉克，也同样在紧邻埃菲尔铁塔塞纳河畔的绝佳地段，

---

① 张锡昌、周剑卿：《战后法国外交史（1944—1992）》，北京：世界知识出版社，1993年，第326页。

留下了那总能令人眼前一亮，后来也让馆名含有他自己大名的凯布朗利博物馆。①

这些令人赞叹的建筑的建成，难免会让人觉得，这两位君王般的总统或许早就想好要借上述世界建筑史上的杰作来为自己树碑立传。与此同时，这一切实际上也体现了法国一种悠久的文化和政治传统，也即巨大政治权力与这类宏伟建筑之间总会存有的相互成就的关系。

不过，在此需特别指出和强调一点，至少对密特朗等人来讲，如此耗费巨资大兴土木，并非纯粹出于对其个人声誉的追求，实际上也还有别的考量。其中，当包括如何让其一直引以为傲的祖国能更好应对日趋强烈的全球化趋势对法国构成的严峻挑战，尤其是如何让法国继续保有强国形象的考虑。归根结底，就是想通过打造这类势必彪炳世界文化艺术史的宏伟建筑，充分体现法国文化独特性的价值，更好增进和彰显还在续做"大国梦"的法国之软实力，以及巩固和提升巴黎世界文化之都的地位。

魏德林报告中罗列能体现法国文化软实力的"强项"时，还专门提到了法国知识分子。知识分子是传媒中出现频率甚高的术语，它在法文和英文单词中分别写为"intellectuels"和"intellectuals"。诚然，在法语语境中，这一术语出现于19世纪

---

① 全名现为雅克·希拉克-凯布朗利博物馆。布朗利指的是物理学家爱德华·布朗利。

末爆发的德雷福斯事件。①尽管如此，在很大程度上也不妨以知识分子同等看待。在拥有文化知识同时又勇于社会介入的社会群体，其实在此前的法国早已有之。在"卡拉事件"中挺身而出的启蒙哲人伏尔泰、19世纪中后期长期在社会介入表现卓越，且由此于去世时在法国获得"至高荣誉"的雨果，皆是这一群体中的佼佼者。当然，知识分子作为一个特殊社会群体更大地发挥各种作用以及更为引人瞩目，在法国的确主要还是20世纪的事情或现象。有意思的是，尽管对于"知识分子"的界定至今仍歧义纷呈，但世界各国人们在谈及知识分子时，脑海中往往会首先浮现出一些法国知识分子著名人士的形象。如在德雷福斯事件中愤然宣布"我控诉！"的埃米尔·左拉；被誉为20世纪后半叶"时代的良心"（conscience de son temps）的让-保罗·萨特；积极充当法国监狱改革运动等社会运动先锋的米歇尔·福柯；不时以反"全球化"斗士或自由资本主义的"狙击手"面貌示人的皮埃尔·布尔迪厄……显然，上述人士已被世人普遍奉为知识分子的楷模。与此同时，法国知识分子也确实不乏被其他各国同道艳羡的理由。在后者眼里，尚无其他国家的知

---

① 德雷福斯事件是19世纪末发生在法国的一起政治事件与社会运动事件，起因是1894年，犹太裔法国军官德雷福斯被判为叛国，当时法国国内反犹氛围浓厚，因而此事引发了严重的冲突和争论，而争论以左拉投书支持德雷福斯为开端。1898年1月13日，《震旦报》以"我控诉！"通栏标题发表左拉的公开信后激起强烈反响。1月23日，主编该报的克雷孟梭在提笔写出"来自各个地方的所有知识分子为了一种看法而汇集在一起"时，出人意料地把"intellectuel"这一形容词作为名词来使用，并用斜体加以凸现，法语的"知识分子"一词由此"诞生"。

识分子有 20 世纪，尤其是战后"辉煌三十年"的法国知识分子如此高的对社会政治生活的参与程度，享有如此突出的社会地位，起过如此之大的社会作用，以至于他们的言行几乎时时刻刻都会成为法国传媒（不少时候甚至是国际传媒）的关注焦点。

20 世纪晚期，法国不少重量级知识分子相继撒手人寰。正当人们为这些知识界巨星的陨落而叹息，并为法国知识分子是否已"终结"争论不休时，一颗新星冉冉升起，并接过左拉和萨特等的良知大旗，活跃在法国乃至全世界的舞台上，成为"世纪末"法国知识界一道亮丽的风景。这颗新星就是著名社会学家、法兰西学院社会学讲席教授皮埃尔·布尔迪厄。布尔迪厄早年更多是位极为出色的专家学者，在 20 世纪 90 年代后，他开始极为活跃地介入社会生活，进而成为当时法国影响力最大的公共知识分子。

1995 年底，法国发生了"五月风暴"以来规模最大的罢工浪潮。虽然不少欧美学者将此次罢工浪潮发生时，布尔迪厄在巴黎的里昂火车站发表《反对摧毁我们的文明》演讲支持罢工民众，作为他积极投身社会"介入"和成为公共知识分子的标志，但布尔迪厄的"介入"其实还可追溯到 1993 年，也即他出版《苦难众生》（一译《世界的苦难》）的那一年。这一揭示当今之世社会疾苦问题的扛鼎之作，是一部反映"辉煌三十年"后法国社会疾苦的百科全书。它的出版在当时的法国不仅激起了强烈反响，还引发了公众对于社会不平等、种族歧视、社会凝聚力等问题的大讨论，影响力远超学术界范围。鉴此，它的出版本身就可称为一次重要的社会和政治事件。

布尔迪厄在自己的研究和著述中揭示的现象，无疑也表明20世纪最后二三十年，西方发达工业国家似相继步入"后工业社会"。而随着"后工业社会"的到来，西方资本主义难免不时露出"晚期"世相。由此，"后工业社会"其实也就大可归入某种晚期资本主义社会。法国作为西方主要资本主义国家之一，在这一社会转型进程中同样不可能置身事外。

密特朗于20世纪80年代初期的上台，让不少法国人，尤其是属于左、中翼营垒者一度为之雀跃，但法国社会仍长期被经济发展速度减缓、通货膨胀加剧、社会失业问题严重等现象困扰不休。在这一背景下，法国国内社会矛盾日趋激化，社会局势呈现动荡不安、危机四伏的情势。也正因为如此，布尔迪厄对这种笼罩全法的"社会崩溃"气氛进行描述与分析的《苦难众生》，才会在当时激起如此强烈的社会反响。与之相应，这一时期不论是左翼上台还是右翼执政，不少法国人在对前途悲观之余纷纷以罢工、示威作为有效的社会诉求方式。一时间，全法上下罢工频起，示威不断，而其中规模最大的就是前述1995年底将近时发生的大罢工。

1995年，时任总理阿兰·朱佩为实现《马斯特里赫特条约》有关"加入欧元区的所有国家必须将财政赤字控制在国内生产总值的3%以内"的规定，制定了一系列旨在降低赤字、减轻国家财政负担的改革方案，如提高个人所得税、削减医疗补贴、降低国有企业员工的退休金等。这一系列改革方案说穿了就是效仿英美式的"自由市场"道路，试图以此来改变法国原有的以国家为主导的社会保障体系，但是改革方案一经公布，就招致强烈反对，加之朱佩欲强行推进改革，终于导致一场席卷整个法国的大罢工。

这场在11月24日开始的涉及不少行业的大罢工历时数周，地点遍及巴黎等60多个城市，波及行业有铁路、邮政、电信、航空、教育、卫生、电力和煤气等部门。罢工期间，法国的铁轨上基本无火车行驶，往常人流如潮的巴黎各地铁站，全都空空荡荡，冷冷清清。地面上的公共交通均告停运，天上也看不到飞机的影子。人们大可毫不夸张地说，这次罢工已使巴黎成了一座"死城"。至于其他大城市，实际上也好不到哪里，同样近乎全面瘫痪。这次罢工虽说规模巨大，程度激烈，后果严重，但毕竟主要与法国人自己有关，而1998年世界杯前夕法国航空公司员工举行的罢工，却是搅得全世界的足球迷们心神不安。由此，世界各地的人们，尤其是广大足球迷们，对法国是个典型的罢工国度又有了更为深切的体认。

法国在20世纪末不仅罢工次数多，规模大，采取的罢工方式也很奇绝。如1996年11月，举行罢工的卡车司机为给自己多造声势，竟出动成千上万辆卡车封锁了全国各个交通要道，并在法国第二大城市里昂的炼油厂周围设置路障，切断西南部城市的汽油供应。法国的卡车司机们甚至还阻塞了法国北部与德国的交通，将几千辆英国、西班牙卡车困在法国公路上。至此，这次罢工不仅造成法国国内油料严重短缺，也引起了周边国家的公愤。

在罢工这种传统社会抗议方式此起彼伏之际，内容五花八门的"新社会运动"也在法国方兴未艾。在"新社会运动"的招牌下，这一时期最引人瞩目的有生态运动、女权运动、同性恋运动、和平运动、保护动物权利运动、新生代运动，等等。"新社会运动"的异军突起，无疑是法国已步入"后工业社会"的显著征兆之一。而"新社会运动"能在当时的法国方兴未艾，至关重要的原因之一就是当时法国传统左翼运动，特别是社会主义工人运动的急剧衰落。毋庸讳言，正是它们的这种衰落，为"新社会运动"提供了广阔的政治空间。

当然，衰落的厄运并非仅仅落在传统左翼身上。事实上，处于"世纪末"的法国传统右翼，也同样难逃此劫。不过，如果说传统左翼的衰落为形形色色的"新社会运动"提供了大致相同的政治空间，那么传统右翼衰落的最大受益者，则主要是以老勒庞为首的极右翼组织国民阵线。进入20世纪90年代后，不少选民对以戴高乐派为代表的传统右翼深感失望，对左翼也心存余悸，纷纷把票投给了勒庞之流。结果，国民阵线在国民议会中的议席，竟超过了法国共产党。就连勒庞本人在总统选举时的得票率，也不容小觑。此期极右势力的强势抬头，很快在法国社会引起不少有识之士的警觉。

1993年7月13日，《世界报》刊登了一份由50位著名知识分子签名的呼吁书。这份呼吁书的签名者既有左派知识分子，也有自由派知识分子。呼吁书要求人们对不断变换手法的新法西斯与种族主义保持警惕，并且声明拒绝同发表极右言论的出版社、电台及电视台进行合作。这份呼吁书在《世界报》上的刊载表明，法国仍有不少知识分子在充当"社会的良心"。尽管如此，较之先前的几大历史阶段，80年代以来的法国知识分子史，的确更多的还是一部由"巨星"陨落到知识分子集体消沉或"沉默"构成的历史。

20世纪80年代初期，法国战后知识界的两大巨星，萨特与雷蒙·阿隆相继谢世。在此前后，数名在年龄上差不多要比他们小一辈的知识精英，有的早早地离世：1979年10月，以结构主义的国家理论和阶级理论蜚声知识界的濮兰查斯以自杀手段结束了自己的生命，时年43岁；1980年2月，著名结构主义——后结构主义文学评论家罗兰·巴特穿越街道时被卡车撞成重伤，并在一个月后不治身亡；1984年6月，在萨特之后被推上法国思想界顶峰的福柯因患艾滋病撒手人寰。有的则是虽生犹死：1980年11月，62岁的阿尔都塞在为长他10岁的妻子按摩颈部时，因躁郁症发作而勒死了妻子。事后，他被送进精神病院监护起来，处于虽生犹死的状态，直至1990年死于一家老人院。这一切，使得此时期的法国知识分子不时与各种追悼仪式打交道，不时沉浸在悲痛之中。

总体上看，且相对而言，20世纪80年代的法国知识分子似乎已失却本世纪早期与中期时的激情。人们不会忘记，法国知识分子在30年代曾围绕着处于危机中的法国该向何处去而慷慨激昂地展开辩论，50年代围绕着共产主义和苏联社会的性质问题势不两立地争论不休，60年代又围绕着当代资本主义社会中存在的问题没完没了地大打笔仗。然而，进入80年代，这种在整个法国社会引起极大反响的大辩论，显然已不复存在。踊跃参加辩论的知识分子，的确也愈来愈少，即使围绕着某些问题展开辩论，也大多局限于报纸与期刊讨论的范围之内。在此需要指出一点，由于受全球性政治气候的影响，战后长期控制着法国知识界的左翼知识分子的势力明显受到削弱。同时，他们中坚定追随法共的人也在日益减少，更多共产党的同路人转向了社会党，还有一些人在积极加入捍卫人权、保护生态斗争的同时，拒绝投靠任何左翼政党。相反，不少知识分子已经回归到传统的自由主义立场，这也使得近代的托克维尔、当代的雷蒙·阿隆的著作一时洛阳纸贵。尤其值得注意的是，作为法国知识界领衔人物的几位著名知识分子似乎正茫然不知所措。正如法国著名评论家阿兰·杜阿梅尔指出的那样，他们就"仿佛是一批准备转地放牧的牧羊人，已经离开了原地，但尚不清楚去向何处"。

总之，如果说密特朗上台之初，一些法国知识分子尚对社会党政府寄予厚望，那么随着他们对社会党执政后的所作所为日益失望，法国知识分子在法国社会舞台总体上也显得比较低沉。知识分子们的这种"沉默"，自然很快就引起了社会的广泛关注。一时间，许多报刊在谈及知识分子时开始频频使用"危机""衰落"等词语来形容法国知识分子的现实处境，甚至连知识分子的"终结"或"坟墓"之类的表述，也不时在法国媒体出现。难免令人感慨的是，直至20世纪90年代中期，除在个别情况下，法国知识分子依旧是集体消沉或"沉默"。这一状况与上一个"世纪末"，尤其是德雷福斯事件的时代法国知识分子的活跃表现形成强烈反差。唯其如此，布尔迪厄在90年代前期的脱颖而出，也就显得弥足珍贵。

要言之，从总体上看，直至20世纪晚期，法国仍继续拥有世界一流的软实力。不过，从根本上看，"软国力"上的优势不可能独立于"硬国力"的变化而始终长盛不衰，更不可能一成不变地独自发挥巨大作用。就此来说，法国本土拍摄的不少优秀影片、长期享誉世界的法式大菜，等等，竟然在美国好莱坞大片、麦当劳式快餐的步步紧逼面前节节败退，就是一种真实、生动的写照。而最初对小布什政府以极其蛮横的方式悍然发动伊拉克战争持严厉反对立场的希拉克政府，及至最后还是得对美国人的逞强称霸认软服输，无可奈何地进行外交调整乃至转向，毋宁更是以二流国家实力强扮一流大国角色，或者如同德国人所揶揄的"持二等车票却仍想坐头等车"的法国，注定会面临的尴尬处境的逼真缩影。更有甚者，如同有识之士指出那样，硬实力才是安全的终极保障，其中的军事力量，还能为权力内涵带来倍增效应。诚然，欧洲和美国在世界经济中影响大致相当，但在国际政治上地位却不可同日而语，其似乎可归结于"欧洲权力的先天性不足在于它无法为自己的软实力资源增添硬实力属性"①。

---

① ［法］扎吉·拉伊迪：《规范的力量：欧洲视角下的全球治理》，宗华伟、李华译，上海：上海人民出版社，2022年，第13、19页。

第十一章

变与不变的当今『大国梦』

势渐衰危的21世纪

21世纪，是让众多法国人曾满怀期待、翘首以盼的新世纪。随着20世纪帷幕的最终落下和新世纪的到来，1995年入主爱丽舍宫的希拉克，也就成为率领国人迈入新世纪，乃至新千禧年的法国元首。然而，在1997年新的议会选举中，曾在上次交锋中惨败的左翼成功翻盘，致使希拉克不得不授命社会党领袖若斯潘组阁。由此，第五共和国迎来第三次"左右共治"，但这回的"左右共治"不同于密特朗时代，已转换成右翼总统和左翼总理的"共治"。此外，右翼总统希拉克与左翼总理共治的时间将不止两三年，而是长达五年。这一切，显然也意味着希拉克这位"跨世纪"的右翼总统须在与左翼总理的"共治"下率领国人迈入21世纪。

随着"辉煌三十年"戛然而止，在20世纪的最后几十年里，法国人普遍觉得没过上多少令人满意的好日子，总感到自己的生活与各种危机交织在一起。这些危机当中，既有经济危机、社会危机，同时还有某种意识形态危机，而后者或明或暗地出现，注定会在很大程度上引发对法国立国根基以及法兰西民族特性的质疑。

新旧世纪之交，继"辉煌三十年"终结后随之而来的几十年被称为所谓的"危机和衰落年代"之说，在法国社会日渐盛行。这一局面，与一些鼓吹法国在衰落的"衰落学家"的出现有着很大的关系。集史学家、经济学家于一身，在国家行政管理学院执掌过教鞭的尼古拉·巴维莱兹就堪称衰落学家中影响最大者。1998年，他引人瞩目地出版了《可怜三十年》一书，以"可怜三十年"指称法国可与"辉煌三十年"相对应的近三十来年。该书书名吸引了不少人的眼球，此书甫一问世，在法国学术界乃至更大范围内迅速引起很大反响，一再加印。21世纪伊始，更多法国人认为国家处于"危机"之中，乃至明显走向衰落，这促使巴维莱兹在2004年又推出新著《法国在跌倒》。这本"感叹法国正在走向衰落"的新书上市后，立即产生更为强烈的反响，并长期在法国畅销书排行榜上占据"榜首"。此后，《法国的不幸》《高卢的幻想》等持有相同悲观论调的新书接二连三问世。更让很多法国人备感扎心的是，2005年7月，当巴黎申办2012年奥运会未果时，法国影响力最大的报刊之一《世界报》就此发表社论，其标题竟然为《确实在衰落》，此时法国的舆情或曰社会氛围从中可见一斑。

2000年3月，出于更好率领国人迎接"新世纪"的考虑，同时也为布局2002年5月将举行的下届总统选举，希拉克对内阁进行了改组。几天后，由官方公布的数据表明，法国的失业率低于10%，创下了1992年以来的新低。对于当时的法国而言，这一数据实属来之不易。它的取得，固然主要需归功于若斯潘政府上台后的努力，却也能为时任总统的政绩有所加分。

让希拉克再获好评的是，他在2000年6月公开宣布赞同将总统任期由7年缩短为5年。同年9月，法国就相关方案举行公民投票，结果顺利获得通过。此外，当时在提振法国民众人心上还有一件事值得一提：法国继赢得1998年世界杯后又在2000年欧洲杯足球赛夺冠。

2002年1月1日，欧元开始在法国等欧元区国家正式流通。同年四五月间，法国又迎来总统选举。当时的一连串迹象表明，左翼这次会在近年来选民习惯于"选举换台"的法国轻松赢得选战。入主马提尼翁宫以来政绩不俗的若斯潘本人，也对入主爱丽舍宫志在必得。为确保获胜，若斯潘还着力改变两大选举的顺序，将总统选举改在立法选举之前，因为他确信这样的安排会对左派更加有利。但出乎预料的是，选举前不久，法国经济形势出现的逆转和民意支持率的下降，尤其是左派候选人的严重分化（左派前后推出的候选人多达16人），竟然引发了4月21日的"政治地震"——勒庞居然以20万票的优势将排在第三位（得票数为前两名的才可进入下一轮竞选）的若斯潘淘汰出局，如愿获得参加第二轮投票的资格。结果公布之后，根本想不到自己会意外出局的若斯潘当晚就发表声明，宣布从此放弃政治生涯。

第二轮投票在5月5日举行。其间，为阻止极右政党国民阵线候选人勒庞当选，大量左派选民和很多在第一轮投弃权票的选民被纷纷动员起来，他们把票投给了作为温和右派的希拉克，使他能以压倒性优势挫败勒庞，成功连任。不久，希拉克的支持者们汇集在一个新政党——人民运动联盟（UMP）旗下，并在同年6月举行的立法选举中获胜，从而获得推举政府总理、组织内阁，以及在今后5年管理国家的权力。上述选举结果的接连出现，无疑为希拉克今后5年的顺利执政提供了极其良好的条件，以致当时有法国媒体还如是宣称：传统右翼政党的这一胜利，使希拉克成为法国近40年来权力最大的总统。

"戴高乐主义旗手"的天鹅绝唱

希拉克年轻时步入政坛不久，即以火爆性格和强势作风让人刮目相看，乃至还被对他有提携之恩的前总统蓬皮杜戏称为"推土机"。此番连任总统成功后，希拉克又以不少个性鲜明的表现，相继赢得"欧洲最后的斗士""戴高乐主义最后的旗手"之类的称号。当时，法国媒体甚至还为希拉克总统画过这样一幅漫画：在一座高高的法国城堡上，身着盔甲的希拉克傲然独立，头顶上方飘扬着一面写有"戴高乐主义"大字的旗帜。

所谓戴高乐主义及其"灵魂"，归根结底就是法兰西民族的高傲与光荣，强调多极世界与多元文化所表现出的法兰西价值，而且一旦需要，就须向山姆大叔之类国家明确说不。作为"戴高乐主义最后的旗手"，希拉克连任后势必以确保法国能凭借二流国家实力在国际事务中扮演一流大国角色为己任。为此，他除继续强调法国只乐于同美国建立"严格的平等伙伴关系"，绝不接受美国统治的单极世界，不承认以美国为轴心的"世界秩序"外，还在联合国内部主动充当赞成多边主义国家的领头羊角色，一而再、再而三地对美国奉行的单边主义政策明确说不。

2002年夏季，当小布什政府意欲通过单边主义途径，使用武力推翻伊拉克的萨达姆·侯赛因政权时，法国首先利用作为安理会常任理事国的影响力，反复劝说美国回到联合国框架内解决争端。2003年初，法国更是坚定捍卫《联合国宪章》中有关付诸武力的原则，积极推动与美关系密切的联合国秘书长科菲·安南主动采取措施，束缚美国准备动武的步伐。与此同时，法国还通过本国外长多米尼克·德维尔潘在2月15日联合国安理会发表演说时明确表态，坚决反对短时间内对伊拉克动武的新决议。面对伊拉克战争一触即发的紧张局势，德维尔潘慷慨陈词，宣称"伊拉克战争最终意味着承认失败"。彼时，不仅联合国的会场内掌声如雷，全球还有近1500万名示威者进行反战游行，几乎遍及世界各国。而且，据法国一些媒体报道，正在爱丽舍宫里观看实况转播的希拉克，当看到德维尔潘这位其有意选择的接班人"以一个古老国家"的名义向美国说不，甚至表示会不惜动用安理会常任理事国的否决权来反对战争时，激动得"双拳紧握"。后来，希拉克还对法国媒体这样表示道，他曾36次向小布什总统表示反对伊拉克战争，但那么多次的反对都不如德维尔潘的演讲那样"闪烁着法兰西民族精神的光芒"。

不过，也正因为法国明确反对美国发动伊拉克战争，很快导致两国陷入第五共和国以来最严重的双边关系危机。当时的美国甚至还出现一种骇人听闻的"逢法必反",一些美国人会把法国红酒打开后就倒入下水槽,或把吃快餐时喜欢享用的炸薯条由原先的"法兰西炸薯条"(French fries)改名为"自由炸薯条"(Liberty fries),等等。就连当时美国罕见的能说流利法语的公众人物,包括美国著名政治家约翰·克里也一度成为被嘲笑的对象。

美方的强烈反应及其由此出现的一系列事件,势必迫使希拉克等人不得不重新反思和研判上述相关问题,他们很快得出这样两点结论:其一,法国的勃勃雄心已超出能力所及,其拥有的综合资源根本无法支撑它意欲扮演的超强国际角色;其二,对法国来说,因与美国发生如此激烈的争吵而长期自立于以美国为首的西方阵营之外,实属难以承受。基于上述考量,法国从2003年第二季度起即着手实施幅度极大的外交转向。在2003年6月2日至3日于法国旅游胜地埃维昂小镇召开的八国集团峰会上,希拉克便引人瞩目地向美国的立场靠拢,以此开启与美国和解的政策。而这一转向的出现,实际上也昭示着传统(或经典)戴高乐主义对外政策的某种终结。更有甚者,希拉克时代的这种明显外交转向,后被他在爱丽舍宫的继任者们所认同和沿袭。由此,希拉克举世瞩目的强烈反对美国对伊拉克动武的表现,其实也不妨被视为戴高乐主义外交政策延续性的极致表现,同时也可被当作是他这位"戴高乐主义最后旗手"的天鹅绝唱。

法国已更清醒和充分地认识到本国综合实力的不足，但同时又不愿放弃其"世界使命"，这促使希拉克等法国领导人势必日益注重借助欧盟来发挥自身作用。不过，在关乎欧洲未来的问题上，希拉克等人大多显得相当审慎，极尽所能地捍卫自己对欧盟的原有构想。根据原构想，强大的欧盟不仅仅是在成员国之间发展共同的政策，还要不断加以深化和扩大，以期欧盟既不再局限于简单的实行自由贸易的地区，也不至于形成典型的联邦制结构。为了让法国在制订欧盟宪法过程中能更好发挥主导作用，希拉克还成功地让前总统吉斯卡尔·德斯坦成了欧盟制宪会议的主席。

　　2002年既是希拉克连任成功之年，也是欧元正式开始流通之年。尽管对欧元不看好者颇多，一些人还预言，一旦欧元开始流通，就会出现管理混乱和经济崩溃，但后来的事实表明并未如此。其实，使用单一货币可说是欧洲一体化的一大进步，而欧元的流通进一步深化了欧洲经济一体化的进程。在欧元区国家使用单一货币，既标志着欧盟这个世界经济主要参与者的诞生，又令欧元成为堪与美元、日元等匹敌的国际主要货币之一。当然，它同时还对美元主导地位也构成一定威胁。

　　由于希冀必要时能以欧盟名义采取行动，以及期望欧洲日后能作为一个整体在国际舞台上拥有举足轻重的影响，希拉克入主爱丽舍宫后一直在推动欧洲一体化进程。然而，也正是在与之密切相关的《欧盟宪法条约》全民公决问题上，希拉克却意外遭遇了本人晚期政治生涯中最沉重的打击。2005年5月，欧盟国家开始就《欧盟宪法条约》进行表决，法国作为欧盟领头羊，相关动向自然具有决定性的导向意义。为了压倒议会中的反对声音，希拉克决定将法案付诸全民公决。出于对此的高度重视，他本人还于公决前夜亲自发表电视讲话，呼吁法国民众承担起"历史的责任"。其间，希拉克动情地说道："你们的决定远远超出左翼和右翼的范畴，它关系到你们的未来、孩子们的未来、法兰西的未来，以及欧洲的未来。"然而，全民公决的结果却让希拉克大失所望，由于反对者占上风，法国竟然成了25个欧盟成员国中率先否决《欧盟宪法条约》的国家！这一残酷的事实无情碾碎了希拉克就欧盟构想的"未来"，同时也大大削弱了他本人的威望和影响力，甚至可以说已间接宣布了他政治生涯的结束。全民公决结果出来后不久，民调公司CSA的调查显示，希拉克的支持率已跌至2002年连任以来的最低点。52%的受访者表示对希拉克处理法国存在的主要问题缺乏信心。同时，选民对政府的失望情绪上升，对总理拉法兰的不信任比例明显扩大。此前，拉法兰政府秉承希拉克总统的意思，奉行自由主义经济政策，力求全面降低企业和个人的税赋负担，希冀以此来恢复企业的盈利预期和竞争力，从而达到刺激私人投资与消费，推动法国经济走向复苏。于是，作为此次投票结果的第一个牺牲品，拉法兰总理不久遭希拉克革职，当时已从外交部长改任内务部长的多米尼克·德维尔潘临危受命，接任法国总理一职。

同样是在2005年，希拉克在秋季行将结束之际不得不面对最初在巴黎郊区发生，继而蔓延到全法不少地区的大规模骚乱。此次骚乱导火索是两名移民少年的意外死亡事件。是年10月27日，在巴黎东北郊的克利希苏布瓦镇，两名北非裔移民少年因躲避警察盘查而意外触电身亡，由此引起当地移民的强烈不满。当天晚上，数以百计的人走上街头，并试图冲击镇议会厅。当地警察前去干预后，移民的暴力行动反增无减。由于骚乱行为到处蔓延，持续升级，形势很快失控，迫使希拉克宣布法国进入"紧急状态"，授权骚乱地区政府实行宵禁。11月14日，希拉克向全国发表电视讲话，承认骚乱源于法国社会内部存在的严重的认同危机，政府将采取大规模的综合措施解决对少数族裔的歧视问题。同时，德维尔潘总理也宣布，将恢复被削减的对基层社区管理组织的公共拨款，政府将致力于解决长期困扰移民区的住房、就业和犯罪问题。经过多方共同努力，11月16日起，法国全境的骚乱活动明显回落，11月17日，法国官方宣布骚乱平息。

这次骚乱的发生，再次暴露了当今法国社会所存在的诸多严重矛盾和问题，对政府的治理能力提出了严峻挑战，更是在很大程度上触动了已在总统宝座上十年之久、年逾古稀的希拉克。随着新的总统选举年在2007年到来，希拉克于是年3月11日，在蓝白红三色法国国旗和欧盟12星旗的映衬下发表公开讲话，正式宣布不再参加下届总统选举。希拉克此次讲话时间不长，仅仅用了10分钟，但是这10分钟的讲话意味着他本人已在预告自己40余年政治生涯的结束。对此，世界各大媒体当时纷纷予以报道，其中不少媒体还宣称：这意味着法国政坛一个时代的结束和欧洲政治历史性更替的开始。

意欲成为"世界典范"

哀叹法国正走向衰落，"可怜的30年""法国在跌倒"之类的书名或社论标题，在20世纪晚期以来的六边形土地上固然相当有市场，但人们还是应当看到，有不少法国人对一味唱衰法国很是不以为然。同时，还有更多的法国人在思考该如何更好地重振"高卢雄鸡"的雄风，以及将自己思考所得付诸实施。这当中，当然也包括希拉克之后的几位法国总统。

希拉克退隐后，爱丽舍宫的主人首先是人称当今法国政坛"小拿破仑"的尼古拉·萨科齐，他意欲让自己充当新一代，也即21世纪法国的戴高乐，重建法兰西的尊严，增强国家经济实力，保持和扩大其国际影响力。萨科齐精力充沛，作风硬朗，办事雷厉风行。与此同时，他还明显有别于一般以温文尔雅居多的政客，总是锋芒毕露，乃至公开承认是占有欲极强之人，只要"有个空位子，我就想坐上去"。

既然有意入主爱丽舍宫，萨科齐便下定决心，一旦当选就大刀阔斧地推行改革，重塑一个充满生机与活力的法国，恢复法国昔日的伟大和荣光。彼时，他说得颇多同时也最能让不少法国选民怦然心动的话是："要使每一个法国人重新感觉到作为法国人的自豪。"他的参选宣言也给人留下深刻印象："我感到自己有一股力量和愿望，想要有不一样的法国。我希望使法国社会重现活力。"此外，萨科奇还在竞选时一再强调，他本人希望的是加强社会流动，帮助民众致富，建优质学校，提高工资……其最终目的则是将法国重塑为"世界典范"，与过去的法国"平静地决裂"。于是，萨科齐在向选民讲话时反复提出"与过去决裂"。而且，首先要与之决裂的就是早已在大大阻碍法国发展的原有思维方式。他甚至还把矛头直指希拉克，口无遮拦地宣称："（希拉克）总统先生求无为，我希望求变。"

萨科齐的当选，毋宁再次表明，21世纪的法国依然还是"人心思变"。简言之，法国虽属欧洲最发达国家之一，但"辉煌三十年"终结以来，经济增长乏力，失业严重，民众生活水平下降，社会安全问题颇多。为此，历届政府殚精竭虑，出台了许多政策。但是，这些政策举措由于受到各种制约，收效甚微，民众对这种局面极度不满，更为强烈的变革愿望也就油然而生。

2007年5月，萨科齐入主爱丽舍宫后，一再强调要让竞选时提出的口号，即"工作更多，挣得更多"深入人心，以期尽快构建以"求变"和"发展"为主旨的新型国家文化，全力以发展经济、促进就业为切入点，对当代法国现行经济、文化和教育制度进行大刀阔斧的改革。具体而言，相关举措包括：打破35小时工作制，鼓励企业延长工作时间，努力改变在为数不少的国民中盛行的懒惰主义、自私主义、享乐主义的风气，使他们能够树立起劳动光荣，多劳才能多得的思想观念；改变法国实行已久的"福利国家"社会保障模式，适当削减社会福利，改变国民对政府"等、靠、要"的依赖思想，促使他们树立自立自强的意识；进一步保护、开发和利用法国文化遗产，保护好法兰西民族文化的多样性。就此而言，萨科齐上台后在高等教育领域推出的题为"大学自由与责任"的教育改革，尤其值得关注。

这一改革旨在赋予公立大学更多自主权，增加大学之间的良性竞争。为此，萨科齐在2009年1月表示，将修改1984年通过的有关大学教研员地位的法令。在一次面对法国大学教师的会议上，他还表示，法国政府正准备进行大学教研员的业绩评估细则等一系列改革，这一评估将对大学教研员产生重要影响。萨科齐还强调道，若不进行改革，法国的高等教育将"无法适应21世纪的新需求"，"千万不要指望大学教育差劲的国家能赢得什么知识战争……现在的制度只会摧残创造力"。更让人们印象深刻的是，萨科齐上台伊始还和曾任高等教育与科研部长的弗朗索瓦·菲永总理一起提出了"大学校园计划"（Opération Campus），意欲通过提出和实施这一雄心勃勃的计划，使"法国高校重获魅力，吸引法国乃至国外最好的学生、学者和教授。新建的'校园'要能与美国的哈佛及英国的剑桥相媲美"。2008年2月，高等教育与科学研究部长瓦莱里·贝克莱斯在萨科齐总统指示下正式启动了"大学校园计划"。同年秋季，12个项目被初步选定。2009年，法国各地的受资助学校统一联合行动，"大学校园计划"开始实施。2010年，法国政府又推出了旨在创建世界一流大学的"卓越大学计划"(Initiatives d'Excellence, IDEX)。该计划也被称为法国的"常春藤联盟"计划，由法国国家研究署(ANR)牵头负责，计划所需的77亿欧元经费均直接来源于法国政府。

平心而论，萨科齐的变革思路，已涉及法国社会的方方面面，且十分细致和具体，因此一度得到不少法国选民的欢迎。然而，在他当选后的第二年，始于美国次贷危机，后逐步升级为国际银行业重大危机的全球金融危机爆发。这场于2008年爆发的金融危机，无论是对法国还是不少其他国家的经济，都产生了极为严重的负面影响，在很大程度上撼动了一些国家金融机构和政治机构的支柱。更有甚者，这场全球金融危机还迫使萨科齐在一定程度上自食其言，不得不放弃在竞选时一直大力倡导的自由市场倾向，改为宣称"自由放任的资本主义已经结束了"，还对"市场的独裁"不时予以谴责。

2008年金融危机爆发，主要可归因于金融界日益宽松的管制逐渐助长了企业的贪婪，再加上宽松信贷泛滥，以及欧元区国家多年来在实施福利国家建设上显示出来的政策惯性和负债文化，导致无论国家还是个人十有八九都债台高筑。就此来说，希腊的情况最为糟糕。而希腊的这种糟糕状况，不仅引发了欧元区危机，还前所未有地严重威胁到欧洲货币联盟的存续。一时间，欧元区乃至整个欧盟以及所有经济大国无不忧心忡忡，担心欧元会因此消失，并进而引发一场新的全球危机。在这关键时刻，尽管当时德国经济相比法国确实更具优势，但萨科齐作为于2008年下半年担任欧盟轮值主席国的法国总统，在欧盟此次应对经济危机的相关反应中，的确发挥了引人瞩目的作用，从而确保欧元区经受住了此次金融风暴带来的严峻考验。

在经历2008年金融危机考验之后，以及鉴于美国在金融危机发生后越来越趋向孤立主义，萨科齐力图使法国继续通过欧盟，以全球重要角色的身份对国际事务施加影响，他在面对"阿拉伯之春"和2011年爆发的利比亚内战时的态度和举措，无疑充分表明了这一点。所谓"阿拉伯之春"，是当时欧洲一些媒体对2011年席卷阿拉伯世界的变革浪潮贴上的标签。此次变革浪潮始于突尼斯，并迅速蔓延到周边其他阿拉伯国家，其中也包括后来由此引发内战的利比亚。利比亚内战爆发时，一些欧盟国家原本打算和包括美国在内的其他非欧盟大国一样，冷眼旁观，或最多只通过支持反叛力量进行介入，但作为法国总统的萨科齐却不然，而是对此采取了更为积极主动的态度和行动。他甚至在全力争取到联合国的授权后，主导欧盟联军对利比亚采取军事干预行动，并导致卡扎菲政权被推翻。

上述过程中，当今法国媒体知识分子"第一人"，被简称为众所周知的BHL的贝尔纳-亨利·列维（Bernard-Henri Lévy），其个人作用不容小觑。在利比亚事件爆发后，列维不顾生命危险，来到利比亚第二大城市、反政府武装的大本营班加西，在利比亚反政府武装与法国总统萨科齐之间发挥了不可思议的桥梁作用。在他的穿针引线之下，2011年3月10日，反叛军组建的全国过渡委员会代表来到爱丽舍宫。萨科齐在接见他们后，随即宣布承认该组织为利比亚的合法代表。此后，列维又敦促萨科齐对利比亚进行干涉，并支持萨科齐劝说英美政府以及联合国干预利比亚。为此，列维甚至公开宣称："伊拉克战争是可憎的，而利比亚战争则不可避免。"这一过程中，列维俨然就像法国在利比亚问题上的"第二外交部长"，相关言行往往受到法国媒体，甚至全世界国际媒体的高度关注。

在担任总统期间，萨科齐至少在两方面给人留下深刻印象：首先是他始终喜爱以精力充沛者形象示人，老爱穿着短裤和运动鞋在爱丽舍宫的楼梯上跑上跑下，耳朵边总是贴着手机。他还热衷于以亲力亲为的方式管理政府，还直言"我想成为一切事务的部长"。其次是喜欢炫耀豪奢消费，热衷于与一些富商巨贾交往，毫不避讳与富人过从甚密，以至于被法国媒体称为"锦衣总统"。不过，第一个特点在给萨科齐政治形象加分上的作用近乎可忽略不计，他本人虽看似极为活跃，但在就全国最受尊敬的政治人物排名进行的民意调查中，萨科齐不过只排名第三十位——名列榜首的是前总统希拉克。第二个特点却给他的政治形象带来不小的负面影响，以及一系列不得不费力应对的麻烦。其中，他与欧莱雅化妆品帝国的女继承人莉莲·贝当古的交往，就是极为明显的例子。

萨科齐入主爱丽舍宫时曾有过宏愿，即大力推行改革，重塑一个充满生机和活力的法国，恢复法国昔日的伟大和荣光。为此，他还信誓旦旦扬言"要使每一个法国人重新感受到作为法国人的自豪"。那么，他是否兑现了对选民的承诺，抑或说大多数法国选民对萨科齐作为总统的表现是否满意？答案显然是否定的。事实上，在兑现竞选诺言方面，萨科齐和他的前任希拉克一样，也是心有余而力不足。2011年，法国迎来新的市议会选举。这次选举是在反对养老金改革的示威游行接连不断、大中学生的校园抗议乃至骚乱时有发生的背景下举行的。结果，左翼赢得的选票远远多于右翼。同时，此次选举出现的令人目瞪口呆的高弃权率，也显示出不少选民对这位"锦衣总统"已深感失望和不满。这一切，无不预示着在2012年将要举行的总统选举中，谋求连任的萨科齐晦暗不明的前景。

恐袭击碎的"法国梦"

随着萨科齐总统任期行将结束，加上这位"锦衣总统"谋求连任的前景也不甚乐观，法国各派主要政治势力纷纷为下一届总统选举积极行动了起来。作为中左翼中最大党派的社会党更是如此。当时，社会党不仅对被中右翼占据了17年之久的总统大位早就虎视眈眈，而且似乎还对2012年的总统选举志在必得。社会党之所以如此充满信心，除了其他各种有利于该党的因素，有一点至关重要，这就是社会党这回可推出本党理想的总统候选人。不过，在2011年最早被社会党人看好的理想人选，却不是翌年入主爱丽舍宫的弗朗索瓦·奥朗德，而是多米尼克·斯特劳斯-卡恩，后者当时也已打算从设在华盛顿的国际货币基金组织总裁任上回国参选。

斯特劳斯-卡恩1949年出生于巴黎一个富有的犹太人家庭，是法国著名经济学家、律师和政治家。早在20世纪70年代末，他就加入了社会党，1986年，他作为社会党成员首次当选众议院议员，并很快在处理经济和金融事务中凸显出过人才干。1991年，他被密特朗总统任命为工业和内贸部长；6年之后，又在若斯潘政府中担任过两年财政和工业部长，凭借这一最有影响力的部长身份在振兴法国经济，乃至让法国成为当时欧盟增长最快的经济体之一上居功至伟。早在2007年总统选举时，斯特劳斯-卡恩就有意问鼎总统宝座，在角逐党内提名期间也曾有过领先记录。不过，由于党内的一位女强人，即担任过环境部长，并与社会党第一书记奥朗德育有4个孩子的塞林格·罗亚尔赢得了后来的党内辩论，导致他功亏一篑，最终没能成为社会党推选的首要候选人。不过，斯特劳斯-卡恩在2007年并非毫无所获，虽然无缘代表社会党竞选总统，但在同年晚些时候却在萨科齐总统等多位欧洲领导人的推动下出任国际货币基金组织总裁，且在任职期间表现不俗。2012年总统选举年临近之际，法国有关机构在2011年进行了多项民意调查，不少调查结果都显示，斯特劳斯-卡恩凭借其出任部长和担任国际货币基金组织总裁期间显示出来的才干与业绩，已成为下一届总统选举的大热门。

然而，2011年5月，一则令人难以置信的国际新闻突然爆了出来：斯特劳斯-卡恩因涉嫌性侵他入住纽约曼哈顿索菲特酒店时为其清理房间的女服务员，在5月14日被纽约市警察局逮捕并被关押在当地监狱。当时，世界各国不少电视观众都在荧屏上目睹了这位担任国际货币基金组织总裁的法国人，作为胡子拉碴、头发蓬乱又戴上手铐的犯罪嫌疑人被送进声名狼藉的赖克斯岛上的监狱。尽管斯特劳斯–卡恩最终被"无罪释放"，但由于索菲特酒店事件以及由此牵扯、曝光出来的一系列事情均对他的政治形象颇为不利，不可避免地导致这位"鱼子酱左派"①典型代表的政治生涯宣告终结。不过，也正是这场全球皆知的国际风波，为社会党前第一书记弗朗索瓦·奥朗德的总统之路打开了口子，使他有机会在2011年11月成为社会党提名的总统候选人。

奥朗德于1954年8月出生于鲁昂一个中产阶级家庭，早年毕业于法国国家行政学院，并和他在该校结识的塞林格·罗亚尔同居30年，育有4个孩子。不过，两人在2007年罗亚尔竞选总统失败后宣布分手。早在20世纪70年代中期，奥朗德就成为密特朗的追随者，80年代初出任密特朗总统府顾问，1988年当选国民议会议员，1997年至2008年担任社会党第一书记。作为一位毕业于国家行政学院、素有远大抱负的政治家，奥朗德也有过自己的"法国梦"，在担任总统前就豪情万丈地写过题为《法国梦》的书。

2012年4月22日，总统选举举行第一轮投票，共有10位候

---

① 法国人所称呼的"鱼子酱左派"，也即"吃着鱼子酱的左派"，指的是自称为社会主义者，但又享受奢华生活，违背社会主义价值的人。英国人称这些人为香槟社会主义者，美国人则称这些人为豪华轿车自由主义者。

选人参与角逐。其中，社会党候选人奥朗德和谋求连任的萨科齐被普遍认为最有可能当选，同时又以前者呼声略高。此外，于2011年接替其父出任国民阵线主席的玛丽娜·勒庞，以及在密特朗时代担任政府部长的让-吕克·梅朗雄也具有不容低估的竞争力。尽管时任德国总理默克尔明确表态更支持萨科齐，更指出在奥朗德这位社会党候选人身上看不到任何"正常"表现，奥朗德还是凭借竞选中一系列的出色表现，始则成功打入第二轮，继而又在第二轮的对决中以微弱优势胜出，为社会党夺回了已失去17年之久的总统宝座。

　　谋求连任的萨科齐在第二轮投票中以微弱劣势败于奥朗德后，他像许多西方政治家至少表面上都会做的那样，在得知投票结果的当晚就打电话给奥朗德表示祝贺。不过，萨科齐也认为新总统将面临严峻考验，所以他祝奥朗德能有好运。那么，奥朗德在入主爱丽舍宫期间真的有其前任说的"好运"吗？答案显然是否定的。别的且不说，就在他担任总统期间的2015年，巴黎竟然发生了两大令人震惊的恶性恐怖袭击事件。

　　第一起发生在1月7日，当天中午11时30分左右，两位戴着黑色头罩的男子手持卡拉什尼科夫冲锋枪和一个火箭发射器，突然闯入讽刺杂志《查理周刊》（*Charlie Hebdo*）设在巴黎第16区一幢建筑物内的办事处，随即开枪射杀了正在办公室内举行编辑会议的在场人员，造成至少12人死亡，其中包括该刊主编和多位著名漫画家。《查理周刊》创刊于1970年，是一家以嘲讽时政新闻和人物著称，颇具影响力的刊物，2012年在法国的发行量达4.5万份。早在几年前，由于刊登讽刺伊斯兰领导人和伊斯兰教先知穆罕默德的卡通图画，该刊就遭到过燃油弹的攻击。法国电视台援引警方消息说，有目击者听到此次袭击发生过程中，手持武器射杀者曾高呼："我们已经为先知复仇了！"

这一40年来法国本土遭遇的死亡人数最多的恐怖袭击事件发生后，举国震惊，奥朗德总统第一时间赶赴现场，之后紧急召开内阁会议，商议对策。在惨案发生现场《查理周刊》编辑部办公室中，奥朗德明确宣布"这无疑是一起恐怖袭击"，同时声称："面对恐怖袭击，法国今天处于震惊之中。我们需要证明我们是一个统一的国家。我们必须坚定，我们必须坚强。"随后，法国政府全面加强了安全措施，尤其是加大了对新闻机构、大型商场、交通车站和宗教场所的保护力度，提升安保级别。在整个大巴黎地区，当局更是把警戒水平提升至最高等级。国际社会对这一事件的发生也深感震惊。事发后，英国首相卡梅伦、美国总统奥巴马、加拿大总理哈珀，以及欧盟等方面领导人都迅速对袭击事件严厉谴责。

在度过震惊、恐惧、愤怒、伤痛等多种情绪缠身的几天后，2015年1月11日，法国全国数以百万计的人参加集会大游行，哀悼在多起恐怖袭击中丧生的17名遇难者。当天的游行活动于下午3时正式开始，游行者中包括悲痛至极的遇害者家属，不少表情严肃的游行者戴着写有"查理周刊"字母的头带，以示对遇害漫画家的悼念。据法国内政部11日公布的数据，当天，全法共有多达370万人走上街头纪念系列恐袭的死难者，创下法国史无前例的纪录，仅巴黎的游行人数就在120万至160万之间。更令人印象深刻的是，60多名国家首脑和官员赴巴黎出席游行活动，身穿深色大衣的各国领导人在参加从协和广场到民族广场的游行时，还手挽手走在队伍前列。此外，世界多个国家对法国是日举行的游行予以声援。在德国，约1.8万名民众参加了在柏林市中心举行的祈祷守夜活动；在比利时布鲁塞尔，近2万人手持"反对恐怖袭击"标语；在美国纽约，帝国大厦亮起法国国旗颜色的灯光，以纪念这起枪击案的遇难者。凡此种种，令奥朗德情不自禁地宣称："今天，巴黎是世界的首都。"

第二起恐袭事件发生在2015年11月13日。这天晚上，巴黎市区共发生5次爆炸，5次枪击，其中，在曾作为1998年世界杯决赛赛场的法兰西体育场附近就发生了3次爆炸。而且，在法兰西体育场于22点21分发生爆炸之际，奥朗德总统正在场内观看法国队与德国队的激烈比赛。在这天发生的恶性恐袭事件中，遇难人数多达132人，受伤的人更多，达300多人。当天的恐怖袭击中最令人发指的场景出现在巴塔克兰剧院。当晚21点45分，可容纳1500人的剧院座无虚席，观众们正在尽情欣赏来自美国摇滚乐队的精彩演出，但恐怖分子在进入剧院后，竟然朝在场民众肆意开枪扫射10多分钟，造成至少120人死亡。

事发当晚，奥朗德总统在从发生爆炸的法兰西体育场撤离后径直赶往内政部与总理和内政部长紧急磋商，继而第一时间向全体国民发表讲话，宣布巴黎遭到史无前例的恐怖袭击，同时下令全国进入紧急状态。美国总统奥巴马亦对此次恐袭事件迅速表态，宣称这是一起针对全人类的恐怖袭击。在向全国发表的电视直播讲话中，奥朗德公开谴责极端恐怖组织"伊斯兰国"组织策划了此次巴黎恐袭案，同时还声称此次恐怖袭击是由境外"伊斯兰国"组织策划实施、法国国内相关势力协助完成的"战争行为"。为应对本次恐怖袭击，全法实施最高级别反恐戒严，实行宵禁，巴黎警方要求所有市民待在家中，不要外出。与此同时，法国还暂时关闭了国境，一度取消所有航班。恶性恐怖袭击事件的接连发生，难免会给奥朗德的执政带来严峻挑战甚至很大的负面影响。而奥朗德本人执政以来在重振法国社会经济发展方面的举措一直未能取得理想成效，加之在个人生活方面的失当表现，也使得他的执政之路举步维艰，难以为继。

由于萨科齐近乎希拉克笔下描绘的"急躁、鲁莽、冲动、不忠、不领情、不够法国化"，加之入主爱丽舍宫后先很快与关系失和的妻子塞西莉亚·萨科齐离婚，继而又迅速迎娶意大利超模转型的歌手卡拉·布鲁尼，引来国人议论纷纷。而且，如同一项民意调查显示那样，不少法国人还认为萨科齐作为总统，就"应该以一种更适合国家元首的方式生活"。有了这一"前车之鉴"，无论是竞选阶段还是当选之后，奥朗德一直致力于让自己显得有别于那位"锦衣总统"。

出于凸显与"锦衣总统"时代的切割，奥朗德不仅削减部长们的工资，还要求他们签署一份道德准则。然而，尽管奥朗德发誓成为可为国人树立榜样的总统，但其个人生活其实也不乏易遭人非议之处，其中包括他在和罗亚尔夫人分手后，先是很快和女记者瓦莱丽·特里耶韦莱成为情侣，并在当选后让这位"第一女友"搬入爱丽舍宫，继而又与女演员朱莉·加耶产生恋情，以致还被人拍摄到如此滑稽一幕：堂堂总统夜间戴着头盔，坐在总统助理驾驶的摩托车后座去拜访加耶。

由上可见，就总统"应该以一种更适合国家元首的方式生活"来说，奥朗德不见得比萨科齐强多少。不过，虽然广大民众对总统个人生活的某些表现很不以为然，但只要总统及其政府能把民众最为关切的问题解决好，特别是提振法国经济，即便个人生活上存在欠妥之处也无伤大雅。那么，奥朗德在振兴经济方面表现又究竟如何呢？或许只能说是乏善可陈。诚然，有过"法国梦"的奥朗德，竞选时曾就振兴经济向选民做过不少承诺，上台后也一直力图在扭转法国经济发展颓势、重振"高卢雄鸡"雄风上好好表现，并为此全面启动金融改革，大刀阔斧实行减赤计划，对富人大幅度地增税，等等。但由于多种复杂原因，他为之采取的相关举措几乎都未取得预期成效，法国的经济问题和社会危机在他上台后一直未能得到改善，反而在经济危机、欧债危机的后续冲击下，导致各种矛盾持续上升和激化。

于是，大多数法国选民对奥朗德的执政能力和表现，日益感到怀疑与失望。索福瑞公司2013年3月的调查结果显示，当选不满一年的奥朗德的民众信任度仅为30%，有68%的受访者对奥朗德感到失望。而且，对奥朗德失望的法国右翼选民比例高达92%，就连左翼选民的比例也达到了39%。另据《费加罗报》网站2013年10月3日报道，法国BVA机构为BFM电视台所做的民调显示，半数法国人认为奥朗德推行的经济政策不利于企业发展。总之，当时大多数法国民众认为，无论是在2013年还是其5年任期内，奥朗德都根本无法兑现其竞选承诺。这些承诺包括：将公共财政赤字占GDP的比重降至3%，降低失业率，不再对中低收入阶层增税。此后，法国经济形势继续恶化，大量法国国有企业在2015年面临破产危机，失业率不断攀升。及至2015年8月，欧洲统计局公布的一份统计数据更是明确显示出奥朗德政府社会经济政策的失败。这一统计数据显示，2012年至2015年6月，欧盟28个国家的失业率整体从10.5%下降到9.6%，但同期法国的失业率却从9.8%攀升至10.2%。

总之，在奥朗德人主爱丽舍宫后，法国失业率不降反升，相继失业的法国人多达65.87万人。如果说奥朗德上述政绩已令人失望，那么他任期中发生的多起恶性恐怖袭击事件，更是搞得广大民众人心惶惶，难免抱怨起当局防恐反恐不力。凡此种种，再加上奥朗德对日益严峻的难民问题处置欠妥，私生活多有令人诟病之处，导致这位曾想为国人树立"榜样"者在民调中支持率一路走低，最后更是沦为法国历史上最不受欢迎的总统。或许奥朗德对此也是心知肚明，再次参选近乎自取其辱，他在2016年12月初发表全国电视讲话，出人意料地提前宣布他将不再谋求连任下届总统。这也意味着，奥朗德因此成了第五共和国史上首位放弃自我继承的总统。

最年轻总统的雄心与无奈

2017年，法国迎来新的总统选举。奥朗德的弃选连任，导致选情更加复杂多变，跌宕起伏。最终，埃马纽埃尔·马克龙在第二轮投票中大胜最后的对手，极右翼政党国民阵线候选人玛丽娜·勒庞，成为爱丽舍宫的新主人。马克龙当选总统时年仅39岁，这使他成了法国历史上最年轻的总统。

马克龙于1977年12月出生于亚眠一个中产阶级家庭，早年作为社会党成员时就深得奥朗德器重，先是被委以办公厅副主任和经济事务顾问的重任，继而又在36岁时就被总统任命为经济部长。但是，马克龙从未当过议员，也没有参与过政治竞选。也正因如此，当他打算竞选总统时，就连党内这一关也无法通过。于是，他只能脱离社会党，以独立候选人身份参选。为此，他还急着另立炉灶，创建了新的政治派别——"前进运动"。

根据第五共和国的惯例，总统选举中最有希望胜出者，往往是两大中左或中右政党推出的候选人。但在2017年的这次选举中，中左或中右政党推出的候选人接连遭遇滑铁卢，无一进入第二轮。于是，最后对决就在马克龙和玛丽娜·勒庞之间展开。这位女勒庞①意志坚定，作风明快，同时口才犀利，直言敢说。早在2013年夏天，她就明确宣布所领导的国民阵线将在10

---

① 因其与法国极右翼政党"国民阵线"前主席老勒庞（让–马利·勒庞）为父女关系，而称"女勒庞"。

年内赢得权力，从社会党人手中接管政权。起初，人们都以为这一说法纯属政治家的虚张声势，殊不知在此后举行的一系列重要选举，从地方议会到欧洲议会中，国民阵线竟然一次又一次取得胜利。女勒庞更是似乎从特朗普入主白宫得到启发，既在竞选宣言中痛斥经济全球化，还旗帜鲜明地打出"法国优先"的旗号。这一招数效果显著，使她以获得21.7%有效选票、名列第二的结果挺进总统选举的第二轮投票。由此，女勒庞既在此次选举中被支持者誉为一朵逆风绽放的法国"蓝玫瑰"，同时也被另一些人视为"法国最危险的女人"。

彼时，英国脱欧公投的结果，以及一些欧洲国家政坛出现的新动向，已让人们对欧盟前途忧心如焚。与此同时，美国选民因不满传统政治而选出房地产大亨特朗普作为总统所强烈表现出来的那种"民粹主义"思潮与狂热，也让众多法国选民极度不安与反感。在这一背景下，女勒庞在选举中支持率一直意外领跑，难免更使得不少人在第二轮投票结果出来前异常紧张。因为它将不仅关乎法国接下来由谁担任总统，还将在实际上决定欧盟的发展前景是否能化险为夷，以及法国是否也会像美国那样由特朗普式的人物来担任总统。说到底，很多人心里明白，一旦扬言力求脱离欧盟的女勒庞上台，欧盟的命运注定凶多吉少。同时，女勒庞也确实和她较为欣赏乃至佩服的特朗普多有相似之处。最终，在第二轮投票时，女勒庞与在2002年总统选举中挺进第二轮的乃父一样，再次受到其他党派及支持者的联手"封杀"。于是，与总统大位仅一步之遥的女勒庞，还是无缘成为法国历史上首位女总统。

马克龙得悉自己当选后立即发表讲话，声称这既是莫大荣耀，也是巨大责任。他感谢自己的支持者，同时也向对手玛丽娜·勒庞致意，表示他也了解"国民阵线"选民所感到的"愤怒、不安和怀疑"。而女勒庞在选举结果出来后，也按照惯例向胜出者祝贺，预祝马克龙未来取得成功。不过，她也对能在第二轮获得约1100万张选票表示满意，认为已创造"国民阵线"在大选中的历史最好成绩。

作为法国史上最年轻的总统，马克龙实际上主要是依托一揽子改革计划（包括退休改革）入主爱丽舍宫的。上台之初的他，踌躇满志，风光无限。其时，不少法国选民还乐于将马克龙和拿破仑联系起来，更有法国媒体把马克龙的竞选纲领和执政理念与大小拿破仑联系在一起。例如，《两个世界评论》等著名杂志上探析马克龙与在1799年担任第一执政的拿破仑·波拿巴，即拿破仑一世有何相似之处者有之；在网络中将马克龙和此前法国历史上最年轻的总统路易-拿破仑·波拿巴，即拿破仑三世进行比较，寻求两者之间共同点者也有之。更有作者还很快就推出《马克龙·波拿巴》之类的著作。当时，除在报刊书籍上不时可见此类文字，网站上也常会晒出把马克龙、拿破仑合二为一的图片。上述现象表明，法国人寄希望于这位新总统能像拿破仑那样，让"高卢雄鸡"重新在欧洲乃至世界骄傲地啼鸣。

这位被认为多有波拿巴主义色彩的新总统，是否满足广大选民期望了呢？对此，答案是否定的。例如，由于各种负担日益加重，国家财政难以承受，导致曾在稳定社会、缓解社会矛盾和刺激经济增长上起过积极作用的"福利国家"，反而开始严重妨碍经济的增长和对发展高新技术的投入，加之一体化程度不断加深的欧盟在减少财政赤字上也有明确要求，迫使任何政党上台执政都得提及减少公共开支问题，宣称非改革不可。然而，改革注定会触犯既得利益集团，包括某些特定行业员工的利益，特别是让一些原本享受优厚福利待遇者自以为被人动了该属于自己的"奶酪"，一旦政府有所动作，必定会招来这些人的强烈反对。就此而言，马克龙遇到的首个严峻考验就是如何应对法国国营铁路公司（SNCF，简称法铁）员工举行的罢工。这次罢工范围广、时间长，严重影响到法国的社会秩序，特别是很多人的正常出行。其他部门或行业人员的类似罢工或示威现象，也时有出现。改革难度之大由此显见。马克龙上台之初尚意气风发，在处理相关问题上也显示出了非同寻常的魄力，如面对铁路工人罢工曾态度强硬，毫不退让。然而，随着举世瞩目的"黄背心"运动的到来，马克龙再次面临严峻考验，且最终不得不对政策和举措做出大幅调整。

从表面上看，"黄背心"运动的直接起因是政府判断失错，误以为多数法国民众会支持出台减少化石燃料，增加可再生能源的举措，遂宣布要加征燃油税。孰料，由此引发广大民众强烈不满并导致运动事发。但若进行更深层次的探究就可发现，个中原因异常错综复杂。它既可说是法国民众对上台时寄予厚望的马克龙及其政府各项政策不满的大爆发，也是对危机年代以来长期积累的怨气、愤懑的大宣泄。换言之，其中不少账实际上还得算在马克龙的前任们身上。

就确实颇具波拿巴主义色彩的马克龙来说，法国人寄希望于他能像拿破仑那样重振"高卢雄鸡"雄风。于是，他上台伊始就积极推动劳工法改革，希冀尽快降低法国的失业率，寻求提升法国在国际市场上经济竞争力的良方，以及减少养老金开支，缓解财政压力。从旁观者角度观之，上述改革举措对于危机年代以来一直振兴经济无方、难以扭转颓势的法国实为大有必要，但它们必定会触动某些人的既得利益，而政府在加征燃油税的同时推出取消退还部分人群住房补贴的做法，更容易让早已深感实际购买力不升反降的许多人，特别是自以为"被遗忘和抛弃"者又生不满，进而导致在法国出现少有的"全行业"的不满。一时间，不仅教师、工人、农民、警察、学生、商人叫板政府当局，连一向被认为是金字塔尖职业的从业人员，例如法官、律师、医生等也纷纷走上街头，此时的法国，几乎很难找到没有怨气的群体。不过，在此需指出和强调一点，类似此期法国出现的包括"黄背心"运动在内的社会抗议活动，并非是法国独有的现象，其实也在多个欧美发达国家先后程度不等地出现。

2020年初，让包括马克龙在内的绝大多数法国人意想不到的是，让人心烦的"黄背心"运动好不容易才消停，新冠疫情却又突然爆发并迅速蔓延至全球。同样未能幸免的法国，其经济的恢复和发展，社会秩序的稳定，无不再次蒙受巨大打击和严重影响。这一切，非但令马克龙在剩下的任期中步履维艰，也给他争取连任带来了更多不确定因素。在2022年春季举行的新一轮总统选举中，在法国总统选举决胜轮，即第二轮再次上演了一场"马克龙—勒庞"对决。而法国人和5年前一样，在最后关头再次放弃了来自法国极右翼政党国民联盟①——代表民粹主义的玛丽娜·勒庞，选择了马克龙。由此，时年44岁的马克龙成为继前总统希拉克之后，又一位连任成功的法国总统。不过，虽然他的连任成功意味着马克龙时代将得以延续，但这次总统选举中所出现的高弃票率和民粹主义崛起等现象，加之俄乌冲突的爆发、因退休制度改革引发的巨大罢工浪潮，等等，无不反映和预示着第二届任期中的马克龙，执政之路依然会举步维艰，充满挑战。

---

① 即此前的国民阵线，于2018年6月后改称为国民联盟。

后　记

　　当今之世，国际格局和国际体系正异乎寻常地经历着深刻调整和变革，而近几年新冠疫情的肆虐，更是导致世界局势的复杂性骤然增加。唯其如此，法国著名史学家、年鉴学派两大创始人之一马克·布洛赫的这句名言，"对现实的不理解，必然肇始于对过去的无知"，一下子清晰地再次浮现于脑海之中。鉴于法国无论在历史上还是现实中一直堪称极为重要的国家，时值面临种种不确定因素和挑战，又蕴含诸多新愿景的"百年未有之大变局"到来之际，为有助于国人更清醒、准确地认识和理解当今世界的现状和演进，以及希冀中国能以开放、包容和理性精神更好体现大国担当，卓有成效地完善自身，造福世界，在中国学界着力推进法国史研究，适时提升该领域的研究水准实属大有必要。与此同时，作为史学工作者，显然不能只满足于乐在专业人员范围之中的"孤芳自赏"，而是应当尽可能面向更广大的读者群体，借助恰当的途径与方式，与有兴趣了解法国历史文化的社会各界同好交流、分享自己的研究心得。本书写作的主要初衷或出发点，就在于此。

　　中法两国虽然分处东亚、西欧，远隔千山万水，但彼此之间的交往与相互影响由来已久。环视欧美诸国，法国在历史上与中国似有着诸多的相似或相同之处，以至于曾有法国人不无夸张地将法国称之为"欧洲的中国"。或许也正因如此，法国从古至今的兴衰荣辱、跌宕起伏，之于我国这样一个既有过辉煌的历史，又有过不堪回首的过去，同时更有国力大增的当下和值得期待的将来的国家，定然有着更多的可资借鉴之处。坦率地说，本人在21世纪初之所以斗胆应约撰写《法兰西的兴衰》，也主要可归结于上述原因。

本书即将付印之际，恰逢中法正式建立外交关系60周年。60年前，在东西方阵营对抗背景下，中法建交之举前所未有地打开了中西交往合作的大门，给饱受冷战困扰的世界带来诸多希望。对于这起现当代国际关系史上的重要事件，习近平主席和马克龙总统一如所料地双双高度重视。在其分别发表的视频致辞中，他们不仅高度评价彼时中法两国领导人超越阵营对抗逻辑采取的勇敢而明智的举动，还对双方通过携手努力共同应对全球性挑战、促进世界和平稳定等等做出的贡献，明确表达了各自的态度和期许。这也让笔者印象深刻，多有感慨，从而也更清楚地意识到自己实有必要在普及相关历史文化知识上继续略尽绵薄之力。

在此还有必要说明一点，此次呈现在读者面前这本书的前身就是《法兰西的兴衰》，这是本世纪之初，本人应我国世界史学界泰斗齐世荣先生邀约，为其亲自主编的"强国兴衰史丛书"撰写的一本小书。限于这套丛书当初确定的体例和篇幅，拙著当时在撰写时只能满足于聚焦法国漫长兴衰历程中的主要阶段及其相关剪影，对法国在各个不同历史时期的兴衰成因，也不过是仅做扼要探析而已。光阴似箭，一晃距《法兰西的兴衰》出版已近20年。进入21世纪以来，无论是中法两国各自国内的情况，还是整个国际局势都发生了翻天覆地的变化。与此同时，出自中外史学家之手的新的出色研究成果也在不断涌现。出于这些原因，笔者早就想找机会在《法兰西的兴衰》基础上重新撰写一本类似著作并及时补充相关内容，以期有助于当今国人适时丰富、深化关乎法兰西兴衰问题的认知。鉴此，本人在这里特别要衷心感谢浙江人民出版社金将将编辑的盛情约稿，使我得偿夙愿。

作为一本主要读者群并非定位于史学界同行的大众史学著作，本书在写作过程中，在学术性与通俗性、知识性与趣味性结合上，着力作了一些尝试和努力，但由于时间紧迫，更由于笔者学力不逮，文笔欠佳，这本小书难免还存在若干欠缺和失当之处。由此，敬祈专家和读者不吝赐教。

本书的出版承蒙浙江大学"双一流：一流骨干基础学科项目——世界史学科建设"经费资助，并在修订、补充过程中，得到了本人主持的国家社科基金重大项目"法兰西第三共和国殖民扩张史料整理与研究"（21&ZD248）的经费支持。同时，本书也是该项目的阶段性成果。特此申明。

吕一民

2024年1月中法建交60周年到来之际于

浙江大学公众史学研究中心